2000년 전의 비밀! 富를 이룬 사람들

사마천의 화식열전

富

②

우승택 지음

참글세상

1% 나눔의 가름

〈화식열전〉에 대한 추억과 부탁

10년 전 삼성증권 PB 연구소장으로 재직할 때의 일입니다. 2010년 5월 어느 날 사장실에서 호출이 왔습니다. 사장실에 가니 당시 삼성증권 사장이 이렇게 말했습니다.

"우 소장. 어제 회장님이 부르셔서 갔는데, '삼성증권 고객 수익률이 어때?'라고 물으시더라. 그래서 '증권회사 고객의 평균 수익률은 얼마이고, 증권시장 마켓 상승률은 얼마인데 우리 회사 고객의 평균 수익률은 얼마로 시장 대비 혹은 경쟁사 대비 높은 수익률을 내고 있습니다'라고 했지. 그래더니 회장님이 '그래? 삼성증권은 잘하고 있구먼. 그런데 증권은 그래도 돈 있는 사람들이 고객이잖아? 그럼 돈 있는 사람들은 돈 잘 벌게 해주는데, 왜 돈 없는 사람들은 벌게 하지 못하나? 지금 기업의 사회적 책임을 국무총리가 강하게 주장하니, 삼성증권에서 그 모델을 한번 만들어보지?' 하셨어. '네 알겠습니다' 하고 나왔는데, 오면서 생각하고 밤에도 생각했는데 답이 없어. 무슨 방법이 없을까? PB 연구소에서 이 일을 한번 해보지?"

저 역시 약간 당황했지만 이렇게 질문했던 기억이 납니다. "사장님은 어떤 생각이 있으신가요?" 그랬더니 "응, 오늘 알아보니 삼성증권에 잔고 10만 원 이하 고객이 10만 명이 넘는데, 이 고객들 대상으로 한번

해보면 어떨까 싶어. 10만 원으로 1년에 한 3,000만 원 만드는 방법을 PB 연구소에서 연구 좀 해봐" 하는 것이었습니다.

그리고 연구소로 돌아오니 직원들은 펄쩍 뛰었습니다. "아니 소장님, 그걸 하명이라고 받아오셨습니까? 그게 말이 되나요? 그리고 증권회사 고객 잔고가 10만 원 있는 사람은 돈이 없어서 그런 게 아니라 계좌는 전액 출고 혹은 전액 출금했는데 3개월 혹은 1년마다 나오는 배당금이나 예탁금 이용료가 쌓인 걸 안 찾아간 겁니다. 그분들이 돈 없는 사람입니까? 아이고 소장님! 그건 회장님이 사장님을 떠본 것이고 사장님이 소장님한테 그걸 떠넘기신 것입니다. 이제 우리 부서는 고과나 승진은 다 물 건너 갔네요" 하며 저를 힐란하는 것이었습니다.

그세서야 제정신이 든 저는 이건희 회장의 명이라고 하니 도전해보고 싶어서 끙끙대다가 그 과업을 완수한답시고 《화식열전 1》을 연구소 이름으로 세상에 내놓았습니다. 그러나 〈화식열전〉은 뒤로 갈수록 해설하기가 너무 어려웠습니다. 결국 직원 말대로 우리 부서의 인사고과 점수는 엉망이었고, 저는 이 〈화식열전〉을 해결하겠다고 회사를 나와서 생(生)테크 연구소를 설립했습니다. 생테크란 우리 말로 하면 삶 테크로 우리 삶의 전반에 어떤 테크닉을 가미한다는 의미입니다.

그렇게 10년을 공부한 끝에 이번에 《화식열전 2》를 출간하게 되었습니다. 물론 《화식열전 3》도 다 준비되어 있습니다. 《화식열전 2》는 〈화식열전〉의 부자인 '소봉'이 되기 전까지의 준비 단계이며, 《화식열전 3》에 가서야 결론에 도달하는 구조입니다. 《화식열전 2》의 핵심은 '돈 에너지'와 '지식 에너지'는 기차의 철로처럼 끝없이 이어져도 결코 만날 수 없는 것이라는 사실입니다. 그러나 만날 수 없는 그 두 철로 위를 달리는 '열차가 되어라'라는 가르침을 주고 있습니다. 쉬운 말로 '가지는 부자'가 되지 말고 '쓰는 부자'가 되라는 것입니다. 그리고 그 열차는 '개인적 욕망'이라는 이름의 기차여서는 안 되며, '사회적 욕망'이라는 이름의 기차여야 한다는 것입니다.

배움, 도덕, 지식의 보물인 힌두교에는 비유와 은유로 우주의 많은 신과 여신과 관련된 이야기가 있습니다. 그 중에 지혜의 신인 가네샤(Ganesha)와 재물의 신인 쿠베라(Kubera)의 이야기가 있습니다. 우주의 지배자이자 감독자인 시바의 아들 가네샤는 지혜의 신답게 모든 삶의 장애(障碍)를 제거하는 신이라고 합니다. 그는 행복을 주는 수카르타

(Sukhkarta)이자 슬픔을 없애주는 두카르타(Dukhharta)라고도 불립니다. 쿠베라는 재물 또는 부(富)의 신으로 여겨지는데, 우주 혹은 지구상의 어떤 부자보다도 더 부자입니다.

쿠베라는 성대한 잔치를 하기로 하고 여러 신들을 포함한 많은 손님에게 초대장을 보냈습니다. 우주의 지배자와 그의 아내는 쿠베라의 초대에 감사를 표했지만 참석할 수는 없다고 말했습니다. 그러자 쿠베라는 실망하지만 대신 아들 가네샤를 보내겠다고 하자 얼굴이 환하게 밝아졌습니다.

행사 당일 많은 손님들이 귀중한 보석과 금속으로 장식된 쿠베라의 호화로운 거처를 방문했습니다. 손님 중에는 작은 가네샤가 있었는데, 그는 쿠베라에게 집으로 데려가 달라고 부탁했습니다. 쿠베라는 자신의 부를 과시하는 데 자부심을 가졌습니다. 가네샤는 쿠베라에게 배가 고프니 먹을 것을 달라고 했습니다. 쿠베라는 기쁜 마음으로 가네샤에게 음식을 주었지만 어린 소년의 식욕은 곧 그에게 악몽이 되어버렸습니다. 리틀 가네샤는 손님을 위한 음식을 모두 먹어치웠고 계속 더 많은 것을 요구했습니다. 쿠베라는 더 많은 음식을 가져오기 위해 이웃 마을로 부하들을 보냈지만 그것으로도 가네샤의 굶주림을 채워줄 수 없었습니다. 결국 가네샤는 주변의 값비싼 가구와 금은 보화로 된 집 자체를 먹으려고 했습니다. 재물의 신 쿠베라는 할 수 없이 시바왕에게 달려가서 도와달라고 했습니다. 시바왕은 쿠베라가 왜 가네샤를 제대로 먹일 수 없는지 알았습니다.

시바왕은 쿠베라에게 "내 아들은 이것을 먹으면 배가 부르다고 할 것이다" 하면서 쌀 한 줌을 주었습니다. 정말 가네샤는 쌀 한 줌을 먹고 배가 가득 찼습니다. 쿠베라는 그제서야 학과 여우의 먹이가 다르고 그 음식을 담는 그릇이 다른 것처럼, 자신이 손님을 초대한 이유가 자신의 욕망을 충족시키기 위해서였지 상대방을 위해서가 아니었음을 반성하고 그런 생각으로는 재산이 아무리 많다 해도 결국 망할 수밖에 없다는 사실을 깨닫게 됩니다.

여러분께 묻습니다. 왜 돈을 벌려고 하시나요? 물론 제 자신에게도 물었습니다. 저는 이 답을 찾는 데 10년이 걸렸고 그래서《화식열전 2》 와《화식열전 3》을 세상에 내놓는 것이 부끄럽지 않습니다.

2021년 2월 생테크 연구소에서 우승택

8

《화식열전 1》을
다시 보며

제1장 빈부지도와
복운지도

富

제2장   돈의 정

富

제3장 관중의 삼귀

《화식열전 1》을
다시 보며

1. 왕도와 패도

　인정을 하든지 않든지 간에 사람에게는 그 사람의 '급수'라는 것이 있습니다. 태권도에도 '급(級)'과 '단'이 있는데, '단증'이라는 것이 발급되는 유단자부터는 격(格)이 달라집니다. 그런데 돈을 증식하는 화식에는 그러한 급과 격이 없을까요? 당연히 있습니다. 모든 사람들이 돈을 필요로 합니다. 그리고 주식시장에도 모든 사람들이 달려듭니다. 자신의 급과 격도 모르고 시장은 누구에게나 공평하다고 믿습니다. 그러나 그것은 여러분을 깊이 끌어들여 여러분의 주머니를 털어내기 위해 정부와 기업이 유적심입(誘敵深入: 적을 유혹하여 깊이 끌어들임)하는 전술 전략입니다.

원문

老子曰(노자왈) : 노자가 말했다.

至治之極(지치지극) : "정치를 아주 잘하면

鄰國相望(인국상망) : 이웃 나라가 서로 보이고

鷄狗之聲相聞(계구지성상문) : 닭 우는 소리와 개 짓는 소리가 서로

들릴 정도로 가까워도,

民各甘其食(민각감기식) : 백성들은 각각 자신들의 음식을 달게 먹고

美其服(미기복) : 자신들의 의복을 아름답다고 여기며

安其俗(안기속) : 자기들의 풍속에 만족하고

樂其業(락기업) : 자신들이 하는 일을 즐기며

至老死不相往來(지노사불상왕래) : 늙어 죽을 때까지 각기 자기 자리에서 남의 것을 탐하지 않고도 만족하며 산다."

회광반조 廻光返照 '노자'는 특정인이 아니라 '작자 미상' 혹은 '어떤 노인'이라는 의미입니다. 그 노자는《도덕경》을 저술하여 남김으로 우리들에게 알려진 분입니다. 그런데 인정받지 못하는 역사서인《환단고기》(환국 시절과 단군 시절을 기록한 옛 기록문)에는 그 어떤 노인에 대한 기록이 남아 있습니다.

47대를 이어 내려온 단군조선 임금님 시절 중 기원전 1753년 '홀달단군' 재위 시 국자사부였던 '유위자(有爲子)'라는 분이《도덕경》을 저술하여 남기셨다는 것입니다. 이분은 기원전 1733년에 돌아가십니다. 그리고 1733년은〈화식열전〉의 가장 난해한 부분인 "천문일기"에서 아주 중요한 오행성의 변동이 일어나는 해이며, 그러한 오행성의 변동은 2016년에 전혀 다른 의미를 갖고 지구에 다시 나타났습니다.《도덕경》은 마음 수양서로 알려져 있지만 사실은 제왕들을 가르치는 '제왕학 교재'입니다.

또〈화식열전〉에는 '환(桓)'이라는 국가가 나오는데, 우리 고대사의

'환국'이라고 여겨집니다. 환인, 환웅, 단군으로 이어지는 우리나라 역사 5,000년은 중국과 일본에 의해서 훼손되고 심지어는 조선시대 세조나 성종 시절 우리 조상들이 스스로 없애버리기도 한 역사입니다. 그런 우리 역사시대에 계시던 분이 바로 '유위자'라는 분이며 일명 '노자'입니다.

　참고로 한국의 개천절(開天節)은 전 세계 어느 나라에도 없는 독특한 국경일로, 단군 할아버지가 하늘을 열어 나라를 세운 날이 아닙니다. 정확한 의미는 환국의 7대 환웅천제께서 '배달국'이라는 나라를 세우신 날입니다. 사찰에 가면 '대웅전'이라는 사찰의 중심 건물이 있는데, 한국과 베트남에서만 대웅전이라는 현판을 붙이지 다른 나라 불교 문화권에서는 볼 수 없는 현상입니다. 대웅전은 원래 환웅천제를 모시던 우리의 고유한 전각인데, 외래 종교인 불교에 의해 환웅의 상은 삼성각이나 산신각으로 밀려나고 부처의 상이 자리 잡게 되었다고 여겨집니다. 또한 삼성각(혹은 삼신각)이나 산신각은 우리나라 사찰에만 존재합니다.

　또 저는 지구상에 존재해오던 많은 인류 중에서 왜 '호모 사피엔스' 종인 우리만 독특하게 발전했을까?라는 고고인류학자들의 연구를 보면서 이런 생각을 합니다.

　'그들은 결국 현생 인류인 호모 사피엔스와 멸종당한 네안데르탈인 등과의 차이점을 찾지 못할 것이다. 물질의 마지막 단위인 신(神)의 입자를 결국 찾지 못하고, 물질과 파동이 기괴하게 교류하는 양자역학의 힘이 작동하는 세계를 보았듯이 왜 우리 인류가 다른 인류나 동물과 결정적 차이가 있는지 못 찾을 것이다'라고 말입니다. 그 이유는 포유류 중에서 오직 인간만 엄마의 뱃속에서 나오면서 '응애응애' 하며 우는 이유를 기존의 서양 학문으로는 찾을 수 없을 것이기 때문입니다. 기(氣)라는 것을 아직 개념화하지 못했으니까요.

그렇게 해서 안방을 석가모니 부처님에게 내어주고 삼성각으로 물러앉은 삼신사상은 '삼신할매'라는 전설로 우리에게 남아 있습니다. 삼신할매의 3신은 천기신(天氣神), 지기신(地氣神), 인기신(人氣神)입니다. 천기신과 지기신은 아이가 엄마 뱃속에 있을 때 이미 다 작업을 마치지만 마지막 3번째 신인 '인기신'은 마치 하늘에 번개가 치듯이 순식간에 입력을 해야 합니다. 비유하면 번갯불에 콩 구워 먹는 것보다 더 빨리 그 아이에게 '정신적으로 진화를 할 수 있는 조상의 계보'를 넣는 과정에서, 아이가 마치 전깃줄에 감전된 듯한 고통을 느낄 때 우는 것입니다. 물론 이것은 비유입니다. 누가 넣어주는 것이 아니라 자신의 카르마가 모든 정보를 빨아들이는 과정입니다. 이것은 〈화식열전〉으로 자신이 원하는 것을 얻고자 하는 사람에게는 필수적인 가르침입니다.

"우리들이 주변과 사물과 대상과 세상을 인식하는 모든 정보 처리 과정은 뇌에서 일어나며, 뇌는 각각의 부문들이 외부 세계 전체의 정보를 담고 있는 홀로그램 체제 속에서 움직입니다. 하나 속에 전체가 있고, 전체 역시 그 하나에 담겨 있는 것입니다.(일미진중함시방[一微塵中含十方] 일체진중역여시[一切塵中亦如是])"

그렇게 우리 인체의 신경정신망을 상호 전달하는 수단은 하늘과 땅과 사람의 '신의 입자'가 기(氣)라고 하는 특수 에너지로 이루어진 것임을 아는 우리 조상들은 그 기를 움직이는 힘의 주체를 '복'과 '덕'이라고 생각하였으며, 그 복과 덕으로 만들어진 우주와 자신이 나름대로의 물살과 결을 따라 주어진 처지에 맞게 살아가는 길을 '도'라고 하였습니다.

그래서 우리가 인생 드라이브를 할 때 필요한 네비게이션인 '도,' 그리고 그 여행에 소요되는 연료인 '덕'을 결합하여 어떻게 인생 여행을 하여야 하는지를 《도덕경》이라는 책으로 남긴 것입니다. 그 《도덕경》의 저자가 사마천이 말한 '노자'이며, 노자의 실제 이름은 '유위자'라는 것입니다. 유위자 할아버지는 이런 기록을 남기셨습니다.

"오로지 우리 배달은 환웅천황의 신시 개천으로부터 백성을 모아 온전한 사람이 되도록 계율을 세워서 가르치고 교화하였습니다. 백성들은 죄를 짓지 않고 하나같이 잘 다스려졌고, 들에는 도둑이 없어 절로 편안하였습니다. 온 세상의 사람들은 질병이 없어 스스로 오래 살고, 굶주림 없이 스스로 넉넉하여 산에 올라 노래를 부르고, 달맞이로 춤을 추매, 멀리까지 이르지 아니한 곳이 없고 흥하지 아니한 곳이 없었습니다. 이렇게 덕의 큰 가르침이 만백성들에게 전하여지니 칭송의 노랫소리가 사해에 넘쳤사옵니다. 그렇게 다스려주시기를 청합니다."

사마천은 〈화식열전〉 제일 첫머리에서 그 시절의 풍속을 말하고 있는 것입니다. 사마천이 사기열전의 제일 첫머리에 도와 덕으로만 살고자 했던 〈백이숙제전〉을 놓고 제일 마지막에 돈으로 성공한 사람들인 〈화식열전〉을 배치한 것을 보면, 사람들이 돈이라는 물질을 좋아하지만, 돈이라는 물질은 '복과 덕'이라는 비물질 기운이 모이고 쌓여야 그렇게 되는 것임을 알고 있었던 것 같습니다.

이 〈화식열전〉의 첫 문구는 돈 철학을 연구하는 제가 아주 중요하게 생각하는 부분입니다. 그 이유는 80%에 이르는 한국인들이 빚을 지고 살아가기 때문입니다. 그리고 젊은 세대들이 집을 짓고 살아가기 시작한 시점은 '복덕방'을 '부동산 중개소'로 바꾸면서부터입니다. 지금 사마천은 '절대가치인 가치 위주의 사회'에 사람들이 어떻게 살았는가를 이야기하는 것입니다. 그러나 기원전 1733년이 넘어서면서 사회는 '상대가치인 숫자 혹은 가격 위주의 사회'로 바뀌게 됩니다. 〈화식열전〉 첫머리의 의미는 이렇게 아주 중요한 것입니다. 그리고 결론부터 말씀드리면 2016년부터 사회는 다시 '가치 위주'로 바뀌기 시작했습니다.

원문

必用此爲務輓近世(필용차위무만근세) : 그러나 일부러 그렇게 하려고 근세 백성들에게 강요하여

塗民耳目(도민이목) : 백성들의 눈과 귀에 정치인들이 말에 색칠을 하여 꾸며가며 그렇게 하지 말라고 막아도

則幾無行矣(즉기무행의) : 그런 말은 있어도, 사람의 행위는 그렇게 되지 않는다.

회광반조 위 대목에서 정말 중요한 것은 예나 지금이나 정치인들이 백성들을 세뇌시키려 든다는 것입니다. 그런데 사람의 감정이 그 작업에 동화될 때가 있고 동화되지 않을 때가 있는데, 그 '의식'과 '감정'의 관계를 꼭 이해하길 바랍니다. 그 이유는 정치인들이 국민들의 귀와 눈에 색칠을 하는 것이 아니라, 사람은 자신의 감정과 의식에 의해 자

신이 자신에게 색을 입히기 때문입니다. 이것을 알아야 사물을 있는 그대로 볼 수 있는 안목이 열립니다. 사물을 있는 그대로 볼 줄 알아야 사람 보는 안목도, 돈을 보는 안목도, 세상 보는 안목도 열리기 시작할 것이기 때문입니다.

사람들이 무엇을 본다, 안다 하는 것은 개개인의 경험에 따라 다르게 알고 다르게 보는 것입니다. 자신에게 보이고, 알게 된 정보를 풀어내는 각자의 방법에 따라 실제라고 여겨지는 시각적이고 감각적인 세계가 창조되기 때문입니다. 사람들 개개인의 뇌가 똑같은 주식시장 차트나 신문 뉴스를 듣고 보며, 같은 현실을 보고 읽어낸다고 하여도 각각의 뇌가 해석하는 방법이 달라서 다른 세계를 창조하는 것입니다. 그것을 '인식'이라고 합니다.

그런데 그 인식마저 항상하지가 않습니다. 그때그때 감정이 다르기 때문입니다. 감정은 동일한 뉴스에 대해 그 사람이 관심을 갖느냐 갖지 않느냐를 기준으로 순식간에 결정을 내립니다. 사람들의 '감정'이라는 것은 장기적으로 사람들의 기억을 강화시키기 위한 과정인데, 이것은 사람의 감정부터 지역 감정에 이르기까지 아주 기본적인 차원에서부터 자신의 '시각 정보 및 청각 정보 처리 기능'과 연결되어 있습니다.

예를 들어 최근의 조국 수석 관련 문제처럼 찬반이 갈린 두 그룹의 시위는 같은 뉴스에 대응하는 감정이 두 그룹으로 나누어진 것이며, 같은 이치로 주식시장이나 외환시장에서 같은 가격에 파는 사람이 있는가 하면 사는 사람이 생기기도 하는 것입니다. 그래서 정(情)이 생기면 지혜와 멀어진다는 의미의 정생지격(情生智隔)이라는 큰 가르침이 존재하는 것입니다. 돈의 정을 공부하는 여러분은 이 가르침을 잊지 마시기 바랍니다.

여기서의 정은 감정(感情)의 정(情)입니다. 감정은 우리의 의식으로 통제되는 것이 아니기 때문에 이 '정'이 문제가 되는 것입니다. 그것은 잠재의식과 무의식에 깊이 담겨 있습니다. 그리고 이것이 우리의 카르마를 당겨오는 방아쇠이기도 합니다. 《화식열전 2》와 《화식열전 3》에서는 이 이야기를 주로 하려고 합니다.

원문으로 돌아가서 보면 인간을 움직이는 것은 시대에 따라 바뀌지만 지금 시대에는 숫자로 표시된 돈-전으로 모든 욕망이 춤을 춥니다. 2020년 정부의 부동산 대책과 집값 안정화 정책이 번번이 실패하자 "집은 사람이 편안히 살면 되는 곳이다. 서울과 지방이 무슨 차이가 있으며, 대도시 중소도시가 왜 다르며, 전세보다 월세가 더 낫다!"라고 정부 당국자가 말을 하는 것 등이 대표적으로 국민들의 눈과 귀에 색을 칠하려는 것입니다. 그런 한심한 정치에 대해서 태사공은 이렇게 말합니다.

원문

太史公曰(태사공왈) : 그래서 나 태사공이 말한다.

夫神農以前(부신농이전) : 무릇 (천하태평성세였다는) 신농씨 이전의 사람들의 삶에 대해서는

吾不知已(오불지이) : 내가 잘 모르지만,

至若詩書所述虞夏以來(지약시서소술우하이래) : 《시경》이나 《서경》

에 문자로 그 역사가 기록된 '우나라'나 '하나라' 이래로

耳目欲極聲色之好(이목욕극성색지호) : 욕망이 인간의 본질인 이상 사람들의 눈과 귀는 자연스레 아름다운 소리와 모습을 무척 좋아하고

口欲窮芻豢之味(구욕궁추환지미) : 입은 궁극적으로 소나 돼지 등의 고기 맛을 보려고 했다.

身安逸樂(신안일락) : 또 몸은 편안함과 쾌락을 좋아하고

而心誇矜勢能之榮(이심과긍세능지영) : 또한 마음은 자신이 가진 권력과 재능으로 갖게 될 영화를 기대하는 이상

使俗之漸民久矣 (사속지점민구의) : 백성들이 이러한 풍속에 점점 물들어온 지는 이미 오래되었다.

雖戶說以眇論 (수호설이묘론) : 그러니 아무리 묘한 이론을 펼쳐가며 (아무리 도덕군자 같은 말로) 설명을 해도

終不能化(종불능화) : 결국 사람들을 노자의 말과 같은 시대처럼 사는 것이 행복한 것이라고 교화시킬 수 없었다.

회광반조 이 구절은 인류 역사 발전의 커다란 경계선을 나타내고 있습니다. 신농씨 이전이나 하나라까지는 왕도(王道)의 시대였습니다. 그런데 왕도의 시대가 저물고 패도(覇道)의 시대로 넘어감을 말하고 있는 것입니다. 기원전 1733년경입니다. 그리고 2016년을 전후해서 다시 패도의 시대에서 왕도의 시대로 넘어가는 중입니다. 이 시작은 한국에서 알파고라는 인공지능과 이세돌이라는 인간지능이 바둑시합을 하는 것으로 시작해서, 그해 말 한국 권력 1위의 대통령이 중도 하차하고

재력 1위의 재벌이 감옥에 가는 사건으로 시작되었습니다.

2016년 미국 대선에서는 미국과 한국 언론의 예상과 달리 도널드 트럼프 대통령이 당선되었습니다. 2020년에도 다시 미국 대통령 선거가 실시됐는데 2020년 11월 3일에 치러진 선거가 2021년 1월 20일이 되어서야 법적 당선자가 확정될 정도로 극심한 혼란을 겪었습니다. 이는 분명 전 세계인에게 어떤 암묵적인 메시지를 전해주는 것입니다. 모든 것이 바뀌고 모든 것이 드러나는 새로운 물결이 다가온다는 것입니다. 다른 사람들은 몰라도 우리는 알아야 합니다. 무척이나 중요한 변화입니다. 자세한 것은 뒤에서 다시 공부하겠습니다.

저는 1959년에 서울에서 태어났지만 시골 아이들처럼 메뚜기 잡아먹고, 남의 무밭에서 무를 훔쳐 먹는 무 서리도 하고, 논에서 미꾸라지 잡아먹고, 개구리를 잡아 그 뒷다리를 된장에 넣어 먹기도 하는 것을 보며 자랐습니다. 그때 제가 살던 동네는 서울과 지방이 환경적으로 큰 차이가 없었습니다.

1962년에 불광동에 전기가 들어와서 밤에 온 식구들이 박수치고 환호하며 전기의 혜택을 보기 시작했고, 1965년에 입학한 서울 불광 초등학교는 3부제 수업이었으며, 미국 정부가 보내준 옥수수빵을 홀수 줄, 짝수 줄 번갈아가며 받아 점심을 먹던 기억도 납니다. 그리고 1시간 반 동안 버스를 2번 갈아타며 다니던 중학교, 고등학교를 마치고 1978년에 서울 강남구 서초동으로 이사를 와서 보니 그곳은 더 시골스러웠습니다. 지금 교대역 사거리 도로변 땅은 한 평에 6만 원, 도로 안쪽 땅은 4만 원 하던 시기였습니다.

밤이면 바로 옆의 논에서 심하게 울어대는 개구리 소리에 동생은 시끄러워 공부하지 못하겠다고 시내 학교 앞으로 가서 하숙을 하겠다고 했으며, 저는 친구들에게 너는 어디에 사는데 발에 흙 묻혀 다니냐는 질문을 받고는 했습니다. 전에 살던 불광동, 갈현동이 환경적으로 훨씬 좋았기 때문에 저는 예전 살던 동네가 그리웠습니다. 그런데 지금은 서초동에 산다고 하면 사람들이 "와, 너 부자구나," "오, 역시 증권회사 유능한 PB답게 부동산 투자를 잘하셨네요"라고 이야기합니다. 그리고 "너희 집은 시세가 얼마나 하니?"라고 물어오는 친구가 제법 됩니다. 저희 집이 서초동으로 이사하던 당시 불광동과 서초동 땅값은 불광동이 더 높았고, 가치도 불광동이 제게는 높았습니다. 그러나 서초동과 불광동의 미래 가치에 차이가 생기자 가격 차이가 벌어지게 된 것입니다. 가치는 미래의 기운으로 이루어지고 가격은 숫자로 이루어집니다. 일반적인 사람들은 그 가치를 읽어내는 안목이 없습니다. 그러나 숫자로 표시해서 가격을 말해주면 금방 알게 됩니다. 〈화식열전〉에서 우리가 공부할 대목이 이 대목이기도 합니다.

우리나라 국민들도 그러한 풍속에 물든 지는 그다지 오래되지 않습니다. 제 추측으로는 1997년 IMF와 2008년 '서브프라임 모기지 사태'를 겪은 후 사람들의 모든 욕망이 월급, 집 값, 자동차 값, 옷 값 등 '숫자'로 표시되었으며 인간 환경의 모든 것을 숫자로 매기는 세상으로 바뀐 듯합니다. 사람들이 이러한 풍속에 물든 것을 모르고 정치를 하면 그 정치는 힘으로 국민을 누르는 전체주의 국가가 되거나, 속임수로 국민의 눈과 귀에 도색하며 하루하루 끌고 가는 시한부 통치 정권에 불과하게 되어, 통치하는 것이 아니라 하루하루 버티는 것에 불과하다고밖에 볼 수 없습니다. 그렇게 조작된 숫자에 감정을 개입하지 않는 급수로 자신을 끌어올리면 여러분은 '소봉'이 될 수 있는 첫 인연을 만든 것입니다.

가격 위주의 삶이란 질량 위주의 삶입니다. 반면 가치 위주의 삶이란 에너지 위주의 삶입니다. 배달환국 시대의 가치 위주의 삶은 이제 숫자 위주, 가격 위주의 삶으로 바뀌게 되었다는 의미입니다. 숫자는 차이와 비교 그리고 우열을 가리는 시대가 시작되었음을 의미합니다. 이러한 삶의 패턴은 서양문명에서 꽃을 피워 서세동점의 근대역사를 만들었으며, 이것이 컴퓨터와 인공지능의 발달로 인간들을 극도로 오만하게 만들었습니다. 한국에서도 동네 이름을 대명 1동, 2동, 3동, 4동으로, 학교 이름도 서초초등학교, 서일중학교, 서이초등학교 등으로, 자동차 번호판도 서울, 강남, 은평, 충북, 전남, 부산이 아닌 숫자로 다 바뀌면서 개인과 지역의 가치보다는 숫자로 다 획일화시켰습니다. 주식 투자도 숫자로 자동으로 무엇을 살지 언제 살지, 무엇을 팔지, 언제 팔지로 정확히 프로그램만 해두어 상황 따라 알고리즘 공식만 바꾸어주면 수익을 올리기가 아주 쉽습니다.

2. 발재(發財)와 취재(取財)

故善者因之(고선자인지) : 그러므로 국가와 백성을 가장 잘 다스리는
 정치는 사람들의 근본 바람과 세상에 일어나는 일의 원인을 잘 살
 펴 통치하는 사람을 최상급 정치인이라 할 것이며

其次利道之(기차이도지) : 그 다음으로 국가와 백성을 이롭게 하는
 정치는 그들이 바라는 것을 얻을 수 있게 하는 길을 열어주는 통
 치를 하는 사람을 1급 정치인이라 할 것이며

其次敎誨之(기차교회지) : 그 다음으로 국가와 백성을 잘 다스리는
 정치는 백성들이 원하는 것을 얻는 방법을 가르치고, 잘못 알던
 것을 꾸짖어 뉘우치게 해주는 정치를 하는 사람을 2급 정치인이라
 할 것이며

其次整齊之(기차정제지) : 그 다음으로 국가와 백성을 다스리는 통치
 술은 백성들을 계층과 계급을 나누어 각기 자신의 위치에서 자신
 이 해야 할 바를 하도록 하는 정치를 3급 정치라 할 것이고

最下者與之爭(최하자여지쟁) : 백성들과 다투거나 소송하거나 싸우

는 정치를 하는 자들을 4급 정치인이라 할 것이다.

회광반조 나라를 다스리는 정치인으로 설명하지 않겠습니다. 〈화식열전〉이 원래는 제왕들이 읽는 것이지만 집안의 가장으로 경제와 돈에 대해서 자녀들에게 돈 교육, 경제 교육 시키는 부모로서 설명을 해야 일반인인 우리들이 공부하는 〈화식열전〉이 될 수 있기 때문입니다.

먼저 돈과 경제 분야의 최하급인 4급 부모는 자녀들에게 '무조건 남에게 지거나 손해 보면 안 된다!'라고 가르치는 사람들입니다.

그 다음 돈과 경제 분야의 3급 부모는 '공부만 잘하면 된다, 공부만 잘하면 돈은 저절로 따라오는 것이다'라고 가르치는 부모입니다. 그 방법이 완전히 잘못되었다는 것은 아닙니다. 하지만 이것은 사회가 서양 학문에 목말라 있을 때인 1980년 이전까지의 방법입니다.

이제 지식이 스마트 폰으로 공유되는 시대에는 지식으로 자신의 욕망만큼 돈을 벌 수가 없습니다. 정보가 공유되지 않고 정보의 질이 많이 달랐던 과거에는 이 방법이 최상급이었고 1급이었습니다. 그런데 지금은 2급도 아니라 3급밖에 안 됩니다. 그 이유는 부모들이 자기가 낳은 자식이라고 해도 자식들의 '결'을 모르고 함부로 톱질이나 도끼질, 대패질을 할 위험이 높기 때문입니다. 나뭇결과 물결만 '결'이 있는 것이 아닙니다. 사람도 개개인의 '결'이 있습니다. 그래서 우리 선조들은 자녀들의 '결'을 알기 위해 무의식과 잠재의식을 활용했습니다. 정상적인 아이들은 '돌'이 되면 두 발로 섭니다. 그래서 돌상을 차립니다.

돌상 차리는 문화는 아이들을 위한 것이 아니라 부모들이 아이의 뇌에 저장되어 있는 정보의 종류를 알아내기 위해서 마련한 행사입니다.

잠재의식이 이끄는 그 아이의 '결'을 보고 그 아이의 결대로 잘 키우고 가꾸기 위해, 아이에 대한 새로운 정보와 교육의 방향성을 갖기 위해서 하는 행사입니다. 왜 그런고 하니, 우리는 진정한 의미의 현실을 인식하는 것이 아니라 뇌 속에 감각적으로 구축되어 있는 '광대한 신경망으로 이루어진 이미지'를 보는 것이기 때문입니다. 즉 그 아이가 보고 집는 것은 그 아이의 과거 경험과 그 경험을 미래로 연결시킬 이미지입니다. 아이는 무의식적으로 그것을 집는 것입니다

결국 돌상 돌잡이 문화는, 두 눈은 가지고 있지만 세상을 읽을 줄 모르는 부모들이, 자녀들이 타고난 저마다의 재능을 알려고 하는 행사입니다. 그래서 그것을 통해 자녀들을 관찰하면서 예능을 시킬지, 체육을 시킬지, 장사를 가르칠지 기술을 가르칠지, 공부를 더 시킬지 등을 결정하려고 하는 것입니다.

자신이 가장 잘할 수 있는 분야에서, 그리고 가장 스트레스받지 않고, 즐기면서 일할 수 있는 위치를 가르쳐주고 뒷받침해주는 부모가 1급 부모입니다. 그래야 아이의 가치가 높아져서 그 아이는 나중에 높은 가격이 매겨지는 인재가 될테니까요.

생각해보십시오. 사람은 각기 다른 저마다의 손금을 가지고 있습니다. 손금이 모두 다르듯 각자의 소질과 그 소질을 표현하는 독특한 방식대로 제각기 살도록 되어 있습니다. 그 독특한 소질과 표현방식을 길러주어야 합니다. 그래서 돈을 모으는 방식도 돈을 쓰는 방식도 돈을 사용하는 용처도 다 다른 것이 정상입니다.

이 책을 읽는 여러분들은 일단 2급 부모가 되는 것을 목표로 해야 합

돌상 (출처: shutterstock)

니다. 그 이유는 이렇습니다. 우리는 많은 잘못을 하고 삽니다. 그런데 우리가 잘못을 저지른 이유는 잘못 알고 있었기에, 자신은 그것이 옳다고 믿었고, 그래도 된다고 믿었고, 그렇게 하는 것이 맞다고 생각했기 때문이 대부분입니다.

요즘 젊은 아이들은 '인턴'을 거쳐야 자신이 원하는 직장에 원서를 낼 때 유리한 위치에 놓이게 됩니다. 일자리를 구하는 것도 마찬가지입니다. 그런데 거기는 '월급'을 얼마 주는지를 먼저 묻는 것이 일반화되어 있습니다. 그것은 4차 산업시대에는 거의 바보들이나 하는 행위입니다. 예를 들어 손흥민은 리버풀이나 맨체스터 시티같이 더 좋은 팀에 갈 수도 있었습니다. 그러나 손흥민의 아버지와 손흥민은, 경기에 출전하지 못하거나 약한 팀과의 경기에만 출전시켜줄 명문구단은 손흥민에게 도움이 되지 않는다는 것을 잘 알고 있었던 것 같습니다. 5년 후 10년 후에 많은 월급을 받고 많은 소득을 올리려면 일 시켜주는 곳에 가십시오. 그것도 많은 일을 주는 곳에 가십시오. 그러면 여러분은 미래에 손흥민처럼 1주일에 2~3억을 벌 수 있습니다.

숫자로 표시되는 '돈'은 하는 일, 하고자 하는 일에 맞추어 따라오는 것입니다. 그러나 일할 기회를 준다는 것, 더 어렵고 복잡한 일을 할 기회를 준다는 것은 '자신의 가치'를 높일 수 있는 기회를 받는 것입니다. 이렇게 자녀들에게 말할 수 있으면 여러분은 돈에 관한 한 2급 부모가 될 수 있습니다.

1급 부모의 길은 사실 나이가 50 넘으면 저절로 알아야 하는 것입니다. 50에 모르면 60이 되기 전에는 알아야 합니다. 그것은 '사람의 계산법[人算]과 하늘의 계산법[天算]이 같지는 않더라!'라는 것입니다. 하늘의 계산법이란 참 무서운 이야기입니다. 사람은 무심과 정과 욕심이 있습니다. '무심'은 본래의 나의 기질입니다. '정'은 다시 말하지만 덮이고 잊혀진 잠재의식, 무의식 같은 '감정'이라고 할 수 있는데, 그 정은 자신의 수많은 윤회 속의 카르마의 기질입니다. 욕심은 물질인 몸과 생각 즉 의식의 기질입니다. 그런데 사람은 몸과 생각이 다인 줄 압니다. 사람들이 재주가 있고, 머리가 좋고, 인물이 좋고, 영적 능력이 있고, 거기에도 수많은 차이와 등급이 있지만 하늘의 어떤 계산으로 자신의 몸과 마음에 그러한 것을 받아 가지고 나오게 되었는지 모릅니다. 그래서 대부분 복이 화가 되기도 합니다.

그런데 사람들은 나이 70, 80, 아니 90이 되어도 자신이 옳다고 믿었던 대로, 그렇다고 믿었던 대로 살다가 지금 이렇게 된 것(원하는 것을 얻지 못하고 여전히 부족하게 사는 것)임을 인정하지 않습니다. 더 끔찍한 것은 아이들에게 그런 것을 가르치지 않고, 또 자신처럼 맹목적으로 열심히 살면 된다고 가르치는 것입니다. 우리야 선생님에게 그렇게 배우고, 부모님께 그렇게 잘못 배워서, 그렇게 잘못 알게 되었다고 할 수 있습니다.

그래도 국민소득 50달러 미만의 세계 최빈국에서 지금 세계 경제 Top 10 안의 선진국까지 된 한국의 모든 경험을 환경적으로 체득하며 자란 세대이기에 그나마 버티며 쓰러지지 않고 살았습니다. 하지만 지금의 아이들은 그렇지 않습니다. 그래서 아이들의 좌절과 실망 그리고 난폭함과 자살률이 높은 것이라고 저는 생각합니다.

요즘은 공부를 해도 취직이 안 되고, 자격증을 따도 일자리가 없고, 어떤 직업을 가져도 누가 알아주지도 않고, 나이 많다고 존경받는 것도 아니고, 심지어 무심, 무욕으로 사시는 도인이나 스님들도 돈 없고 걸어다니는 분들보다 자가용에 기사에 외제 차를 타고 다니는 사람들을 더 존경하는 세상이 되니, 너도나도 "에이~ 돈이나 벌자!"라는 말을 자연스럽게 합니다. 국민을 위해서 일해야 할 공무원들이 돈 벌겠다고 하고, 국회의원과 장관들이 돈 벌겠다고 하고, 기자들이, 선생들이 돈 벌겠다고 합니다.

그것이 이해는 되지만 문제는 그 방법이 잘못되었기에 종국에 가서는 자신을 위태롭게 만든다는 사실입니다. 그들이 실패하는 이유는 '그래 나도 돈을 벌자'라는 감정과 의식이 나이 40 넘어서 생겼다면 그것은 더 큰 문제로 그에게 돌아오기 때문입니다.

왜냐하면 그런 감정은 그의 인식을 쉽게 하기 위해서 스스로에 의해서 조건화되어 조작된 감정이기 때문입니다. 결국 그는 생각하기 싫은 것은 생각하지 않게 되고, 보고 싶지 않은 것은 보지 못하게 됩니다. 그래서 그는 '저러다가 망하지……'라고 다른 사람들은 뻔히 보는 것을 전혀, 결코, 바보같이, 멍청하게 의식할 수 없게 됩니다. 그때 문제가 터지는 것입니다

중국인들이 좋아하는 발재(發財)라는 말이 있습니다. 그것은 '돈이 생기다'라는 의미입니다. 또 취재(取財)라는 말이 있습니다. 이것은 '돈을 갖게 되다'라는 의미입니다. 돈이 생기는 것 다시 말해 돈을 버는 것과 돈을 갖거나 물려주는 것에 관한 아주 중요한 가르침이 있습니다.

발재유리(發財有理): 돈을 생기게 하거나 버는 것은 돈의 이치를 알면 되고

취재유도(取財有道): 돈을 갖거나 물려주는 것은 복과 덕의 도가 있어야 한다.

대단한 것도 아닌 이러한 자연지(자연이 우리에게 말해주고 보여주는 지혜)를 말로 가르쳐줄 수 있는 부모가 1급 부모입니다. 여러분은 이런 공부까지 나아가서 1급 부모가 되셔야만 합니다.

돈과 경제 분야의 최상급 부모는 설명 대신 실제로 그렇게 살았던 특정 인물과 그의 저서로 소개해드리겠습니다.

우리나라의 영적 정신적 세계에서도 널리 알려진 디펙 초프라 박사의 유명한 저서 《성공을 부르는 일곱 가지 영적 법칙》입니다. 그는 아이들에게 반복적으로 이렇게 가르쳤다고 합니다.

"너희들이 태어나 지금 이곳에 누구와 같이 있건, 학교에서건, 회사에서건, 심지어 길 가다가 마주친 사람과의 관계에서건, 너희들이 그때 그 순간 그 사람과 같이 있는 것은 나름의 이유가 있다. 그리고 그 이유가 무엇인지는 스스로 찾아야 한다.

나는 너희가 생계 문제로 걱정하기를 결코 원치 않는다. 너희가 어른이 되어 스스로 생계를 해결하지 못하면 내가 도와줄 터이니

디펙 초프라의
《성공을 부르는 일곱
가지 영적 법칙》

그 문제로 걱정하지 말아라. 학교에서 좋은 성적을 받기 위해 애쓰는 것도 원하지 않는다. 우등생이 되거나 좋은 학교를 가는 것에만 집중하지 말기를 바란다.

내가 너희들에게 진정으로 원하는 것은 1) 너희가 어떻게 이 사회 사람들과 지구의 인류에게 봉사할 수 있는지 2) 그리고 그것을 할 수 있는 나만의 독특한 재능이 무엇인지 그 두 가지를 스스로 찾는 데에만 집중해주기를 바란다."

그리고 그의 아이들은 잘 커서 우등생이 되었고 경제적으로도 이제는 다 독립했는데, 그 이유는 자신의 아이들은 사람들에게 무엇을 베풀어야 할지에 항상 '관심'을 기울이며 사는 것이 이미 습관이 되었기 때문이라고 합니다. 이 책은 제가 지금까지 말한 모든 것을 담고 있는 책입니다. 강추합니다. 그리고 고백하건대 저는 아이들을 이렇게 키우지 못했습니다. 아이들에게 얼마나 잘못했는지 알게 된 것은 나이 60이 다 되어서였습니다

그리고 여기서 태사공 사마천이 우리에게 가르쳐주는 것은 돈과 경제 분야의 최상급 부모 혹은 1급 부모가 되려면, 먼저 자신이 반성을 하고, 그 다음에 이런 것을 배우지 못해서 잘못 알고 살았던 것을 반성함과 동시에 이것을 '알게 된 당신'이 '몰랐기에 잘못하며 살았던 당신'을 깨우쳐주어야만 한다는 것입니다. 죽을 때까지 하나하나 자연이 우리에게 가르쳐주는 것을 '무심'으로 배워야 합니다.

화식이란 돈을 증식한다는 말입니다. 여기서 '무심(無心)'이라는 말을 도인들이나 고승들에게나 가능한 일이라고 여기면 안 됩니다. 하늘의 계산은 무심입니다. "하늘도 무심하시지"라고 하는데 하늘은 원래 무심합니다. 하는 일마다 되는 일이 없고, 시험 문제 찍는 것이나 추첨에서 한 번도 되는 적이 없다는 사람은 하늘의 선택을 받은 사람들이 많습니다. 이런 사람들은 무심으로, 다시 말하면 자신의 이득을 위한 계산 없이 살아야 하는 사람들입니다. 이런 사람들은 하는 일마다 되는 것이 없고, 당연히 되어야 할 일이 안 되는 것을 보며 자신의 숙명(宿命)을 깨달으면 새로운 운명(運命)을 만들어내서 인류와 사회를 위해 큰 일을 할 수 있습니다. 숙명과 운명은 그렇게 다른 것입니다. 전체 인류 중 10~15%가 여기에 해당한다고 합니다.

무심이라는 새로운 생활에 필수적인 지식을 배우는 것일 뿐입니다. 사람은 경험과 기억에 의해서, 즉 환경 지식과 말이나 문자 지식에 의한 지식으로 자기만의 세상을 만들고 인식하며 사는 것이라고 했습니다. 그러면 운명을 개척하고 새로운 부자 국가를 만드는 사람들은 어떻게 그렇게 성공하는 것일까요? 인간은 새로운 것을 어떻게 인식하게 되는 것일까요?

그것은 지식을 확장하여 새로운 경험을 만드는 것입니다. 절대 과거의 지식으로는 새로운 운명을 만들어낼 수가 없습니다. 더 큰 삶에 자신을 열어두고, 자신의 뇌가 새로운 정보를 받아들이고 확장하게 하는 것입니다. 그 결과 자신의 뇌는 선택할 수 있는 새로운 목록을 만들기 시작합니다. 그 새로운 목록은 새로운 환경과 인연을 창조해냅니다. 그렇게 인식과 경험이 달라지면서 당신에게 필요한 인연이 그때 그 순간의 조건의 수순대로 만들어집니다. 그렇게 내가 알고 있다고 믿었던 것을 내려놓고, 덮어두고, 사용하지 않고, 모르는 것을 신기하게 여기고 배우고 경험하게 자신의 마음을 열어두는 것 그것이 '무심'입니다

이렇게 무심으로 살도록 노력하면 우리는 우리에게, 특히 우리 한국인들에게 심어진 돈에 대한 부정적 인식과 감정을 넘어 돈과 내가 서로 정을 통하게 되는 '만화지정'을 터득하게 됩니다. 돈의 신인 범려는 돈과 정을 통하려면 두 가지를 알아야 한다고 했는데 그것은 사물의 본질과 형상이라고 했습니다.

제가 지금껏 인식과 경험을 상세히 설명드린 것은 사물의 본질과 형상을 있는 그대로 알고 보도록 하기 위한 사전 교육이었습니다. '우리는 있는 그대로 보지 못하고 자신의 눈이 자신이 취득한 시각 정보를 뇌로 보내는 과정에서, 자신의 뇌는 그것을 5단계로 순식간에 처리하여 다시 눈으로 내려보내는데 우리는 그 과정에서 우리가 본 것에 색을 칠하여 보기 때문이라는 사실을 인정하고 사물의 형상을 본 후에 사물의 본질을 알자!'라는 취지였습니다.

이제 모든 사물의 어머니인 땅의 이치를 보도록 하겠습니다.

3. 태극기와 땅의 이치

원 문

夫山西饒材竹穀纑旄玉石(부산서요재죽곡로모옥석) : 산서 지방에는 목재·재나무·닥나무·모시·검정소·꼬리·옥석이 풍부하고

山東多魚鹽漆絲聲色(산동다어염칠사성색) : 산동 지방에는 물고기나 소금·옻나무·명주실 등이 많이 나고, 사람들이 가무에 능하고 남자와 여자 모두 인물이 출중하다.

江南出枏梓薑桂金錫連丹沙犀瑇瑁珠璣齒革(강남출남재강계금석연단사서대모주기치혁) : 강남 지방에는 녹나무·가래나무·생강·계수나무·금·주석·납·단사·무소뿔·대모·상아와 같은 동물의 이빨·가죽이 많이 생산된다.

龍門碣石(용문갈석) : 용문과 갈석산이 있는

北多馬牛羊旃裘筋角(북다마우양전구근각) : 북쪽에서는 말·소·양·모전·갗옷·그리고 짐승의 근육과 동물들의 뿔이 많이 생산된다.

銅鐵則千里往往山出棊置(동철즉천리왕왕산출기치) : 동과 철은 그 지역 천 리 사방에서 나와 마치 바둑판 위에 바둑돌을 펼쳐놓은

것 같다.

此其大較也(차기대교야) : 이것이 대체적인 상황이다.

皆中國人民所喜好(개중국인민소희호) : 이러한 산물들은 모두 나라의 백성들이 좋아하는 것으로

謠俗被服飲食奉生送死之具也(요속피복음식봉생송사지구야) : 의복에도 필요하고, 음식에도 필요하여 사람을 받들고 죽은 사람을 보내는 데 사용하는 용품들이다.

회광반조 일체유심조(一切唯心造)라는 말을 들어보셨을 것입니다. 이 말은 일체 보이는 모든 세상은 각각의 존재들이 자신만의 세상을 조립해서 만든다는 의미입니다. 우주도 그렇게 해서 생겼습니다. 우주가 생긴 순서는 다음과 같습니다. 빅뱅 이후 제일 먼저 전자기장이 생깁니다. 그 전자기장은 금가루, 진짜 금가루들로 이루어져 있습니다. 그 금가루가 이리저리 이동하는 것을 동양에서는 1) '금기(金氣)'라는 말로 규정지었습니다. 그 금가루들이 이리저리 부딪치는 것은 바람[風]이 그렇게 한다고 해서 풍기 혹은 2) '풍동목'이라 하여 '목기(木氣)'라고 하였습니다. 그리고 그렇게 금가루들이 부딪히니 불꽃이 나기 마련이고 그 튕겨지는 불꽃은 위로 올라가는 성질을 갖게 되어 3) '화기(火氣)'라고 하였습니다. 그러나 우주에는 항상 밸런스를 잡으려는 힘이 생깁니다. 그 불의 열기를 식혀줄 물을 온 우주에서 끌어모아 균형을 잡으려고 생겨난 것이 4) '수기(水氣)'입니다. 그렇게 불과 물로 갈라지면서 그 중량에 의해 먼지와 같은 가루들이 중간에 남아 가라앉아 중력을 이루며 만든 것이 흙인 5) '토기(土氣)'가 됩니다. 이것이 태

극기의 원리입니다.

태극의 가운데가 바람처럼 돌고 있는 풍동목의 목기이며 하늘과 땅이 천기와 지기이며 불과 물이 화기와 수기입니다.

마치 태양계의 별들과 행성들이 한 치의 오차도 없이 균형 잡히게 잘 배치된 것처럼 그렇게 만들어진 지구에도 모든 생물들이 먹고사는 것에 지장이 없도록 잘 배치되었습니다. 사마천은 사람과 물건 혹은 물자와의 관계를 그렇게 명확히 꿰뚫고 있습니다. 그것을 바둑판 위의 바둑돌과 같다고 했습니다.

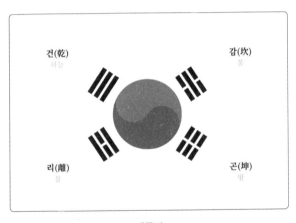

태극기

본래 모든 생물들, 그리고 사람들 역시 먹고사는 것에는 큰 문제가 없도록 배치가 된 것입니다. 그러나 먹고사는 데 문제가 없어지면 사람들의 뇌는 일을 하지 않습니다. 그리고 욕망의 동물이 사람입니다.《화식열전 2》에는 재물의 신 백규(白圭)의 입을 빌려, 손자, 여불위, 오자

등 쟁쟁한 병법가들이 나옵니다. 사마천은 돈이 없어서 궁형을 당한 사람입니다. 그래서 돈은 사람과 사람의 전쟁, 사람과 자연의 전쟁으로 보고 있습니다. 그리고 맞는 이야기입니다. 그리고 지혜와 모략을 동반합니다. 그런 면에서 바둑은 이기고 지는 두뇌 싸움의 병법입니다. 그리고 자기의 영토를 확장하는 전쟁입니다.

명절 때 식구들끼리 모여서 하는 고스톱이나 카드 게임에도 비유할 수 있습니다. 그런 게임의 승패는 자기 손에 들린 '패'도 중요하지만 '판 읽기'를 잘하는 사람이 결국에는 돈을 땁니다. 그런 판 읽기를 잘하는 사람은 사람 읽기를 잘하는 사람입니다. 상대방의 표정, 말투 그리고 그가 집어가고 내려놓는 패를 통해 저 사람이 목적하는 것을 읽어냅니다. 그런 게임에 서툰 사람은 '촌놈 광부터 먹는다'라는 말도 있듯이 서두르고 자기 패만 봅니다.

판 읽기를 잘하는 사람, 즉 사람 읽기를 잘하는 사람은 저 사람과 내가 나중에 패를 펴보면 내가 이기겠다 지겠다라는 판단이 비교적 정확히 섭니다. 그래서 돈을 가지고 계속 베팅 들어오는 상대방을 통해 그 사람이 들고 있는 패와 그가 계획하고 목적하는 그림을 알게 됩니다.

마찬가지로 사마천은 그렇게 사람의 특성, 땅의 특성, 그 땅의 물자와의 관계를 잘 보며, 경제 판 읽기를 하라고 한 것입니다. 여기서 먼저 발재(發財)의 이치를 밝히자면, 그 물건은 그 물건이 필요한 사람에게 가면, 다시 말해 가치가 있는 사람이나 장소로 가면 자연스레 돈이 생긴다는 것입니다. 어떠한 곳이건 그 지역에서는 풍성하게 나오는 것이 있게 마련인데, 어떤 물건이건 산 사람과 죽은 사람(예전에는 제사나 산소 등이 중요했음)에게 소용되는 물건이기에 바둑판에 필요한 곳으로 먼저 자신의 바둑돌을 놓은 사람이 돈을 벌게 된다는 것을 의미합니다.

4. 물질의 이치

故待農而食之(고대농이식지) : 그래서 농사를 짓는 사람이 있어야 곡
식을 먹을 수 있으며

虞而出之(우이출지) : 광산업이나 수산업에 종사하는 자들이 있어야
필요한 광물이나 물고기를 구해올 수 있는 것이며

工而成之(공이성지) : 공업을 하는 사람들이 있어야 무엇인가를 제
조하고 만들 수 있으며

商而通之(상이통지) : 상업에 종사하는 사람이 있어야 이런 것을 서
로 간에 널리 유통할 수 있는 것이다.

此寧有政敎發徵期會哉(차녕유정교발징기회재) : 그러니 이러한 세상
의 이치를 잘 알고 사람을 다스리고, 정치를 하고, 백성을 다스려
야 하늘을 대신하여 백성을 다스릴 수 있는 기회가 있는 것이 아
닌가?

회광반조 위에서 농인, 공인, 상인은 누구나 쉽게 알 수 있을 것입

니다. 그런데 '우인'은 무엇을 하는 사람일까요? 원문에 추출할 출(出)을 사용하는 것으로 뵈서는 철이나 석탄 등을 뽑아내는 광산업자 혹은 바다나 연못에서 물고기나 조개 등을 잡아 올리는 수산업자라고 여겨집니다.

人各任其能(인각임기능) : 그래서 사람들은 누가 시키지 않아도 각기 맡은 바 자기의 능력에 따라

竭其力(갈기력) : 그 힘을 애써 다해서

以得所欲(이득소욕) : 원하는 것을 얻는 것이다.

故物賤之徵貴(고물천지징귀) : 그렇게 서로서로 보이지 않는 가운데 물건이 유통되어 물건이 흔하게 되면 수요가 늘고 공급이 줄어 다시 그 물건이 귀하게 될 조짐이 일어나 값이 오르게 되고

貴之徵賤(귀지징천) : 물자들이 귀해지면 수요가 줄고 공급이 늘어나서 그 물자들이 다시 흔해질 조짐이 일어나 값이 싸지게 된다.

各勸其業(각권기업) : 그래서 사람들이 자기 일에 힘쓰고

樂其事(락기사) : 자기가 종사하는 일을 즐겁게 여기면

若水之趨下(약수지추하) : 이는 마치 물이 아래로 흐르는 것과 같이

日夜無休時(일야무휴시) : 밤낮으로 쉬는 때가 없이 보이지 않는 손이 작동하듯이 물자들이 잘 흐르고 유통이 될 것이다.

회광반조 여기서 중요한 얘기가 나옵니다. '비싸면 싸진다는데 얼마만큼 싸지는 것일까? 또 싸지면 비싸진다는데 정말 그럴까? 비싸

면 얼마까지 비싸질까?'입니다. 저는 이것이 《화식열전 2》의 주요 테마라고 생각했습니다.

2019년 들이닥친 중국 발 코로나 쇼크는 경제 전반에 영향을 미쳤습니다. 업종 중에는 덕을 본 업종도 있고 화를 당한 업종도 있습니다. 같은 음식점이라도 배달 전문 음식점은 호황을 누렸고, 돈 들여서 인테리어를 갖춘 오프라인 식당은 불황이었습니다. 마찬가지로 오락 업종이라도 밖으로 나가서 해야 하는 분야는 타격을 입었지만 집에서 혼자 하는 오락 업종은 호황을 누리고 있습니다.

동종 업종내 주가 희비 단위:%, 연초대비		
업종	업체명	주가 등락폭
쇼핑	롯데쇼핑	−35.28
	카페24	**24.61**
음식	SPC삼립	−17.32
	농심	**34.51**
오락	파라다이스	−23.80
	엔씨소프트	**48.06**
이동	대한항공	−28.95
	삼천리자전거	**74.72**
미디어	CJ CGV	−31.26
	스튜디오드래곤	−3.46
		자료:마켓포인트

동종 업종 내 주가 희비

예를 들면 미디어 업종에서 멀티플렉스 극장 같은 오프라인 기반 회사는 심각하게 타격을 입었지만 스튜디오드래곤 같은 온라인 기반 회사는 타격이 경미했습니다. 그런데 우리는 어느 것을 선택해야 할지를 모릅니다. 같은 일이 벌어진 세상에서 어느 회사 직원은 월급도 못 받고 어느 회사 직원은 보너스를 더 받기도 합니다. 자신이 모르는 것은 그렇다고 해도, 자녀들의 진로에 대해서도 엉터리로 이리저리 아이의 결을 틀어놓아 망치기만 했지 도와주지도 못합니다. 이런 문제를 어떻게 해결할 수 있을까요?

원문

不召而自來(불소이자래) : 그래서 백성을 억지로 불러모으지 않아도 스스로 오고

不求而民出之(불구이민출지) : 억지로 시키지 않아도 스스로 생산에 힘쓰게 된다.

豈非道之所符(기비도지소부) : 이렇게 굴러가는 것이 어찌 도리에 부합되는 일이 아닐 것이며

而自然之驗邪(이자연지험사) : 스스로 돌아가는 자연스러움의 증거가 아니겠는가?

회광반조 과거에 소비에트 연방공화국은 농업 단계를 지나서 농업, 공업, 상업의 3업(業) 위주 국가로 가다 보니 도무지 아귀가 맞지를 않아, 자본주의 국가의 원조 격인 영국으로 시찰단을 파견했습니다. 영국에 가서 보니 소련과는 달리 빵집 앞에 사람들이 줄지어 서 있지 않았습니다. 그래서 영국인들에게 물었습니다.

"저 빵집의 주인은 누구인가요? 영국 정부인가요?"
"네? 정부가 빵집을 하다니요? 그 빵집의 주인은 어떤 개인일 것입

니다."

"네? 빵이 얼마만큼 팔릴지 알아야 빵을 생산하는 것 아닌가요? 생산량은 누가 정하나요?"

"주인이 하겠지요."

"주인은 경제 전문가이겠군요. "

"아뇨, 그냥 평범한 런던 시민일 것입니다."

"당신, 나를 속이려 하지 마세요! 그게 말이 됩니까?"

위 일화는 공산주의 사상의 한계로 지적되는 말이며 실제로 있었던 일입니다. 영국에서는 가격과 생산량이 '보이지 않는 손'에 의해서 자연적으로 정해진다는 것을 알고 있었고, 공산주의 국가는 그것을 전혀 이해할 수 없었습니다. 계획 경제와 경제 계획은 다른 것인데 이는 시장 우선주의를 그 근간으로 하고 있는 자본주의와, 정부 우선주의, 더 정확히는 공산당 우선주의를 근간으로 하고 있는 공산주의와의 근본적 차이를 말하는 것입니다. 2,000년 전의 사마천이 알던 것을 공산주의 천재들이 모르는 것은 그들이 바보여서가 아닙니다. 가격이란 것의 정체 즉 가격의 개념을 그릇되게 알고 있었기 때문입니다.

자본주의 국가에서 말하는 '보이지 않는 손'은 인간의 욕망을 인정한 후, 그 욕망을 달성하는 과정에서 수없는 성공과 실패를 거듭하며 정답을 찾아가는 것을 의미합니다. 값을 비싸게 받고 싶어도 누군가 비싸게 사주어야 하고, 빵을 많이 생산하고 싶어도 누군가 사주지 않으면 못합니다. 그렇게 수없는 시행착오를 하며 하루에 공급할 빵 생산량을 스스로 정합니다. 그렇게 옆의 빵집은 하루에 1,000개도 파는데 내 빵은

100개도 안 팔리는 원인을 찾게 될 것입니다. 그리고 그 차이가 품질이나 유행이라는 것을 알게 될 것입니다.

가격과 생산량이 이렇게 결정되는 자본주의에서는 망하는 사람 흥하는 사람이 생기지만 공산주의는 모든 사람을 망하지 않고 잘살게 하겠다고 주장하니 이 방식을 실현시키지 못하는 것입니다. 요즘은 공산주의가 사회주의 혹은 포스트 모더니즘이라는 말로 전략을 바꾼 후 말로는 맞는 말을 해서 사람들의 표를 얻은 다음, 그런 현실을 만들어내지 못하는 그룹을 PC(Political Correctness) 좌파라고 합니다. 정치적으로 옳은 말만 한다는 의미입니다.

사람들이 돈을 벌지 못하는 이유도 간단합니다. 일자리를 구하지 못하는 이유도 간단합니다. 요즘 아이들이 일자리를 잘 구하지 못하는 것도 물론 그 이유가 간단합니다. 사람들은 각자의 '촉(觸)'이라는 것이 있어서, 자기가 미래에 할 일을 어렸을 때부터 준비합니다. 앞으로 어떤 세상에서 어떻게 살지 아이들은 사실 다 알고 그 방향대로, 그 결대로 어떤 것을 좋아하고, 어떤 것에 집중하고, 누구를 만나고 하는 것입니다. 단지 그것을 머리로 아는 것이 아니라 몸으로 아는 것이어서 자신도 설명을 하지 못할 뿐입니다.

그런데 부모들이, 학교가, 사회가 그것 하지 말고 이것 해라, 거기 가지 말고 저기 가라 등으로 이렇게 틀어버리고 저렇게 틀어버려서, 자신의 촉이 다 망가집니다. 우리가 그랬고 우리 아이들 세대가 그렇습니다. 그러다 보니 우리들은 돈의 개념도 일자리의 개념도 그릇되게 가지게 되고 말았습니다. 지금 아이들의 불행은 어른들의 책임입니다. 그 책임을 지고 아이들을 다시 사회가 필요로 하는 사람으로 만드는 것이 지금 나이 60 넘은 사람들이 죽기 전에 반드시 해야 할 일이라고 생각합니다. 이 책도 그러한 목적으로 쓰일 것입니다.

성인이 되어서도 마찬가지입니다. 사람이라는 존재의 이치도 모르고, 그 사람이 살면서 필요하게 될 물자의 이치도 모르고 살았습니다. 주식 투자로 부동산 투자로 돈을 벌지 못하는 것도 실력이 없어서가 아니라 주식시장의 개념과 본질을 잘못 알기 때문이라는 생각을 보통 사람들은 꿈에도 하지 않습니다. 그래서 평생 그렇게 살다가 죽습니다. 자식에게 그 무식함을 상속 증여까지 하고 맙니다. 무식하다는 것은 더 이상 지식이 없다는 것을 의미하지 않습니다. 요즘은 자연상식이 없고 '개념'이 없는 것을 무식하다고 합니다.

그래서 우리는 모든 물질적인 것의 이치를 모르고 살았던 것입니다. 여기서 답부터 말씀드리겠습니다. 물질의 이치는 이렇습니다. 나에게 필요한 물질에 내가 관심을 가지려면 자신의 뇌가 눈으로 보아 뇌로 집어넣어 주는 시각 정보를 받아서 저장할 곳을 만들어두어야 합니다.

내게 필요한 것은 이미 이 세상 어딘가에 다 있습니다. 예를 들어 어떤 분이 갚아야 할 부채가 7억 원이 있다고 합시다. 그러면 묻겠습니다. 그 부채 7억을 갚은 다음에 하고 싶은 일이 뭔가요? 노인들이 가기 싫어하는 그런 요양원이 아니라 연세 드신 분들이 '정말로 여기 살다가 죽으면 좋겠다!'라고 생각할 정도의 최고급 시설을 갖춘 그런 요양원을 짓고 싶다고 답했다고 합시다. 그러면 다시 묻습니다. 그런 것 지으려면 얼마나 들까요? 최소한 30억 이상은 들까요? "네! 땅은 있으니 그 정도면 작게나마 시작할 수 있을 것 같습니다. 그래야 오겠다는 분들이 많아 돈도 많이 벌 수 있을 것 같습니다."

만일 그분이 이렇게 답한다면 저는 그분 꿈은 이루어진다고 생각합니다. 왜냐하면 인간이 만든 숫자 7억 원은 아무리 바라고 원해도 이루어지기가 쉽지 않습니다. 그런데 30억짜리 요양원의 건물과 시설은 형상과 모습을 가지고 있기에 그것을 위해 노력하기 시작하면 그 건물을 짓기 위한 30억 원이 들어오는 과정에서 자신의 부채 7억을 갚을 돈이 생기게 됩니다. 그 이유는 이렇습니다.

위에서 마음이 외부 세계를 만들어내며 우리들의 뇌는 시각 정보를 5단계로 처리한다고 했는데 그 과정이 이렇습니다.

실제 30억 원이 소요될 건물을 직접 보았다면 더 좋고 아니면 상상을 해서 눈을 감고 그런 건물이 놓일 위치를 생각해도 좋습니다.

실제로 보았건 상상으로 보았건 눈이 뇌로 보내주는 시각 정보는 뇌에서 조작되고 조립됩니다.

1단계에서는 형태와 색깔 그리고 크기 등으로 조립되기 시작합니다.

2단계에서는 뇌에 저장된 기억과 경험으로 시각 정보가 보내준 건물을 갖기 위한 데이터를 만들어갑니다.

3단계에서는 그 데이터가 그 사람의 감정과 결합됩니다. 그냥 지나가는 정보인지, 이 사람이 오랫동안 그리고 자주 생각하는 것인지 그 감정에 따라 데이터를 모으는 일을 강화하기도 하고 약하게 처리하기도 합니다.

참고로 우리들의 뇌는 필요없는 정보를 빨리 버리도록 진화되어왔습니다. 사람들은 귀, 눈, 코, 혀, 몸, 머리에서 1초에 약 4,000억 비트의 정보를 받아들입니다. 그런데 사람들은 그 중의 2,000비트만을 선택합니다. 그 나머지를 사람들은 번뇌라고 합니다. 그래서 항상 버리는 습관이 있는 뇌는 건성으로 생각하는 것은 버려버립니다. 그래서 물질에서 감정은 정말 중요합니다.

4단계에서는 그렇게 해서 만든 정보를 뇌의 전두엽으로 보냅니다. 전두엽에서 뇌는 그 사람의 뇌에 저장된 정보와 경험과 지식으로 일을 시작합니다. 대뇌 신경망 모터가 돌기 시작하는 것입니다.

마지막 5단계에서는 뇌의 주인이 시각 정보로 보내준 것을 가지고 이미지를 만들기 위해 갈증을 느끼기 시작합니다. 부족한 것을 찾는 것입니다. 그래서 그 물질을 손에 넣기 위해 누군가를 만나고 보면서 인연의 흐름을 만들어냅니다. 희망과 절망이 수없이 교차합니다. 그러면서 자신의 카르마는 녹아 없어집니다. 카르마의 콘텐츠가 바뀌면 돈을 담을 수 있는 그 사람의 그릇이 달라집니다. 사람의 그릇이란 생각의 크기와 맑기에 따라 달라지기 때문입니다.

이것이 물질의 이치이며 '보이지 않는 손'에 의해 가격이 만들어지고 물자가 유통되는 이치입니다.

5. 인간의 이치

周書曰(주서왈) : 주나라 때 기록된 책에 이르기를

農不出(농불출) : "농부가 곡물을 생산하지 않으면

則乏其食(즉핍기식) : 식량이 부족해지고

工不出(공불출) : 공업인이 물건을 만들지 않으면

則乏其事(즉핍기사) : 물자가 모자라게 되며,

商不出(상불출) : 상인이 교역하지 않으면

則三寶絶(즉삼보절) : 사람들에게 필요한 세 가지 보물, 즉 의식주(衣
食住) 3보의 유통이 단절된다.

虞不出(우불출) : 광산업자와 수산업자가 없으면

則財匱少(즉재궤소) : 물자가 적어지고

財匱少(재궤소) : 물자가 적어지면

而山澤不辟矣(이산택불벽의) : 산림과 하천이 개발되지 않는다"라고
했다.

此四者(차사자) : 이 농업, 공업, 상업, 광업의 4가지 산업은

民所衣食之原也(민소의식지원야) : 백성이 입고 먹는 근원이다.

原大則饒(원대즉요) : 근원이 많으면 풍요롭게 살게 되고

原小則鮮(원소즉선) : 근원이 적으면 빈곤해지며

上則富國(상즉부국) : 위로는 나라를 부강하게 하고

下則富家(하즉부가) : 아래로는 가정을 풍부하게 하는 것이다.

회광반조 이 세상에는 22:78의 법칙이라는 '진여'세계의 법칙이 있고, 30:70의 법칙이라는 3차원 세계의 법칙이 있습니다. 진여세계라는 것은 다른 말로 인간의 법칙을 넘어선 우주의 법칙을 말합니다. 여러분은 그것을 하늘의 계산법인 '천산'이라는 용어로 알고 계셨으면 좋겠습니다. 그러나 우리가 그 세계를 100% 정확히 아는 것이 아니기에 '95% 신뢰도 법칙'이라는 말로 모든 통계적 전망을 합니다. 선거 출구조사나 선거 결과 분석 등을 전부 그렇게 95% 신뢰도를 놓고 합니다.

사람들은 얼굴도 다르고 성격도 다르고, 온갖 아롱이 다롱이들이 다 있는 것 같지만 사실 단순합니다. 95%의 대중들은 쉽게 속고 쉽게 믿습니다. 왜냐하면 그 95%는 항상 자기 '욕심'으로 살면서 자기 욕심이라는 미끼에 자기가 걸려들기 때문입니다.

사마천은 욕심으로 사는 사람들은 몸뚱이 굴릴 정도의 돈만 벌게 되고, 감정으로 사는 사람들은 놀러 다니며 쓰고 다닐 정도의 돈만 벌게 된다는 '돈의 법칙'을 알았나 봅니다. 다시 말해서 사마천은 많은 사람들이 '발재,' 즉 '사용할 돈'은 그럭저럭 버는데 '취재' 즉 '가질 돈'은 죽어라고 발재를 해도 어디로 새어나갈 뿐 모이지 않고 쌓이지 않는 이치

에 대해서 깊은 공부를 했다고 여겨집니다.

그리고 위정자들과 기업인들에게 말합니다. 나라 경제, 국민들 경제 문제 해결해주며 이끌어가는 게 뭐 그리 어렵냐고? "어느 고기가 어느 미끼를 좋아하는지를 알았으면 고기가 다니는 길과 시간에 낚싯대만 걸쳐주면 진짜 미끼가 아니라 단지 그럴듯하게 보이기만 하는 가짜 미끼를 사용해도 시절인연이 되어 고기가 다 올텐데 그게 뭐 그리 어렵다는 말인가?"라고 인간의 이치를 설합니다. 95%의 사람들은 '욕심'이라는 가짜 미끼로 얼마든지 낚을 수 있습니다.

욕심으로 잡지 못하는 나머지 5%의 사람들은 어떤 미끼로 잡느냐고요? 그들을 잡으려면 특수 미끼가 필요합니다. 그들을 잡으려면 남을 위해 그들의 뜻을 펼칠 자리를 주어야 합니다. 그들은 정해진 마음으로 사는 사람들이 아니니까요. 그들에게는 '무심으로 할 큰 미끼'를 반드시 사용해야 합니다. 인간이란 크게 보면 욕심과 무심으로 사는 두 그룹으로 나눌 수 있고, 셋으로 나누어보면 무심, 자부심, 욕심으로 사는 그룹으로 나눌 수 있습니다.

6. 하늘의 OS 체제

원문

貧富之道(빈부지도) : 빈부의 이치는

莫之奪予(막지탈여) : 억지로 빼앗거나 줄 수 없는 것이며

而巧者有餘(이교자유여) : 그리고 이러한 세상의 이치에 정교한 자는 항상 풍요롭게 살고

拙者不足(졸자부족) : 세상의 이치에 치졸한 자는 항상 모든 것이 부족하게 사는 것이다.

회광반조 여러분은 돈 문제, 사람 문제, 자식 문제. 건강 문제 등에서 늘 여유로운가요? 그런 분은 '교자(巧者)'입니다.

아니면 항상 쪼들리나요? 돈에 쪼들리고, 필요한 인맥에 쪼들리고, 건강에 쪼들리고, 모든 것이 항상 생각대로 되지 않나요? 그런 분은 '졸자(拙者)'입니다.

가난하게 사는 사람과 부자로 사는 사람의 이치는, 부자에게서 억지로 빼앗는다고 그 부자가 가난해지는 것이 아니고 반대로 가난한 사람

에게 준다고 가난한 자가 부자 되는 것이 아닙니다. "빈부지도(貧富之道) 막시탈여(莫之奪予)."

세상의 교묘(巧妙)한 이치를 알게 되면 항상 풍요롭게 사는 것이고, 세상의 이치를 치졸하게 알면 항상 쪼들리게 사는 것입니다. "교자유여(巧者有餘) 졸자부족(拙者不足)."

저는 이 교자와 졸자와의 차이를 알기 위해 수많은 사람들을 만났습니다. 저 스스로 졸자인 것은 알겠는데 무엇을 알아야 교자가 될 수 있는지를 몰랐기 때문입니다. 결국 제가 셈하는 방식과 세상, 하늘이 셈하는 방식이 다르다는 것을 알게 되었고, 조금 생소한 말이겠지만, 천산 즉 '하늘의 계산법'을 공부하게 되었습니다.

빈부지도(貧富之道) 막지탈여(莫之奪予) 교자유여(巧者有餘) 졸자부족(拙者不足)! 태사공 사마천의 이 멋진 말은 '자신이 처한 환경에서 세상의 이치를 정확히 배우지 못해 세상의 이치에 어긋나게 살면서도, 자기 방식대로 자기 고집만 부리며 우악스럽게 힘만 쓰며 세상의 이치에 치졸하게 사는 자는 결국에는 늘 부족하게 산다!'라는 가르침입니다.

이 엄청난 가르침은 사실《화식열전 1》을 공부한 분들은 다 아는 말입니다. 저도 아는 말이며 사마천도 아는 말입니다. 그러나 우리는 말은 알았는데 이 말의 본질과 개념을 모르고 삽니다. 본질과 개념을 모르면 자신을 바꾼다고는 하지만 어디서부터 무엇을 바꾸어야 하는지 모릅니다. 그래서 작심3일이 되는 것입니다. 저는 이 개념을 잡는 데 10년이 걸렸습니다. 그것을 전해드리기 위해 다시《화식열전 2》를 쓰게 된 것인지도 모릅니다.

돈이나 재물은 분명히 '빈부지도 막지탈여'가 맞습니다. 그렇지만 세상의 이치에 대해 교묘한 지식을 갖고 있는가, 아니면 치졸한 지식만을 가지고 내 방식이 맞다고 빡빡 우기는 것인가라는 교자와 졸자의 명확한 개념과 본질을 알기 위해서는 '운칠기삼,' '복칠기삼'이라는 말을 빌려올 필요가 있습니다.

　'운칠기삼,' '복칠기삼'이란 말은, '고스톱 판에서 마지막으로 돈 따가는 사람은 고스톱 기술만 가지고는 안 된다. 운(運)과 복(福)이 있어야 된다. 그런 운과 복이 70%이고, 기술은 30%밖에 차지하지 못하더라!'라는 것이고, 한 걸음 더 나아가 '세상만사가 끝에 가서는 이치가 그렇더라!'라는 의미입니다. 이치는 이러합니다.

　우리는 할 수 없이 '운'이라는 말을 쓰고 할 수 없이 '하늘'이라는 말을 쓰지만, 이미 양자역학 등의 물리학 법칙이 밝힌 대로, '자신의 내면'에서 일어나는 생각과는 별도로 독립되어 존재하는 저 밖의 환경, 다시 말해 '저 밖이라는 외부'는 존재하지 않습니다. 우리가 배우자를 선택하고, 사람을 선택하고, 오늘 살 주식을 선택하는 모든 행위는 '그 사람이 현실을 인식하는 것' 더하기 '그 사람의 그때 그 순간의 감각'이 결정하는 것입니다. 그래서 사람들은 최후의 승부는 감(感)이 결정한다는 말을 하곤 합니다.

　그런데 그러한 최종 인식은 뇌가 외부와 연결하여 결정되는 것입니다. 즉 우리들의 인식은 뇌에서 처리될 뿐만 아니라, 외부와 함께 작용하여 최종 인식이 결정되는 것입니다. 이때의 외부는 어느 한 외부가 아니라 항하의 모래알 수만큼이나 많은 외부 세계입니다. 그래서 우리 개개인의 욕심과 정에 의해 그리고 간혹은 무심으로 내리기도 하는 결정은 단지 하나의 관점일 뿐이며 환상이며 물거품이며 아침이슬이나 번갯불과도 같은 것이라고 하는 것입니다. 그래서 그것을 운이라고 하는 것입니다. 그런데 문제는 사람들이 운이 무엇인지를 모른다는 것이며, 복이 무엇인지 모른다는 사실입니다. 운은 하나의 흐름이며, 추세이며, 트렌드입니다. 더 정확히는, 운이라는 말은 신라시대 최치원 할아버지가 번역해둔 《천부경(天符經)》에 등장하는 말이기도 합니다. '6생 7, 8, 9운(運)'이라는 부문에 나오는데, 이 운은 절대로 일시적인 것이 아닙니다. 이른바 33천이라고 하는 수많은 천(하늘)에서 그 사람이 자신이 금생에 해야 할 일을 어떻게 하고 있느냐에 따라 끊임없이 나오는 것입니다. 그 이유는 우리의 영혼은 물질 세상을 경험하면서, 그 물질이 실상이 아니라 하나의 홀로그램과 같은 허상이라는 것을 알고, 그것을 알고 난 다음에 없는 허상을 있는 실상처럼 대할 줄 아는 안목이 열리기까지 끊임없이 진화하는 것이 목적이기 때문입니다. 그리고 복은 그 운의 흐름에 더해지거나 줄어드는, 즉 강도를 조절하는 요소라는 것입니다. 그래서 운 좋은 사람이라도 복을 까먹지 말고 늘려야 하며, 운 없는 사람이라면 더더욱 저울 추의 중심이 자신이 원하는 쪽으로 기울도록 복과 덕을 더 쌓아야 합니다.

그래서 사마천의 이 가르침은 1) 가난하게 살거나 부자로 사는 것은, 준다고 가난한 사람이 부자 되는 것 아니고, 빼앗는다고 부자가 가난해지는 것은 아니더라!

그러나 빈부 갈림 이전에 2) 복과 운은 주었다가 빼앗기도 하는데, 거기에는 다 순서가 있더라! 3) 그래서 복운과 기술은 따로 공부해서 익혀야겠더라!입니다.

복은 외부 세계의 진화 방향성과 일치하는 행위를 하는 사람이 갖게 되는 것이고, 운은 아무리 악한 사람도 외부 세계의 진화 방향성에 위배되는 행위만을 하며 산 것은 아니기에 확률적으로 그리고 일시적으로 결과가 좋을 수도 나쁠 수도 있는 것입니다. 그러니 만약에 원하지 않는 일이 계속해서 일어난다면 그것은 운의 흐름이 좋지 않은 것입니다. 이 운의 흐름을 자신이 원하는 방향으로 그 방향성의 확률을 높이는 것이 덕(德)입니다. 덕을 기르는 가장 좋은 방법은 자식 농사처럼 사람 농사를 지으며 사는 것입니다. 문제는 자식 농사 짓는 법을 몰라 자식의 몸뚱이에만 먹이를 주었지 영혼에는 어떤 먹이를 주어야 할지 모르듯 사람 농사도 마찬가지라는 것입니다. 이솝우화의 여우와 학 이야기처럼, 학에게 여우 밥그릇을 주고 여우에게 학이 먹을 밥그릇과 먹이를 주는 사람이 100 중 99이니, 오호 통재라! 어찌 자신의 운명의 물줄기를 바꾸는 일이 쉬운 일이겠습니까? 〈화식열전〉을 공부하는 분들은 그래도 참 복이 많은 분들입니다.

사람들이 '단지 운이 좋았을 따름이다,' '어쩌다가 운이 좋아 그렇게 되었다'고 하는데, 그것은 완전히 잘못된 말입니다. 운은 절대로 일시적이거나 한 번으로 끝나지 않습니다. 그것이 머피의 법칙의 기본 개념입니다.《화식열전 2》의 주인공인 백규가 말하는 바이기도 합니다.

7. 삼귀(三歸)

원문

故太公望封於營丘(고태공망봉어영구) : 주나라를 세운 후 태공망이
　　영구지방에 제후로 봉해졌을 때

地潟鹵(지석로) : 그곳 땅은 염분이 많고

人民寡(인민과) : 백성의 수도 적었다.

於是太公勸其女功(어시태공권기여공) : 이에 태공망이 부녀들에게
　　베를 짜도록 장려하고

極技巧(극기교) : 기술을 높이 끌어올리고

通魚鹽(통어염) : 생선과 소금을 유통시키니

則人物歸之(즉인물귀지) : 사방에서 사람과 물자가 모여들었다.

繦至而輻湊(강지이복주) : 마치 엽전 꾸러미에 엽전이 꿰어지듯 수레
　　바퀴살이 모이듯 중심으로 사람과 물자가 모여드니

故齊冠帶衣履天下(고제관대의리천하) : 그 후로부터 제나라의 갓·
　　띠·의복·신발을 천하 사람들이 사용하게 되었다.

海岱之間(해대지간) : 동해와 태산 일대에 있는

斂袂而往朝焉(염몌이왕조언) : 제후들이 옷깃을 여미고 제나라 조정
　에 예를 올리러 왔다.

其後(기후) : 그 후

齊中衰(제중쇠) : 제나라가 한때 쇠약해져 있으나

管子修之(관자수지) : 제나라 환공 때 관중이 다스리면서

設輕重九府(설경중구부): 다시 나라 경제를 재정비하기 위해 아홉 개
　의 관부를 설치했다.

회광반조 제나라의 위치는 아래 지도에서 보이는 곳입니다.

중국 역사에서 제나라는 아주 중요한 의미가 있습니다. 음양오행 등
동양의 과학은 거의 제나라에서 나왔습니다. 중국 역사는 우리보다 오
래되었다고 하지만 중국 역사에도 일본 역사에도 '상고사'는 없습니다.
상고사란 문헌상에 남아 있는 아주 오랜 역사시대를 말하는데, 태사공
도 "삼황오제 이전은 나는 모른다!"로 역사 집필을 시작했듯이, 다른
나라 역사는 뿌리가 없습니다. 반면 한국은 상고사를 분명하게 가지고
있습니다. 한국의 상고사를 증명
하려면 고고학적 유물이 필요한
데, 그 유물은 주로 제나라 지역,
지금의 산동반도 지역인 동이족
의 영토에서 출토되고 있기에 중
국인들은 이것을 밝히기를 꺼립
니다. 제나라는 환국배달국과 단
군조선의 제후국이었던 은나라

제나라의 위치

(나중에 상나라) 영토였습니다. 그 은나라를 멸망시킨 것은 한족의 주나라였으며, 주나라의 제후국이 다시 부활한 나라가 제나라입니다.

원문

則桓公以霸(즉환공이패) : 이로 인해 환공이 패업을 달성하여

九合諸侯(구합제후) : 여러 차례 제후를 소집하여

一匡天下(일광천하) : 천하를 바로잡았다.

而管氏亦有三歸(이관씨역유삼귀) : 그런데 관중 또한 삼귀를 가지고 있어서

位在陪臣(위재배신) : 지위는 제후의 신하였으나

富於列國之君(부어열국지군) : 다른 나라 군주보다도 더 부유했다.

是以齊富彊至於威宣也(시이제부강지어위선야) : 이리하여 제나라의 부강함은 위왕과 선왕시대까지 이르게 되었다.

회광반조 그 제나라를 부활시킨 사람이 강태공이었지만, 그 후 제나라가 다시 국력이 쇠할 때, 관중과 포숙(관포지교의 그 관과 그 포입니다), 그중에서도 관중이 다시 나라를 일으킵니다. 그때의 왕이 제 환공입니다. 제 환공은 죽을 고생을 하고 후에 현명한 왕이 되어 나라를 다스리지만 자식 농사를 잘못 지어 나중에 시체가 한 달간 방치되는 꼴을 당하고 맙니다. 참고로 '춘추전국시대'는 제나라 환공의 부흥 시절이 '춘추시대'이고, 더 뒤에 나오는 범려 이후가 '전국시대'입니다. 그 기준선이 '범려와 계연'입니다.

그런데 관중이 삼귀를 가지고 있어서 다른 제후들보다 더 부유했다

고 하는데 이 삼귀에 대한 자료를 찾을 수가 없고, 학자들의 추측으로 삼귀를 정의해두었으나 동의하기가 힘들었습니다. 왜냐하면 여기서 삼귀는, 세 가지 보물 삼귀(三貴)가 아니고 세 가지가 모여든다는 삼귀(三歸)이기 때문입니다. 장차 돈을 벌거나 주식 투자를 하거나 간에 가장 중요한 사항인 이 삼귀는 1) 사람이 돌아오고, 2) 물자가 돌아오고, 그래서 3) 돈이 돌아왔다는 의미가 분명합니다. 눈으로 보이지 않는 복과 운을 눈으로 보고 확인할 수 있는 지표가 삼귀(三歸)입니다.

그러면 강태공 개인의 삶은 어땠을까요? 그는 72세까지 하는 일마다 되는 것이 없는 무일푼 백수였습니다. 법률혼인 첫 결혼도 72세에 합니다. 가장으로서 국수장사를 시작했지만 실패했고 푸줏간도 실패했고 세 번째로 자본이 아닌 지식을 투자하는 운명 감정소인 간명소(看命所)를 차렸으나 역시 실패했습니다. 그러자 그나마 도와주던 사람들도 떠나버리고 부인 마씨마저 남편을 버리고 집을 나갔습니다. 그리고 나이는 70대 중반이 넘어버렸습니다.

즉 처음에 돈이 나가고 그 다음으로 사람이 떠나고 마지막으로 늙고 힘없는 사람이 된 것입니다. 결국 그는 낚시나 하는 사람이 됩니다. 그러나 천명을 깨닫자 차례대로 회춘합니다. 즉 육신의 건강과 따르는 사람들과 돈이 돌아오고 마지막으로 새 부인까지 생깁니다. 다시 말해 하늘이 거두어갔던 돈과 사람과 건강이 다시 돌아온 것입니다. 그것을 3귀라고 하는 것입니다.

8. 일귀(一歸), 사람

故曰(고왈) : 그래서 이르기를

倉廩實而知禮節(창름실이지예절) : "창고가 꽉 차야 예절을 알게 되고

衣食足而知榮辱(의식족이지영욕) : 의식이 넉넉해야 영예로움과 욕됨을 알게 된다"라고 했다.

禮生於有而廢於無(예생어유이폐어무) : 예의는 재산이 있으면 생기고 의식주가 해결되지 않으면 사라지는 것이다.

故君子富(고군자부) : 그러한 이치를 아는 고로 군자는 부유해지면

好行其德(호행기덕) : 덕 베풀기를 좋아하고

小人富(소인부) : 소인은 부유해지면

以適其力(이적기력) : 자기의 능력에 맞게 행동하게 된다.

淵深而魚生之(연심이어생지) : 연못이 깊어야 고기가 살고

山深而獸往之(산심이수왕지) : 산이 깊어야 짐승이 모여들듯이

人富而仁義附焉(인부이인의부언) : 사람도 부유해야 인의가 붙고

富者得勢益彰(부자득세익창) : 부유한 자가 세력을 얻으면 더욱 번창
해지고

失勢則客無所之(실세즉객무소지) : 세력을 잃으면 찾아오는 사람이
없어

以而不樂(이이불락) : 즐겁지 못한 법이다.

夷狄益甚(이적익심) : 이족과 적족들은 이런 경향이 더욱 심하다.

회광반조 '산 사람 입에 거미줄 치랴?'라는 말이 있습니다. 아무
리 가난한 사람이라도 돈을 가져본 적이 있고 돈을 벌어본 경험도 있게
마련입니다. 그런데 돈의 이치는 돈을 갖는 것과 돈을 버는 것, 즉 발재
와 취재의 과정에서 그 사람의 복이나 덕이 증가하기도 하고 감소하기
도 하는 것을 그 사람의 뇌가 기억하고 저장하고 있었다는 것을 아는
것부터 시작해야 합니다. 즉 '이 사람이 돈을 어떻게 사용했는가? 그리
고 이 사람이 돈을 어떻게 취하고 다루었는가?'라는 것을 그 사람의 뇌
가 외부와 연결해서 모아둔 정보가 있습니다.

그러므로 돈의 1차적 이치는 '돈은 종합 에너지'라는 것을 아는 것입
니다. 돈은 사람에 실려서, 사람에 담겨서, 사람에 묻어서 오기도 하고
가기도 합니다. 그리고 물질에 담겨 있습니다. 그 물질은 동물, 식물이
기도 하고 산과 들, 꽃과 같은 자연이기도 합니다. 그래서 자연을 대하
고 사람을 대하는 행위가 복과 덕의 근원이 됩니다. 그러니 토양이 비
옥한 중국 한족들의 땅에 사는 사람들은 그런대로 복스럽고 덕스럽게
잘살았고, 그렇지 못한 열악한 환경에 살던 동이족이나 북적족들은 돈
을 취한 다음에 행실이 안 좋았다는 말을 받아들일 수 있습니다.

그런데 과거처럼 의식주 위주의 욕망이 아닌, 해외여행, 퍼스트 클래스, 비즈니스 클래스 등의 돈 있으면 안락을 더 가질 수 있는 세상, 갖고 싶은 것, 가고 싶은 곳이 한량없이 많아진 현대에 졸부가 된 한족들이 더 심한 것 아닐까요? 요사이 중국 사람들 보면 돈이 된다면 어떤 일도 하고, 돈 생기니 예의가 없어집니다. 중국 공산당 지도층이나 중국이 아프리카, 아시아 등의 가난한 나라들 대하는 것 보면 소인이 졸부, 그것도 거부가 되니 과거 영국, 미국 등 제국주의 국가들보다 더하면 더했지 결코 덜하지 않더군요. 그렇게 꼭 자기 그릇에 맞는 힘만 쓰는 것을 한족 조상님이신 우리 태사공 사마천 선생님께서 보면 얼마나 속이 상하실까요?

물론 과거 일본도 경제가 초기에 폭발적 발전을 하면서 그랬고, 우리 한국인들 중에도 천박한 사람들 많았고 그러다가 세력을 잃었을 때 어찌 되는지…… 우리를 돌아보고 그들을 지켜보는 것도 참 좋은 공부라 생각합니다. 우리 한국 사람들 너무 잘난 척하며 사는 것은 아닐까요? 전 세계로 여행 다니면서 좋아라 하지만 실상은 어떻습니까? 자기 집이라고 명의만 가지고 있지 매달 은행 이자 갚느라 허덕입니다. 세계 금리가 조금 내려갔으니 망정이지 그렇지 않았다면 어떻게 되었을지 생각만 해도 끔찍합니다. 맨밥에 물 말아 먹고 숭늉 마신 뒤에 고기 먹은 척하며 이쑤시개 입에 물고 돌아다닙니다. 그리고 또 빚 내서 해외로 여행 가겠다고 합니다.

우리나라 불교 종단의 법규는 잘 모르지만, 그 자비롭다는 석가모니 부처님도 제자를 받아들이실 때 '부채가 있는 사람'은 받아주질 않았습니다. 그 이유는 하나입니다. 매달 중 하루라도 개목걸이처럼 자신에게 걸려 있는 빚쟁이 줄 때문에 30일 이상 무심(無心)으로 세상 모든 것 내려놓고 수행하지 못하니까요. 한국 사람 80%가 빚쟁이 아닌가요? 그 신세 벗어나려면 이 〈화식열전〉 공부 잘 하셔야 합니다.

원문의 "이이불락(以而不樂) 이적익심(夷狄益甚)"에 관해서 〈화식열전〉 관련 논문 가운데 이런 부분이 있습니다.

정약용은 곡산 부사로 있으면서 한참 동안의 수고 끝에 결국 《사기선찬주(史記選纂注)》를 올리는데, 10권의 책에 대한 범례를 설명하면서 특별히 "〈화식전〉의 '삼보(三寶)'는 참고할 만한 주석이 없고, '이이불락(以而不樂) 이적익심(夷狄益甚)'이라는 뜻 또한 자세하지 않습니다"라고 한 기록이 있다.
정약용은 특히 〈화식전〉의 '삼보' 관련 주석을 찾느라 고심했으나 결국 해결하지는 못하여 매우 아쉬워했던 듯하다. 성충 이만수에게 보내는 편지에서 "《사기영선》을 찬주하는 일을 이제 비로소 끝마쳤기에 삼가 봉진하오니 영공께서 반드시 한번 열람해보시고 타당치 못한 곳이 있으면 삭제하고 윤색해서 임금께서 보시도록 함이 어떻겠습니까?……

화식전에 나오는 '삼보'에 대한 해석을 전에 분명히 주석에서 보았는데 사가들이 위 구절에 나열한 농, 공, 우가 그에 해당한다 하였습니다. 이번에 《사기평림》 및 다른 여러 좋은 책을 고찰해보아도 일체 그러한 설이 없으므로 함부로 주석하지 못하오니 이것이 한스럽습니다. 널리 고찰하여 주를 첨가해주시기 바랍니다"라고 한 것이 바로 그 시기 정약용의 노력을 증언해준다. (서신혜, "화식전 수용의 양태와 경향")

우리 조상들이 삼보(三寶)를 몰랐던 것입니다. 앞의 문장과 연결해서 생각하면 삼보는 농업, 상업, 공업인데 농업, 공업, 우업이라고 하였습니다. 왜 우리 조상들은 상업을 이렇게 철저히 무시했을까요? 그리고 왜 그렇게 가난하게 살았을까요? 조선의 선비들이 지키고자 한 것은 무엇이었을까요? 화가 난다기보다 궁금합니다.

그리고 정약용은 왜 '이이불락 이적익심'을 알 수 없다고 했을까요? 이족은 우리 동이족이고 적족은 흉노족으로 신라 김해 김씨의 직계 조상이기도 합니다. "정승 집 개가 죽으면 정승 집 문지방이 닳아 없어지도록 문상객들이 문전성시를 이루지만 정승이 죽으면 개미 한 마리 얼씬하지 않는다"는 인심이 조선시대에는 없었을까요? 없었다고 믿고 싶을 뿐입니다.

9. 이귀(二歸), 돈

원 문

諺曰(언왈) : 속담에 이르기를

千金之子(천금지자) : "천금을 가진 부잣집 자식은

不死於市(불사어시) : 시장에서 죽지 않는다"라고 했는데

此非空言也(차비공언야) : 공연한 말이 아니다.

회광방조 여기서는 긴 설명 대신 2019년, 2020년 대한민국을 시끄럽게 한 몇 분과 2020년 미국 대통령에 출마한 바이든의 아들 헌터 바이든 사건으로 태사공의 말을 확인하면 됩니다. 과거에는 더 많았는데 세상에 알려지지 않다가, 정보 통신기술의 발달로 온 국민이 카메라와 펜을 들고 다니는 기자가 된 것을 모르고 함부로 살던 사람들이 우리에게 공부를 시켜줍니다. 요사이 중국과 다른 나라에서도 10여 년 전만 해도 그냥 단순한 뉴스나 사람들이 잘 보지도 않는 주간지, 월간지에 실렸던 것이 이제는 '중인환시리(衆人環視裡: 많은 사람들이 빙 둘러서서 다 보고 있는 가운데)'에 다 드러나는 세상이 된 것을 모르고 함부로

사는 사람들입니다. 앞으로 사마천의 이 이야기는 반드시 잘못된 이야기가 되어 나중 사람들이 '옛날에는 그랬대, 참 말도 안 되지……' 하는 세상이 오길 바랍니다. 그렇게 되어가는 중이라는 생각이 들기는 하지만요.

요사이 사람들은 '나무는 껍질을 벗겨내면 반드시 죽지만, 사람은 껍질만 벗으면(체면이나 염치만 뭉개면) 천하무적이 된다!'라는 것을 사회 지도층부터 일반 시민들까지 다 따라하고 있습니다. 그러나 그 끝이 행복할지 불행할지는 지켜볼 필요도 없이 이미 정해져 있습니다.

그런데 두 번째 돈의 이치가 사마천이 이 사실을 기록할 때와 달라졌습니다. 사회와 환경의 종합 에너지가 바뀐 탓입니다. 아프리카나 인도 등의 나라에서는 아직도 사마천의 이 말이 유효합니다. 그 이치는 하늘의 이치에서 배운 것을 곰곰이 생각하면 쉽게 알 수 있습니다. 외부 세계 게임의 법칙이 2016년 1월 이후 바뀌었기 때문에 상당히 빨리 무너집니다. 그 이전에는 괜찮을 수 있었습니다. 그 이유는 이렇습니다. 물이 100도에서 끓기는 하지만 사람에게 치명적 화상을 입히는 것은 78도를 넘는 순간부터입니다. 아무리 많은 짐을 얹어도 끄덕없을 것 같던 낙타의 등이 바늘 하나만 더 얹어도 부러지는 순간이 있는 것입니다. 한국의 환경적 종합 에너지도 이렇게 일정 수준을 넘어가고 있습니다.

故曰(고왈) : 그래서 이르기를

天下熙熙(천하희희) : "천하 세상 사람들이 모두 희희낙락할 때

皆爲利來(개위이래) : 사람들은 모두 이익을 위해 모여들고

天下壞壞(천하괴괴) : 천하가 무너지고 붕괴되면

皆爲利往(개위이왕) : 또 모두 이익을 위해 떠난다"라고 했다.

회광반조 우리나라 주식시장으로 설명을 대신하겠습니다.

한때 세상을 떠들썩하게 했던 '신라젠'의 엄청난 거래량, 그리고 가격이 15배 이상 오르며 이익을 위해 모여들던 사람들과 돈의 힘으로 오르던 주식 가격! 그러나 지금은…… 천하가 괴괴하여 거래량과 주가도 투자자도 모두 다 떠났습니다.

夫千乘之王(부천승지왕) : 천 대의 마차를 가진 임금들이나,

萬家之侯(만가지후) : 만 호의 세대를 다스리는 제후들이나

百室之君(백실지군) : 백 채의 집을 소유한 대부들도

尙猶患貧(상유환빈) : 지금보다 빈곤해지는 것을 두려워하는데

而況匹夫編戶之民乎(이황필부편호지민호) : 하물며 일반 백성이야 말할 것이 있겠는가?

회광반조 그렇습니다. 재벌들도 형제 간에 다투고, 부부 간에 다투고, 부모 자식 간에 다툽니다. 없으면 무시당하니까요. 그런데 "없다

고 무시하느냐?" 혹시라도 그런 말 하나요? 하면 안 됩니다.

무시하는 사람이야 모르니까 그렇게 말할 수 있습니다. 그러나 그 소리를 듣는 사람은 이렇게 생각해야 합니다. '왜 내가 무시당하게 된 거지?' '그러면 무시당하지 않으려면 어떻게 해야 되지?' '지금 저 사람이 나를 무시하는 것은 내가 돈이 없고, 지식이 없고, 몸이 늙고 허약하고, 자식들이 변변치 못해서 그런가 보다!' 이렇게 문제를 인정하고 나서 〈화식열전〉을 통해 배워서 그 문제를 풀면 됩니다. 지금 그 공부를 하는 중이니 걱정 마시기 바랍니다.

10. 삼귀, 하늘의 셈법–돈의 정

원 문

昔者越王句踐困於會稽之上(석자월왕구천곤어회계지상) : 옛날 월왕 구천은 회계산 위에서 고통을 겪고

乃用范蠡計然(내용범려계연) : 범려와 계연을 중용하였다.

計然曰(계연왈) : 계연이 월왕에게 말했다.

知鬪則修備(지투즉수비) : "전쟁이 있을 것을 알면 준비를 해야 하고

時用則知物(시용즉지물) : 그때에 필요한 물건을 알면 되는 것입니다.

二者形則萬貨之情(이자형즉만화지정) : 이 두 가지를 잘 알면 만 가지 재화의 속 정을

可得而觀已(가득이관이) : 제대로 얻어 관할 수 있는 것입니다.

회광반조 '뭐? 만 가지 화(貨)의 정(情)을 알게 된다고? 화(貨)는 화폐(貨幣)의 화인데? 이자형즉 만화지정? 이 2가지가 모든 재화의 정이라고? 돈의 정, 돈의 마음을 다 알게 된다는 말인데?'

네, 그렇습니다. 그 두 가지 형상과 형태와 모습을 잘 알면 모든 화폐 즉 금융이라는 '돈 쩐! 즉 전(錢)의 속성'을 알게 되는 것이기에, 어떤 돈이든, 어디에 가서건 돈으로 인해 힘들어지는 일은 없다!는 소리입니다. 그런데 그 2가지가 뭐지? 이자형즉? 답은 이것입니다.

전쟁이 있을 것을 알면 준비를 해야 하고(지투즉수비)
그때에 필요한 물건을 알면 되는 것입니다.(시용즉지물)

이 가르침은 너무나 중요합니다. 일단 마음을 편하게 하기 위해, 켄터키 프라이드 치킨 창업주 아저씨처럼 생긴 미국의 가수 케니 로저스의 "도박꾼(The gambler)"이라는 노래를 들어보시기 바랍니다. 이 짤막한 노래는 경제 신문이나 방송에서 매일 듣는 상투적인 말보다 더 충실한 진실을 담고 있습니다.

언제 버려야 할지,
언제 카드를 덮어놓아야 할지,
언제 그만두고 물러가야 할지,
언제 게임을 계속해야 할지,
당신은 그때를 알아야 해.

케니 로저스

이 노래의 주제는 시(時)를 알기 위해 비(備)를 공부해야 한다는 말입니다.

그럼 돈을 알기 위해 알아야 하는 두 가지가 무엇일까요? '지투'와 '지물'이라고 했습니다. '지투'와 '지물'의 두 형상을 알면 만화지정(萬貨之情), 즉 '돈의 정'과 내통하게 된다고 태사공은 말합니다.

이러한 가르침을 가장 잘 활용하는 곳이 증권회사입니다. 증권회사는 유통회사입니다. 그래서 장사꾼들이 많습니다. 전쟁이 있을 것을 알면(지투) 그때 필요한 물자가 무엇인지를 알아야 합니다.(지물) 증권회사 사람들은 '꺼리(거리)'를 만듭니다. 그래서 코로나가 유행하면 '수혜주'라고 해서 '지물꺼리'들을 추천합니다. 정치인이 대선에 등장하면 또 '수혜주'라는 것이 등장합니다.

9.11 테러 같은 것이 발생해도 수혜주가 등장합니다. 그러나 '거짓꺼리'들도 많고, '유혹하는 꺼리'들도 많습니다. 주가를 힘으로 끌어올려 꺼리를 만들어내기도 합니다. 그래서 증권시장에는 '소문에 사서 뉴스에 팔아라!'라는 격언도 있습니다. 결국 돈의 정을 알기 위해서는 지투와 지물의 상관관계와 그 관계되는 정도의 사실성 여부를 확인하는 '상관계수'까지 알아야 만화지정을 안다고 할 것입니다.

다른 면으로 다시 한번 보겠습니다. '지투'란 에너지와 에너지의 갈등, 충돌을 말합니다. 상극(相剋)으로 서로가 서로를 밀어내는 양상을 말합니다. 반면에 '지물'은 에너지와 에너지가 서로 상생(相生)하여 결국에는 질량화되는 법인데 그 질량의 본질에 대해서 아는 것을 말합니다.

다시 말하면 보이지 않는 미래의 에너지 흐름을 읽을 줄 알게 되면 현재 보이는 물건 중에서 무엇이 장차 필요하게 될 것인지를 알게 된다는 의미입니다.

　에너지와 질량에 관한 아인슈타인의 상대성 이론입니다. "에너지는 질량에 속도의 제곱을 곱한 것과 같다. 그러므로 에너지가 질량이고 질량이 에너지다."

　돈의 정은 착하다고 더 주고 나쁘다고 빼앗아가지 않습니다. 무심으로 주고받을 뿐입니다. 질량으로 주고받지는 않습니다. 숫자로 주고받는 것도 아닙니다. 즉 가격 매겨진 것으로 주고받지 않습니다. 돈의 정은 가치로 주고받습니다. 에너지로 주고받습니다. 돈은 하늘의 재물이고, 사람은 정의 존재입니다. 그리고 무생물도 식물도 양성자와 전자와 중성자로 되어 있고 자기장을 지니고 있기에 다 우주와 연결되는 감정이 있습니다. 진동수와 주파수가 다를 뿐입니다. 이 모든 변수를 통합해서 작동하는 것이 하늘의 계산법, '천산(天算)'의 원리입니다.

　그런데 사람들은 인간의 계산법인 '인산(人算)'으로 10억 벌기를 원하고 100억 갖기를 원합니다. 그런데 갖는 사람과 못 갖는 사람이 나누어집니다. 그렇게 갖고 못 갖고의 차이를 사람들은 운칠기삼이라고 말합니다. 정답은 아닙니다. 그 첫 번째 이유는 기술 30%가 아니라 현대 금융기술이나 수학적 재테크 기술 100%로 100억 정도는 벌 수 있습니다. 두 번째 이유는 100억을 벌어도 지키지 못한다는 데 있습니다. 그래서 사람들은 운이라고 말하지만 운의 정체를 모르고, 더욱이 운의 시간적 흐름이 상당 기간 일정하다는 것도 모릅니다. 정확한 답은 '복덕'이 정하는 것입니다. 복덕은 가격이 아니고 가치이며 질량이 아니고 에너지이며 숫자가 아니고 의도입니다.

그런데 여기서 한 걸음 더 나아가 아주 소수의 사람들만이 1,000억을 갖게 됩니다. 그 이유는 1,000억으로 무엇을 사거나 할지가 형상이나 이미지로 그 사람 뇌에 인식이 되지 않기 때문입니다. 평소에 입력해둔 기억과 정보가 없기 때문입니다.

사람들이 보는 것은 사람들의 경험에 달려 있습니다. 7세나 8세 이전의 아이들은 아무리 야한 장면을 보더라도 신체상의 변화가 일어나지 않습니다. 그러나 그 나이를 넘어서면 더구나 사춘기의 나이에 이르면 강력한 신체상의 변화가 일어납니다. 그것은 그 사람의 뇌에 시각 정보가 입력해둔 정보를 풀어내는 방법에 따라 실제의 시각적 세계가 그에게 창조되기 때문입니다.

뇌는 현실과 비현실을 구별하지 않고 시각, 촉각 혹은 청각 정보가 입력해준 대로의 정보를 현실로 받아들입니다. 그리고는 세상에 대한 해석을 하여 몸에 변화를 주면서 다른 조건들을 만들기 시작하는 것입니다. 그런데 대부분 사람들의 뇌는 1,000억으로 무엇을 할지 그 형태나 이미지를 만들어내지 못합니다. 그래서 1,000억이 만들어질 조건을 뇌가 만들지 않고, 만들지 못하는 것입니다.

여기서 범려는 '지투,' 다시 말해 전쟁이 일어나거나, 돈이나 자리를 놓고 투쟁해야 되는 상황을 형태로 알고 있어야 한다고 했습니다. 그리고 그러한 투쟁이나 경쟁이 일어날 때 사람들이 필요로 하는 물건들이 무엇인지를 그는 알고 있었습니다. 이것은 언제 필요하고 저것은 이런 경우에 필요하고 등을 마치 영화처럼 머릿속에 그릴 수 있어야 한다고 했습니다. 그것이 시(時)와 용(用)입니다,

그렇게 일어날 일 혹은 일어나게 하고 싶은 일에 대한 인식을 갖추고 있으면 그리고 시간이 되면, 뇌는 일을 시작하고 조건을 갖추어가기 시작합니다. 그 조건을 갖추어가는 과정에서 돈하고 정이 봉하기 시작하는 것입니다. 그래서 형태를 갖추면 모든 재화와 정이 통하게 된다는 것입니다. 이것이 신경생리학자들이 말하는 통정(通情)의 원리입니다.

100억이 들어오게 하고 싶으면, 먼저 300억 정도로 하고 싶었던 일을 만들고, 그 일에 필요한 인테리어 소품 등 물질적인 것의 형태를 갖추십시오. 300억이 들어갈 그것의 형태를 갖추는 것부터 시작해야 합니다.

그럼 뇌는 과거 경험과 기억을 모두 재조립해서 주식투자 할 사람은 주식 투자의 길로, 장사를 해본 사람, 음식을 잘 만드는 사람, 아버지가 하시던 일을 본 것, 어떤 강의나 TV드라마 혹은 친구 아버지가 하셨던 일 등 지금까지 살아오면서 환경적으로 뇌에서 걸러지지 않고 남아 있는 정보를 재조립하여 그 방향으로 300억이 들어가는 여건과 조건을 만들어냅니다.

삼성의 이건희 회장은 책을 엄청 많이 읽은 사람이었습니다. 그는 책을 한 번 읽으면 다 이해가 되어 다시 읽는 법이 없는데, 유일하게 두 번 읽은 책이 있다고 합니다. 바로 《타력(他力)》이라는 책이었습니다. 원저자는 이치키 히로유키라는 일본인인데 그는 일제강점기 한국에서 살다가 일본의 패망으로 일본에 돌아가 죽을 고생을 한 사람들의 삶을 지켜보고 이런 결론을 내렸다고 합니다. '사람들이 자유의지(自由意志)로 사는 듯하지만 자유의지가 있는 것은 단 한 가지도 없다. 모든 것이

그렇게 끌려가며, 그렇게 떠밀려가며 사는 것이더라, 자력(自力)이 아니라 타력(他力)이더라!'

　이해가 되시나요? 물론 히로유키는 해석을 잘못한 것입니다. 이건희 회장 역시 100% 모든 것이 타력이라는 말이 이해가 도통 되지를 않아 이 책을 다시 읽었다고 합니다. 이건희 회장은 우리의 뇌가 혼자 인식하는 것이 아니라, 나의 의지와 저 별도의 '밖이라는 외부'가 어떻게 소통하는지 몰라서 타력이라고 한 이치를 몰랐던 것 같습니다. 그 이치는 광자(光子)와 양자(量子)의 이치입니다. 장소 아닌 장소, 곳 아닌 곳, 그 비국소적 영역에 인간 및 모든 생물의 의식이 저장된 빅데이터 서버가 있기 때문입니다. 그리고 인간 및 모든 존재의 감정과 인식을 통해 소통을 합니다.

　그렇게 물질인 돈도, 에너지인 돈도 역시 정(情)이 있습니다. 돈 역시 지구상의 존재이기에 인식과 감정으로 소통이 됩니다. 손바닥에 물을 한 가득 담으면 잠시 동안 세수도 할 수 있고 먹을 수도 있지만 일정 시간이 지나면 다 새어나가듯이, 돈이 자기에게 왔다고 해도 그 돈이 자기 것이 되는 것이 아니라는 것은 30세만 넘어도 다 알 수 있는 내용입니다.

　돈의 정과 내통하려면 먼저 자신의 기(氣)의 종류가 무엇인지 대략적으로라도 알아야 합니다. 마치 혈액형을 알 듯 말입니다. 예를 들어 무엇을 해도 돈을 잘 버는 사람이 있고, 반면에 어떤 시험을 봐도 시험을 잘 보는 사람이 있고, 어떤 기계를 만져도 잘 다루는 사람이 있습니다. 또한 누구를 만나도 잘 지내고 아주 친한 사람처럼 지낼 줄 아는 사람이 있습니다. 이런 것을 그 사람의 기(氣)의 질(質), '기질'이라고 합니다. 영어로는 케미스트리(chemistry: 화학적 주성분)라고 합니다.

동양학에서 말하는 '목기(木氣)'라는 것은 산소(O)의 화학적 특성을 말하며, '화기(火氣)'는 탄소(C), '토기(土氣)'는 질소(N), '수기(水氣)'는 수소(H)의 화학적 특성을 말하는 것입니다. 마지막으로 '금기(金氣)'가 조금 어려운데, 금기는 자기장의 전기적 혹은 자기장의 가장 강력한 금속적(Metal or Magnetic) 특성을 말하는 것입니다.

동기감응이라는 것은 '끼리끼리 모이고, 당기고 밀어내는 것이 다 통(通)해야 한다!'라는 의미입니다. 이것을 사마천은 '물질 혹은 사물'의 이합집산을 알아야 한다며 다른 기질의 에너지가 서로 모이고 합치는 것을 '지물'이라고 하였고, 이러한 것들이 서로 밀쳐내고 갈등을 보일 때는 '지투'라고 하였습니다. 그리고 그러한 것이 보이지 않는 곳에서 발생하여 일반인들에게도 보이는 때를 시(時)가 갖추어져 '시절인연이 도래했다'라고 하고, 그 다음에야 물질계에서 모습 혹은 형상이 갖추어졌다고 해서 형(形)이라고 했습니다.

그래서 에너지 간의 상극작용이 일어나는 지투와 에너지 간의 결합으로 상생작용이 일어나는 지물의 2가지 형을 알면[知二者形], 그 형(形)은 이미지이며, 상(相)이라고도 하며, 우리가 흔히 '눈 감고도 훤히 보인다!'라고 하는 그 상황을 말합니다. 돈의 정이 어디로 몰리는지 '만화지정'을 알게 된다는 것입니다. 이러한 이치를 모르고 함부로 돈을 다루고 만지며 전문가 행세까지 하며 살았으니……

이 《화식열전 2》를 10년 만에 세상에 내놓아 저의 10년 고민을 다른 분들은 1년 내에 마치게 하는 것으로 조금이라도 속죄가 되기를 바랄 뿐입니다.

　욕심으로 돈을 벌려고 하면 상대방도 욕심으로 동기감응되어 그 욕심이 허망함을 깨우칠 기회를 주고, 감정으로 돈을 벌려고 하면 상대방도 정으로 감응하여 그 감정을 녹일 기회를 주고, 무심으로 돈을 벌려고 하면 상대방도 무심으로 감응이 되어 하늘의 재물을 맡게 됩니다. 그래서 부자가 되려면 하늘이 맡긴 짐을 감당할 힘이 있어야 합니다. 그렇지 못하면 손 위에 올라온 돈도 자기 돈이 되지는 않습니다.
　지난날의 행적을 반성하는 의미로 시를 읊어봅니다.

　　상구물다종작병(爽口物多終作病) : 입을 즐겁게 하는 것은 반드시 병을 일으키고,
　　쾌심사과필위앙(快心事過必爲殃) : 마음을 즐겁게 하는 것들은 반드시 재앙을 일으킨다.
　　금풍미동선선각(金風未動蟬先覺) : 가을 쇠 바람이 아직 불지 않았어도 매미는 가을이 온 것을 미리 알았지만
　　암송무상사부지(暗送無常死不知) : 어둠 속에 은밀히 다가오는 것(사마귀의 공격)으로 자신이 죽을 것까지는 몰랐구나.

11. 천지도 모르는 놈

원문

故歲在金穰(고세재금양) : 세성이 금에 있는 해는 풍년이 들고

水毀(수훼) : 수에 있는 해는 수해가 들고

木饑(목기) : 목에 있는 해는 기근이 들고

火旱(화한) : 화에 있는 해는 가뭄이 있습니다.

旱則資舟(한즉자주) : 가뭄이 든 해에는 미리 배를 준비해두고

水則資車(수즉자차) : 수해가 있는 해에는 미리 수레를 준비해두는
   것이

物之理也(물지리야) : 사물의 이치입니다.

六歲穰(육세양) : 6년마다 풍년이 들고

六歲旱(육세한) : 6년마다 가뭄이 생기고

十二歲一大饑(십이세일대기) : 12년마다 큰 기근이 일어납니다.

夫糶(부조) : 무릇 쌀값이

二十病農(이십병농) : 한 말에 20전밖에 안 나가면 농민이 고통을 겪
   고

九十病末(구십병말) : 90전으로 오르면 반대로 장사꾼이 고통을 받습니다.

회광반조 여기서 세성(목성)이 금(金)에 있다는 것은 목성이 원숭이 신(申) 자리와 닭 유(酉) 자리에 있다는 의미이며, 세성이 수(水)에 있다는 것은 목성이 쥐 자(子) 자리와 돼지 해(亥) 자리에 있다는 의미이고, 세성이 목(木)에 있다는 것은 목성이 호랑이 인(寅) 자리와 토끼 묘(卯) 자리에 있다는 의미이고, 세성이 화(火)에 있다는 것은 목성이 말 오(午) 자리와 뱀 사(巳) 자리에 있다는 의미입니다.

그리고 그것을 천문 자리에 표시하면 다음과 같습니다.

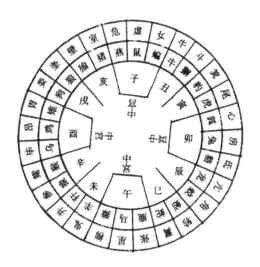

어른들이 하시던 말 중에 "천지도 모르는 놈!" 혹은 "천지도 모르는 게 까분다!"라는 말이 있습니다. 사물을 알고 다룰 줄 아는 이치를 태사공은 물지리(物之理)라고 하며, 하늘의 일기에 따라, 땅과 물의 이치

에 맞게 사람이 준비하는 것이 달라야 한다고 말합니다. 인공위성이 있고, 일기 예보를 매일 해주고, 농협이 있고, 모든 정보가 있어도…… 아시나요? 항상 22% 정도는 벌고 78% 정도는 망한다는 것! 누가 무슨 농사로 돈 벌었다고 하면 우르르…… 어느 해는 고추로, 어느 해는 배추로, 어느 해는 마스크로, 어느 해는 손 소독액으로…… 그 1~2년은 몰라도 모든 업종은 5년을 놓고 보면 대략 22%는 흥하고 대략 78%는 망합니다.

그 이유는 1) "고물천지징귀(故物賤之徵貴) : 그래서 물건 값이 싸다는 것은 비싸질 조짐이고 귀지징천(貴之徵賤) : 비싸다는 것은 싸질 조짐이다!"라는 것을 공부하지 않아서이고 2) 돈에도 정이 있어서 아무에게나 정을 주지 않는다는 것을 몰랐기 때문입니다. 우리는 지금부터 그 공부를 할 것입니다. 그리고 4년마다 풍년, 흉년, 가뭄, 홍수가 봄, 여름, 가을, 겨울처럼 반복되며, 12년 중에 6년은 우호적이며, 6년은 비우호적이라는 세상사의 흐름을 말하는 위의 가르침은 다음 사진으로 대신하니 잘 보시고 사진이 말해주는 소리를 들으시기 바랍니다.

배추 값 폭락으로 배추밭 갈아 엎기

하늘의 이치가 이렇게 작용하는 것은 우리들의 감각과 의식의 원천인 오장육부와 지구의 오대양 육대주와 하늘의 오행성과 육위성이 인간의 의식 활동을 같이 만들기 때문입니다. 그래서 옛 사람들은 하늘을 읽는다고 하였습니다.

그러나 현대 사회는 자연물 위주의 산업 외에 인간의 생각으로 만들어 숫자로 표현되는 금융의 세계를 만들었는데, 그 미세하지만 정밀하게 작용하는 기운을 뇌에서 받아들이지 않고 버려버리기 때문에 대부분의 사람들은 모르고 받고 모르고 당하는 것입니다. 그래서 "하늘도 무심하시지"라거나 "하늘이 도왔다"라고밖에 자기에게 다가온 환경을 설명하지 못합니다.

범려는 하늘을 읽고 땅에서 유리한 일을 하기 위해 매해 춘분 날 목성이 동서남북 어느 쪽에서 떠오르는가를 관찰했습니다. 금은 서쪽, 수는 북쪽, 목은 동쪽, 화는 남쪽입니다. 목성은 공전주기가 12년 정도이므로 세성(歲星)이라고 합니다. 이런 것을 파악하여 마늘 농사를 지을 것인지, 고추 농사를 지을 것인지, 태풍이 오니 옥수수 농사는 산 위가 좋을지, 사과와 배 등의 과일이 올해 태풍 피해를 입을 확률이 있는지 없는지를 살피는 것입니다.

12. 가격과 가치

末病則財不出(말병즉재불출) : 장사꾼이 고통을 받으면 상품이 나오
　지 않고

農病則草不辟矣(농병즉초불벽의) : 농민이 고통을 받으면 논밭을 방
　치해두고 농사를 짓지 않습니다.

上不過八十(상불과팔십) : 쌀값이 비싸도 80전을 넘지 않고

下不減三十(하불감삼십) : 쌀값이 싸도 30전 아래로 떨어지지 않게
　하면

則農末俱利(즉농말구리) : 농민과 상인이 함께 이로워집니다.

平糶齊物(평조제물) : 쌀값이 일정한 한계 범위 내에서 물자가 공평
　하게 유통되면

關市不乏(관시불핍) : 사방의 물건이 관문을 통과하여 시장에서 구
　하는 것을 부족하지 않게 함이

治國之道也(치국지도야) : 나라를 다스리는 길입니다.

회광반조 이제 본격적으로 숫자가 등장합니다. 사마천은 나라에서 관리해야 하는 물건 값이 평균값에서 30% 수준 밑으로 가지 않게 해야 하고, 비싸지더라도 80% 이상으로 가지 말게 하라는 것입니다. 현대 국가도 외환 관리를 할 때 이렇게 합니다. 최근 1년간 1달러당 평균값이 1,150원이라면 한국은행은 환율이 1,200원이 넘어가면 외환 보유 달러를 팔아 달러 값을 낮추고, 1,000원 아래로 갈 것 같으면 달러를 사서 달러 가격을 높이는 정책을 펴는 것입니다.

환율 추이

지금은 정부가 저렇게 하면 불공정 무역이 되거나 환율 조작 국가로 지목됩니다. 그렇지만 아직도 정부가 저러한 조치를 취하지 못해서 아프리카 국가나 인도의 국민들은 고통을 받고 있고, 예상 외로 중국도 그렇습니다. 그리고 북한 같은 나라는 여전히 사람과 물자의 이동에 자물쇠를 걸어두어 장사꾼과 농민이 같이 고통을 받기도 합니다. 저는 저런 나라 가운데 아프리카 국가들에게 우리의 1950년~88년도의 경험을 전해주는 것이 꿈이며 그런 준비를 하고 있습니다. 1950년생 이후의 한국인들이 그들도 한국인처럼 살 수 있도록 해주었으면 합니다.

우리는 앞에서 빈부지도 막지탈여, 복운지도 탈여수순, 그리고 운칠기삼, 복칠기삼을 공부했습니다. 요사이 증권시징에 관심이 많은 분들이 부쩍 늘었습니다. 또 부동산 시장도 마찬가지입니다. 증권시장과 부동산 시장은 숫자와 통계로 스마트폰이나 PC로 인테넷 상에서 투자할 수 있습니다. 특히 증권시장은 일반 시장과 전혀 다릅니다. 일반 시장이 바다나 강, 호수 같은 곳이라고 한다면, 증권시장은 아쿠아리움 수족관이라고 할 수 있습니다. 인간에 의해 관리되고 통제되는 물고기들이라는 말입니다. 그래서 복과 운에 상관없이 단지 기술 30%만으로 얼마든지 수익을 올릴 수 있는 곳입니다. 물론 그렇게 되기 위해서는 프로그램을 잘 만들어야 합니다. 어떤 주식을 언제 사고 언제 팔지 자동으로 다 만들어두면 됩니다. 숫자는 의식도 없고 감정도 없기에 가상현실 세계입니다. 단 주의할 것은 그렇게 해서 돈을 엄청 많이 벌었다고 해도, 그 돈을 사용할 때는 인간의 의식과 감정을 거치게 됩니다. 그때 우리가 공부한 돈의 이치 1-2-3의 작용이 일어나면서 그 사람의 행과 불행이 갈라지게 되는 것입니다. 앞으로 함께 공부할 내용이기도 합니다.

원 문

積著之理(적저지리) : 국고에서 민생 관련 물자를 축적할 때는

務完物(무완물) : 물자를 온전한 채로 보존하는 것이지

無息幣(무식폐) : 상한 물건을 감추는 것이 아닙니다.

以物相貿易(이물상무역) : 물자는 서로 교역해야 하기에

腐敗而食之貨勿留(부패이식지화물류) : 상한 것은 유통이 되지 않도

록 해야 합니다.

無敢居貴(무감거귀) : 또 수요는 많은데 공급이 부족해서 값이 비싼
　　것을 유보해두어서는 안 됩니다.

論其有餘不足(논기유여불족) : 물건이 남아도는지 모자라는지 논하
　　면

則知貴賤(즉지귀천) : 그것이 귀한지 흔한지를 압니다.

貴上極則反賤(귀상극즉반천) : 높은 값이 극도에 다다르면 헐값으로
　　돌아오고

賤下極則反貴(천하극즉반귀) : 싼 값이 극도에 이르면 높은 값으로
　　되돌아갑니다.

貴出如糞土(귀출여분토) : 비싼 물건은 오물을 배설하듯 자꾸 팔아버
　　리고

賤取如珠玉(천취여주옥) : 싼 물건은 구슬을 손에 넣듯 소중히 사들
　　입니다.

회광반조 다시 싸다, 비싸다는 이야기가 나옵니다. 이 고민을 해
결해주는 것이, 이것에 대한 기준을 확실히 갖게 하는 것이《화식열전
2》의 목적입니다. 싸다, 비싸다의 기준이 되는 가격과 가치는 모든 인
간의 역사를 만든 것이며, 분쟁을 만든 주범이기도 합니다. 지난 미국
대통령 선거는 가치를 중심으로 하는 세력과 숫자 즉 가격을 중시하는
세력 간의 전쟁이었습니다. 미중 무역전쟁의 본질이기도 합니다. 한국
이 어느 편을 들고 있는지는 잘 판단해보시기 바랍니다. 〈화식열전〉을
공부하는 데 큰 도움이 될 것입니다.

물론 주식시장에는 싸다 비싸다를 구분하는 고전적이며 대표적인 지표가 두 가지 있기는 합니다. 아는 분도 있을 것이고 들어보기는 했지만 머리만 지끈지끈한 분들이 더 많을 것입니다. 그런데 알고는 계십시오. 금융전문가들은 일부러 말을 어렵게 쓴다는 것! 그래야 '아는 사람'이 '모르는 사람'을 자기 입맛에 맞게 끌고 다닐 수 있으니까요! 어려운 단어 이해하려다가는 시간 다 갑니다. 일반 사람들과 중요한 이야기를 할 때는 명사와 동사만 들어야지 부사와 형용사에 귀가 솔깃하면 안 됩니다. 그러나 보험이나 증권 투자를 하시려면 명사와 동사도 버리십시오. 오직 관계사만을 가지고 결론을 내려야 합니다.

1) 내 돈이 얼마가 들어가서 얼마가 된다는 것이오?
2) 언제 입금해서 언제 출금할 수 있다는 말이오?
3) 어떻게 하겠다는 것은 내가 당신을 믿으니 그 믿음이 계속 이어지게만 해주시오!
이 3가지만을 가지고 대화하셔야 합니다.

주식시장의 두 가지 대표 지표는 회사의 순이익을 보는 지표와 총자산으로 보는 지표로 'PER'과 'PBR'입니다. 하지만 대학교에서 학점 딸 것 아니면 그다지 중요하지 않습니다. 주식이건 부동산이건, 떴다방처럼 가치와 상관없이 숫자를 가지고 올렸다 내렸다 하는 우두머리 작전 세력들이 반드시 있기 때문입니다. 리더가 없는 모임은 오합지졸이 되기 십상이고 그러다 보니 힘의 일관성이 부족합니다. 그래서 처음에 불쏘시개도 하고, 바람도 불어주고, 장작도 넣어주고 기름도 부어놓고, 사람들이 많이 몰려들면 그동안 비축해두었던 부동산이나 주식을 그들에게 넘겨주고 떠납니다. 주된 세력이 없는 오합지졸 개미들은 다 흩어지고 맙니다. 한 가지만 말씀드리면 주식이나 부동산 세력들이 자신들이 계획했던 물건의 값을 목표 수준까지 올리는 데 걸리는 시간과 욕심으로 덤벼드는 사람들에게 그 물건을 넘겨주는 데 걸리는 시간의 비율이 3:1이라는 것입니다. 그리고 그들은 싸다 비싸다를 'PER'이나 'PBR'로 계산하는 것이 아니라 위에서 공부한 '삼귀- 사람, 돈, 물동량'으로 파악합니다.

그 작전 세력들은 어느 때는 정부이기도 하고, 어느 때는 외국의 '일루미나티'나 '프리메이슨' 같은 조직이기도 하고, '조지 소로스' 같은 헤지펀드하는 자일 수도 있고, 국내 큰손들이나, 고교 동창이나 특수 이익 집단이나 해당 회사일 경우도 있습니다. 즉 생활필수품 관련 경제사범이 되어 법적으로 문제될 소지가 없는 한 모든 가격 형성에는 세력이 있는데 그 세력들은 1급수 수질 세력부터 4급수 세력까지 있습니다.

주식을 볼 때 주포가, 세력 주체가 어느 것을 팔고 있는지, 어느 것을 사고 있는지를 아시나요? 또 그 세력들이 지금 사서 모으는 과정에서 가격이 올라가는 것인지, 아니면 가격을 올리는 척하면서 팔고 나가는 것인지 아시나요? 예습 삼아 이 지표 'Relative Performance Indicator- RP'를 한번 보고 가겠습니다.

1) 다음 그림에서 나온 물건은 언제가 높은 값이고, 언제가 싼 값일까요?

2) 저 물건이 남아도는지 모자라는지를 알려면 그것이 귀한지 천한

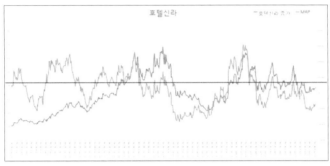

호텔 신라의 주가와 RP

지를 알아야 한다고 했는데, 어떻게 알 수 있을까요?

3) 높은 값이 극도에 다다르면 헐값으로 돌아오고, 싼 값이 극도에 이르면 높은 값으로 되돌아가기에, 비싼 물건은 오물을 배설하듯 자꾸 팔아버리고, 싼 물건은 구슬을 손에 넣듯 소중히 사들이라고 했는데, 어느 가격이 '싸다'와 '비싸다'의 기준이 될까요?

4) 이 주식에 몰리는 사람들과 주된 세력은 누구이며 그 돈의 성격은 어떤 것일까요?

5) 돈의 성격을 알아야 돈의 정을 주고받을 텐데……

사람들은 그렇게 착각을 합니다. 그러나 모든 주식 모든 부동산에는 주된 세력이 있습니다. 그들은 여러분을 압니다. 너는 나를 아는데 나는 너를 모르면 백전필패!입니다.

그림에서 파란 선은 호텔신라의 주가이고, 주황색은 상보성과-RP 선입니다. 상보성과란 야구 선수들의 타율과 비슷한 개념입니다. 우리나라 프로야구팀의 팀 타율이 평균 2.5~2.9인데, 어느 야구 선수의 타율이 그 평균 타율보다 위인가 아래인가, 올라가는 추세인가 내려가는 추세인가를 보는 것입니다. 그래야 잘한다 못한다, 점점 잘한다 여전히 못한다 등을 알 수 있게 되는 것과 유사합니다. 뒤에서 자세히 공부하겠습니다.

Stage 1. 春花未開蛙先醒(춘화미개와선성) : 봄꽃이 피지 않아도 개구리는 미리 봄이 올 것을 알고 깨어나고

Stage 2. 納夏熱以爲冷心(납하열이위냉심) : 뜨거운 여름 사람들의 열기 속에서도 나는 홀로 찬 마음을 가질 줄 알고

Stage 3. 嘉秋丹心主勢逃(가추단심주세도) : 모두들 가을이라 좋다고 할 때, 단지 주세력들이 언제 도망갈 것인가에 관심을 두면

Stage 4. 冬休賣買丈夫也(동휴매매장부야) : 겨울에는 매매를 쉴 줄 아는 대장부라 할 것이다.

그러나 잊지 마시게!

Stage 1. 燕來不意春時乎(연래불의춘시호) : 제비 한 마리가 날아왔다고 봄이 온 것은 아니라네.

13. 인간의 욕망과 돈

원 문

財幣欲其行如流水(재폐욕기행여류수) : 물건과 돈은 흐르는 물처럼 원활하게 유동시켜야 합니다."

修之十年(수지십년) : 이리하여 구천이 계연의 법을 10년간 행하니

國富(국부) : 나라는 부강해지고

厚賂戰士(후뢰전사) : 병사들은 풍족한 금품을 받았다.

士赴矢石(사부시석) : 이로써 병사는 적의 돌과 화살을 향해 용맹하게 달리기를

如渴得飮(여갈득음) : 목마른 사람이 마실 물을 얻은 것처럼 하여

遂報彊吳(수보강오) : 구천은 드디어 강한 오나라에 보복하여

觀兵中國(관병중국) : 병위를 온 나라에 떨치고

稱號五霸(칭호오패) : 춘추 오패의 한 패권자가 되었다.

회광반조 책상에서 간혹 예전 회사생활 시절의 표창장, 임명장, 회장상, 사장상, 무슨무슨 상 등을 발견할 때가 있습니다. 참으로 허망

합니다. 그게 뭐라고 그렇게 좋아하고, 내가 아닌 남이 받는다고 시샘하기도 하고, 축하하기도 하고, 다음에 나도 받아야지 하고 주먹 불끈 쥐기도 하고, 그렇게 살았던 젊은 시절.

그리고 재형저축 들고, 증권저축 들고, 매월 보험금 내고, 적금 들고, 전세 끼고 은행 부채 얻어 집 사고, 또 19평, 25평, 35평, 50평, 은행에서 돈 빌려 집 늘려가고…… 차라리 그 시간에 이런 공부해서 이제는 욕망의 굴림을 당하는 것이 아니라 나의 욕망을 굴렁쇠놀이하듯 굴려가면서 살아야 되는데, 생각해보니 월급과 상여금과 상금이라는 미끼를 따라 그렇게 살아왔다는 생각이 듭니다.

'자리'와 '월급'이라는 것은 그 정체가 자존심과 욕심이었다는 생각이 듭니다. 결국 조금 낮은 급수의 사람들은 돈 욕심이라는 미끼에, 조금 높은 급수의 사람들은 자존심이라는 미끼에 굴림을 당하면서 사는 것 같다는 생각을 합니다.

도주공 범려는 오나라 합려와 부차에게 패해 아내까지 빼앗겨 알거지 신세가 되었던 월왕 구천에게 '계연'이라는 사람을 소개시켜 10년을 준비하여 나라도 부자로 만들고 백성들도 부자로 만들었습니다. 그런데 부하들이 목숨도 내어놓고 열심히 월왕을 도울 수 있었던 것은 보스인 월왕 구천이, 네가 죽더라도 아내와 가족은 책임지겠다!는 확신을 심어준 경제적 배경이 있었기 때문입니다. 그렇겠지요. 생각해보면 사람은 의식의 동물이고, 예전이나 지금이나 남자는 가족 부양의 책임 의식이 늘 머릿속에 있습니다.

그러니 그런 남자에게 목숨을 내어놓고 적군과 싸우게 하려면 방법은 하나입니다. "네가 죽더라도 너의 가족은 고생하지 않고 명예롭고 호강하며 살게 해주겠다!" 하면 국가를 위해서 죽기도 하는 것이 인산입니다. 물론 그렇게 하지 않으면 군법이나 힘 가진 자에게 죽겠지요. 그래서 싸우더라도 최선을 다하고 싸우다가 죽으라고 저런 상을 주고, 돈을 주고 명예를 주는 것이겠지요.

14. 돈의 신 계연과 범려

范蠡旣雪會稽之恥(범려기설회계지치) : 범려는 회계의 부끄러움을 씻고 나서

乃喟然而歎曰計然之策七(내위연이탄왈계연지책칠) : 탄식해 말하기를 "계연의 꾀는 일곱이 있는데

越用其五而得意(월용기오이득의) : 월나라는 그 중 다섯을 써서

旣已施於國(기이시어국) : 나라의 목적을 달성하는 데 기여했으니

吾欲用之家(오욕용지가) : 나는 이를 집에 써보고 싶다"라고 했다.

乃乘扁舟浮於江湖(내승편주부어강호) : 이에 곧 작은 배를 타고 강호로 띄우고 가

變名易姓(변명역성) : 이름과 성을 바꾸어 세상을 다녔는데

適齊爲鴟夷子皮(적제위치이자피) : 제나라로 가서는 '치이자피'라고 일컫고

之陶爲朱公(지도위주공) : 도나라로 가서는 '주공'이라고 불렸다.

회광반조 도주공 범려는 '계연'이라는 대도인에게 7가지 비책을 받았는데 5가지는 나라를 위해서 써보았지만, 2가지 써보지 못했던 것을 한탄하였다고 했습니다. 추측건대 7가지 경제이론 중에 5가지는 거시경제이론 즉 국가 살림에 관한 것이고, 2가지는 미시경제 즉 가계나 기업 살림에 관한 것이었을 듯합니다. 그래서 나랏일을 할 때 써보지 못했던 두 가지를 민간인으로서 써서 확인하고 싶었나 봅니다. 결과는 3번의 대성공이었습니다. 저도 그렇게 해보고 싶습니다. 제일 먼저 국가를 위해서, 그 다음은 내가 아닌 다른 사람을 위해서, 그 다음은 나를 위해서…… 그러다 죽으면 얼마나 좋겠습니까? 우리 모두 같이 그렇게 해볼 수 있기를 바랍니다.

물론 저는 그 방법을 이 책《화식열전 2》와 곧이어 나올《화식열전 3》에서 말씀드릴 것입니다. 결론부터 이야기하면《화식열전 2》에서는 비용을 감당하는 방법 혹은 부채를 청산하는 방법 즉 발재(쓸 돈을 갖게 되는 것)에서 '교자'가 되는 법을 얘기할 것이고,《화식열전 3》에서는 취재(내가 가지고, 후손이나 후계자에게 물려줄 수도 있는 돈을 갖게 되는 것)에서 '교자'가 되는 법을 얘기할 것입니다.

그러기 위해서는 위에서 말씀드린 바와 같이 싸다 비싸다를 PER이나 PBR로 계산하는 것이 아니라 '삼귀-사람, 돈, 물동량'으로 파악하는 법을 공부해야 하는데, 그 공부의 이름을 '인연을 대하고 다루는 공부'라고 합니다. 이 공부가 중요한 것은 이 공부를 해야 어떤 부채를 가지고 있든지, 그 금액이 얼마이든지 순식간에 갚을 수 있게 되기 때문입니다. 뒤에서 부채 갚는 법을 공부하겠지만, 그것은 자주(自主, 스스로가 스스로의 주인이 됨)를 이룬 경제적인 상태를 말하며, 그 상태에 앞서서 정신적으로 가치 있는 삶을 살아가겠다는 인생 비전을 만드는 것이 첫 단추입니다. 비전이라는 뜻은 눈을 감고도, 눈을 뜨고도 시각적으로 뇌에 전달이 되는 눈에 선한 상태를 말합니다.

15. 사람과 돈의 이치

원 문

朱公以爲陶天下之中(주공이위도천하지중) : 주공은 "도나라는 천하
　의 중앙이며

諸侯四通(제후사통) : 사방의 제후국에 통해서

貨物所交易也(화물소교역야) : 물자의 교역이 빈번한 곳이다"하고

乃治産積居(내치산적거) : 이에 곧 생업에 종사하여 물자를 축적해두
　었다가

與時逐而不責於人(여시축이불책어인) : 오직 자연의 시기를 기다릴
　뿐 사람의 노력에는 의지하지 않았다.

故善治生者(고선치생자) : 이같이 생업을 잘 운영하는 사람은

能擇人而任時(능택인이임시) : 거래 상대를 고른 다음 자연의 시절인
　연에 맡긴다.

회광반조　제가 10년이 넘도록 찾아헤맸던, 계연이 말했으나 주공
이 써보지 않았다는 그 두 가지(돈의 정을 아는 데 필요한 두 가지와는 다릅

니다)에 관해 그나마 추측의 여지라도 나타난 곳이 이 문장입니다. 다음의 지도를 살펴보면 빨간 삼각표가 있는 곳이 물자와 교역이 풍부한 곳이라는 도나라 강역입니다.

얼핏 보기에도 주변에 물이 많고 오른쪽으로 저들에게는 동해이나 우리에게는 서해이자 황해인 바다도 있습니다. 저곳에서 국가 공무원이 아니라 개인으로서 돈을 벌기 시작했다는 것입니다.

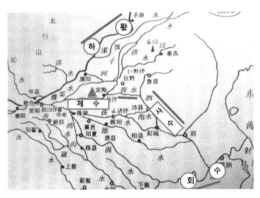

도나라의 위치

그리고 "계연의 꾀는 일곱이 있는데 월나라는 그 중 다섯을 써서 나라의 목적을 달성하는 데 기여했으니 나는 이를 집에 써보고 싶다"라고 했다는데, 그 돈의 정을 아는 데 필요한 2가지는 우리가 이미 공부했습니다. 그것은 도주공이 자기 개인에게 써보아 크게 돈을 모았다는 1) 일어날 일에 대해 자신의 뇌 속에서 이미지를 만들 수 있어야 한다 2) 그때 무엇이 필요할지를 자신의 기억과 경험과 환경 속에서 찾아낼 수 있어야 한다였습니다. 그리고 범려가 계연에게 배운 것 중에 나라에 쓰지 않고 자기 개인에게 써보았다는 두 가지에 대한 힌트는 다음에서 찾을 수 있습니다.

힌트 1: 물자와 교역이 빈번해야 한다.
힌트 2: 생업에 종사하며 물자를 모아야 한다.
힌트 3: 시기를 보았을 뿐 사람의 노력에 의지하지 않는다.
힌트 4: 거래할 대상을 잘 선택하고 때를 기다려라.

1차적인 답은 '택인(擇人)'과 '임시(任時)'였습니다. 그런데 이 구절은 두 가지로 해석할 수 있습니다. 원문상으로는 '사람을 선택하고(택인) 때에 맡긴다' 하였지, '상사할 물건을 선택하고(택물) 때에 맡긴다' 한 것이 분명 아니었기 때문입니다.

그래서 먼저 A. 이 '택인'의 뜻을 '택물'과 같다고 생각하고 증권시장에서 쉽게 올라 쉽게 수익을 낼 수 있는 주식을 고른다는 의미로 이해하면 아주 쉽게 해결이 됩니다.

1. 거래 대상을 고른 다음에야(What to buy, What to sell)
2. 자연이 작업을 하는 시기에 맡겼다.(When to buy, When to sell)

무엇을 언제 사서, 그것을 언제 팔아라! 도주공의 가르침을 터득한다면 이 세상에 돈으로 걱정할 일이 무엇이 있을까요? 돈은 모든 문제를 해결할 수 있는 것은 아니지만, 많은 것을 해결해줄 능력을 가지고 있습니다.

그래서 이런 경우라면 1)무엇을 사고, 무엇을 팔지 그 거래 대상을 고르는 법인 택인과 2)언제 사서 언제 팔지 그 시기를 알려주는 임시에 능숙한 경지가 된다는 뜻이므로 이해하기에 큰 문제가 없습니다. 자세한 것은 마지막 장인 상보성과와 상대강도에서 공부하게 될텐데, '택인'은 상보성과로, '임시'는 상대강도로 공부할 것입니다.

그러나 만약 B. 이 '택인'의 뜻을 한자 그대로 사람을 골랐다로 생각하면 박지원의 ≪허생전≫에 나오는 허생이 과일을 구매할 제사를 지내야만 하는 사람들과 그 시절 드레스 코드에 가장 중요한 '갓'을 써야 하는 남성 양반 계층 사람들을 찾은 것처럼 예상 구매자 혹은 내 작전에 걸려들 상대를 찾는 것으로 해석해야 합니다.

그런데 문맥의 흐름을 보면 이 경우가 더 맞을 것 같다는 생각이 듭니다. 그렇다면 우리는 '사람 공부'를 해야 합니다. 돈을 벌려면 내가 던져둔 그물에 고기가 쉽게 잡힐 곳을 알아야 합니다. 그러한 곳을 찾는 법은 다음과 같습니다. 1)물자와 교역이 빈번한 곳, 내가 그물을 준비하고 그물 칠 곳을 찾고 미끼를 준비하려면 2)생업에 종사하며 물자를 모을 것, 자리 좋은 곳에서 그물에 걸려들 사람들을 찾아다니는 것이 아니라 3)시기를 보고 있을 뿐 사람의 노력에 의지하지 않을 것, 내가 준비한 미끼에 걸려들 4)사람을 잘 선택하고 때를 기다릴 것입니다.

이 경우는 사람이라는 고기가 내 미끼를 좋아해야 하기에 사람 공부를 해야 합니다. 그리고 사람 공부가 어려운 것도 아닙니다. 이미 위에서 공부했듯이 대부분 3~4급의 사람들은 욕심이나 자부심이라는 미끼에 쉽게 걸려들고, 2급의 사람들은 '이러면 안 되는데' 하면서도 정이라는 미끼에 잘 걸려듭니다. 1급의 사람들은 돈으로는 살 수 없는, 그래서 가격이 없지만, 그들이 그렇다고 알고 있고, 그렇다고 믿고 있는 가치, 혹은 명분이면 다 걸려듭니다. 아마 범려가 계연에게 배운 것 중에 사용하지 않았던 그 두 가지는 위 두 가지가 아니었던가 싶습니다. 오나라라는 적이 분명했고, 자신은 왕이 아니라 신하여서 의사결정에 한계가 있었기 때문입니다.

회광반조 다시 원문으로 돌아가서 도주공은 황하와 제수, 사수, 그리고 회수의 물이 모여드는 '도' 지역에서 큰돈을 벌었다는데 그 지역은 지도에 보이는 곳입니다. 우리나라 백제가 처음으로 나라를 연 곳도 바로 제나라와 도나라 있는 곳이었다고 중국 정사 중의 정사인《이십오사》에 나옵니다.

백제 초기 <제>와 <도> 근처의 백제

도나라

위 지도를 아는 것은 참 중요합니다. 〈화식열전〉의 중요 사상이 동양의 과학인 오행학이며 지역학입니다. 그리고 지역과 사람의 관계를 그 오행의 기술로 나열한 것이 많습니다.《화식열전 2》의 내용이 특히 그러합니다. 더욱이 춘추 전국시대를 통일한 진나라가 멸망하고 다시 한나라가 패권을 차지하는 과정에서 한나라는 과거 춘추 전국시대의 각 나라들을 독립시켜준 것이 아니라 진나라에 이은 패권정치를 합니다. 그래서 말 잘 안 듣는 피정복지에 대한 악감정이 밑에 깔려 있는 상태에서 사람과 물자와의 관계를 기술한 것도 많습니다. 저 지도가 의미를 갖는 것은 이러한 이유 때문입니다.

〈화식열전〉의 배경이 되는 사회는 농경 위주의 사회였기에 하늘의 일기(日氣)가 아주 중요한 바탕을 이루고 있으며 그래서 범려 편에도 백규 편에도 별자리가 등장합니다. 그런데 오행사상은 중앙이 토(土)입니다. 그리고 누런 색으로 표시합니다. 우리는 서해바다를 오랫동안 황해바다로 불러왔습니다. 중국 황하의 누런 물이 흘러들어와서 황해가 아니라, 우리 조상들이 살던 곳이 제나라 연나라 지역의 발해만과 산동반도 지역과 한반도에 걸쳐 있다 보니 그 가운데 있는 바다가 당연히 중앙의 지중해가 되는 것이고, 지중해는 한자로 황해(黃海)가 되는 것입니다. 나중에 중국의 왕조가 바뀌면서 한반도에 살게 된 가문들이 참 많습니다. 마치 인도에서 원주민 드라비다 족과 이민족이 같이 살고, 일본에 원주민과 한반도, 중국 등에서 건너간 사람들이 같이 살듯이 말입니다.

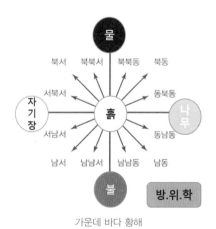

가운데 바다 황해

十九年之中三致千金(십구년지중삼치천금) : 주공은 19년 동안에 세
　번이나 천금을 모았는데

再分散與貧交疏昆弟(재분산여빈교소곤제) : 그중 두 번의 것은 가난
　했던 시절의 친구와 먼 친척에게 나눠주었다.

此所謂富好行其德者也(차소위부호행기덕자야) : 이것이 소위 부유하
　면 즐겨 그 덕을 행하게 되는 것이다.

後年衰老而聽子孫(후년쇠노이청자손) : 후에 그는 나이가 들어 연로
　하자 집안 일을 자손에게 맡겼는데

子孫脩業而息之(자손수업이식지) : 자손들도 범려에게 그렇게 돈 버
　는 법을 익혀 집안을 다스리고 재산을 불리니

遂至巨萬(수지거만) : 재산이 천만금이 아니라 거(巨)만금에 달했다.

故言富者皆稱陶朱公(고언부자개칭도주공) : 그런 까닭에 돈에 대해
　말하는 사람은 모두 도주공을 일컫는다.

회광반조 　　결국 도주공이 19년 동안 3번의 거금을 벌었다는데, 이
말도 참 중요합니다. 우리도 그럴 수 있습니다. 제가 자신합니다.《화식
열전 2》와《화식열전 3》이 그 안내서가 될 것입니다. 다행히 100세 인
생을 지나 120세 인생이 됩니다.

　다음의 표를 한번 보시지요. 2004년 7월~2021년 2월까지의 고려금
강화학(KCC) 주가 움직임입니다.

고려금강화학(KCC)의 주가 움직임

얼핏 보아도 그 사이에 2번은 아주 크게 올랐습니다.

그리고 그래프 상 평면으로 표현해서 그렇지 5배 이상 오른 적은 5~6번이 됩니다. 제가 일부러 건설 관련 업종을 골랐는데, 과거 고려금강화학에서 생산되는 제품은 자동차나 선박에 들어가는 페인트, 집이나 자동차 등에 들어가는 유리, 건축에 쓰는 고급자재였습니다. 다시 말해서 한국이라는 나라가 발전하면 그 필요 물품을 모두 공급하는 회사였던 것입니다. 물론 최근 한국의 성장 업종이나 정부 정책에 맞는 업종 중에서 골랐다면, 19년 중에 싱승기가 3번도 더 있있을 것이고 그것이 더 많은 기회를 더 자주 제공할 수 있었을 것입니다. 여기서는 개념 파악을 위해 과거 성장의 패러다임에 맞는 기업을 선택한 것입니다. 앞으로 한국만이 아니고 미국, 유럽 일본, 중국 베트남 그리고 아프리카까지 생각의 지평이 더 커진다면, KCC라는 회사의 역사에 대해서 공부하는 것은 '범려'와 '계연'의 지혜를 공부하는 것과 곧장 연결될 수 있습니다.

16. 돈과 지식

子贛旣學於仲尼(자공기학어중니) : 자공은 공자에게 나아가 배운 다음

退而仕於衛(퇴이사어위) : 스승을 하직하고 위나라로 가서 벼슬을 하고

廢著鬻財於曹魯之間(폐저죽재어조노지한) : 조·노 지방에서 물자를 축적하기도 하고 시기를 기다려 팔기도 하여 재산을 모았다.

七十子之徒(칠십자지도) : 공자 문도의 70여 제자들 중에서

賜最爲饒益(사최위요익) : 자공 즉 '사'가 가장 부유했고

原憲不厭糟穅(원헌불염조강) : 다른 제자 '원헌'은 비지와 쌀겨도 제대로 먹지 못하여

匿於窮巷(익어궁항) : 뒷골목에서 가난하게 숨어 살았다.

子貢結駟連騎(자공결사연기) : 자공은 사두마차를 타고

束帛之幣以聘享諸侯(속백지폐이빙향제후) : 가마 수행원들을 거느리며 비단 뭉치에 그림을 그려 선물로 갖고 다니며 제후들과 교제하자

所至(소지) : 그가 찾아가는 곳마다

國君無不分庭與之抗禮(국군무불분정여지항례) : 나라의 왕들은 몸소 뜰로 내려와 그에게 대등한 예를 행하지 않는 자가 없었다.

夫使孔子名布揚於天下者(부사공자명포양어천하자) : 무릇 공자의 이름이 천하에 골고루 알려진 것은

子貢先後之也(자공선후지야) : 실상 자공이 공자를 모시고 따라다녔기 때문이다.

此所謂得埶而益彰者乎(차소위득예이익창자호) : 이것이 이른바 세력을 얻으면 더욱 세상에 드러나는 것이 아니겠는가!

회광반조 정말 가장 중요한 이야기입니다. 공자님은 평생 가난에 찌들어 사신 분입니다. 그런데 제자 인연 중에 단 한 명의 부자 제자 인연을 받았습니다. 그 제자가 바로 '사' 즉 '자공'이었습니다. 왜 공자의 나머지 제자들, 특히 지금도 한국에서까지 추앙받는 안회 같은 이는 빈털터리였을까요?

그 이유는 바로 '돈 에너지의 화학적 성분'과 '지식 에너지의 화학적 성분'이 상극(相剋) 관계까지는 아니지만, 절대 상생(相生) 관계가 아니라는 너무나도 엄연한 사실 때문입니다. 그런데 많은 사람들이 이것을 모르고, 자신에게는 안 좋은 일만 일어난다며 '머피의 법칙'을 운운합니다. 하지만 머피의 법칙과 함께 알아야 하는 것이 있습니다. 바로 '오툴의 한마디'와 '펜듈럼의 법칙'입니다.

오툴의 한마디란 머피가 아주 낙관적이라는 말입니다. 문제가 생기면 원인을 밝혀서 고쳐야 할텐데 머피는 그러지 않고 그저 '언제가는 좋아지겠지' 하며 끊임없이 안 좋은 일을 받아들이고 실패를 거듭하

기만 합니다. 그리고 펜듈럼, 즉 시계추처럼 기대와 좌절 사이를 왔다 갔다 합니다. 자신의 그릇을 넘어서는 지나친 기대를 가졌다가 그것이 허물어져 제정신을 차리고, 다시 또 기대를 가졌다가 실망하고…… 하는 과정을 되풀이합니다. 결국 자신의 그릇, 자신의 주제를 제대로 파악할 때까지 시계추는 멈추지 않고 오락가락하는 것입니다. 그리고 지금 우리는 우리 자신의 그릇을 키우는 공부를 하는 중입니다.

지투와 지물의 개념을 설명할 때 자석의 음극과 양극처럼 당기기도 하고 밀기도 하는 관계로 설명할 수 있습니다. 서로 당기는 것은 상생관계라고 하고, 서로 밀어내는 것은 상극관계라고 합니다. 프랑스의 유명작가인 베르나르 베르베르의 《개미》라는 소설은 한국에서 제일 많이 팔렸습니다. 또 하버드대학 강의자료인 《정의란 무엇인가?》는 미국 다음으로 한국에서 많이 팔렸습니다. 한국 사람들이 그 책들을 읽었는지 안 읽고 자녀들에게 주었는지 모르겠습니다. 거의 그랬을 것입니다.

이렇게 한국인들은 세계인들이 어려워서 벌벌 떠는 책을 잘 삽니다. 그 이유는 한국인들이 '지식 에너지'를 무척 좋아하기 때문입니다. 밥은 안 먹어도 학교는 가야 하는 나라였습니다. 그런데 불행한 것은 우리의 뇌가 지식 에너지는 중요하게 여기지만 돈이나 금융 경제 관련 에너지는 하찮게 여기도록 훈련되었다는 것입니다. 어린아이가 돈에 관한 이야기를 하면 공부는 하지 않고 돈에만 관심 있다며 혼을 내곤 하는데, 이런 식으로 교육받다 보니 경제에 관련해서는 뇌에서 데이터를 모으지도 분석하지도 않았습니다. 이른바 '돈 에너지'와 교감할 안테나 즉 '촉'이 무너진 것입니다. 결국 대부분의 한국인들에게는 돈과 지식의 상극관계가 뇌에서부터 그렇게 설정된 것입니다.

빙법이 하나 있습니다. 상생도 아니고 상극도 아닌 것을 동기감응시키려면 상보(相補) 관계로 만들어야 합니다. 그것이 위에서 설명했던 7억의 부채를 갚고 싶다면 30억의 일거리를 상념으로 형상화시켜 새로운 형태를 갖추게 하는 방법입니다. 이것이《화식열전 2》,《화식열전 3》의 주제이니 여기서《화식열전 1》의 다시보기를 마치겠습니다.

제1장 빈부지도와
복운지도

富

1. 화경 백규

원 문

白圭(백규) : 백규는

周人也(주인야) : 주나라 사람인데

當魏文侯時(당위문후시) : 위 왕후 때의 일이다.

李克務盡地力(이극무진지력) : 당시 이극은 땅을 충분히 이용하는 데
　힘을 기울였으나

而白圭樂觀時變(이백규락관시변) : 백규는 때의 변화에 따른 물가의
　변동 살피기를 좋아했다.

회광반조 '이극'은 위나라 사절의 재상으로, 정부의 정책을 결정
하는 사람이었습니다. 그의 경제 정책은 그가 지은 《진지력지교(盡地
力之敎)》(토지의 생산력을 최대로 높일 수 있는 가르침)에서 엿볼 수 있습
니다. 그는 우리나라 1960년대~1990년대 방식처럼 이중 곡가제를 실
시하여, 풍년에는 정부가 국민들이 농사지은 곡물을 사들여 공급을 줄
여서 공급과 수요를 맞추고, 흉년에는 정부 비축미를 방출하여 공급을

늘려 수요와 공급을 맞추었습니다.

이중 곡가제는 간단한 방법이지만 한 가지 확실한 장점과 또 한 가지 꼭 해야 할 일이 있었습니다. 장점은 홍수나 한발 등의 흉년이 들어도 농민들이 다른 지역으로 가지 않으므로 사람들을 모아둘 수가 있었다는 것입니다. 해야 할 숙제는, 당시에는 정부가 쌀을 가지고 있으면 유목민이나 흉년이 든 지역 등 타국이 침입하여 빼앗길 우려가 있으므로 먼저 강한 국방력을 갖추어야만 가능한 제도이기도 하였습니다. 그래서 그는 국민들 사이에 소송이 일어날 때 "활을 쏘아 과녁을 맞추는 사람, 창을 던져 정확히 과녁을 맞추는 사람이 하늘의 선택을 받은 사람이다"라는 기준을 만들었습니다. 당연히 모든 사람들은 활과 창을 다룰 줄 알게 되고, 그들은 강한 군사가 되어 국방의 기초가 되었습니다.

이극의 이러한 제도는 정부의 책임 있는 관리로서는 훌륭한 정책이었으나, 관리가 아니었던 재물의 신(神)이자, 돈의 신인 백규에게는 재미없는 일이었을 것입니다. 왜냐하면 농사를 지어도 수익이 한정적이었고, 곡물 장사를 해도 수익이 한정적일 수밖에 없는 제도였기 때문입니다. 그래서 그는 시기(時機)를 살피기를 좋아했다고 합니다.

사람들은 시절인연이라는 말을 합니다. 그리고 하늘이 준 기회인 천시(天時)라는 말도 합니다. 그러나 우리는 과학적으로 볼 때 시간과 공간은 '원래는 없는 것'임을 압니다. 다시 말해 절대적인 시간은 없고 상대적인 시간만이 존재할 뿐입니다. 정말로 우리의 뇌는 시간과 공간을 초월합니다. 단 관찰자의 위치에 따라 시간과 공간이 정해지는 것입니다.

　그러나 이런 깃은 과학자들의 머리에서나 받아들여지는 것일 뿐 과학자에게나 우리에게나 생활에서는 전혀 도움이 안 됩니다. 도대체 우리는 어떻게 해야 내가 원하는 일이 내가 필요한 때 일어나게 할 수 있을까요? 정답은 미리 준비해두는 것입니다. 그리고는 시간에 맡기는 것입니다. 그것이 임시(任時)입니다.

　그러면 백규가 '때'를 살펴 '물가(物價)'의 변동을 살피는 것을 좋아했다는 것은 어떤 의미인지, 우리도 그렇게 하려면 어떻게 해야 하는지 살펴보겠습니다. 물가의 변동을 살피려면 물건(物件)의 가치(價値)와 가격(價格)을 같이 알아야 합니다.

원문

故人弃我取(고인기아취) : 그러므로 세상 사람들이 버리고 돌아보지
　　않을 때 나는 사들이고

人取我與(인취아여) : 세상 사람들이 사들일 때 나는 팔아넘겼다.

夫歲孰取穀(부세숙취곡) : 즉 풍년이 들면 곡식을 사들이는 대신

予之絲漆(여지사칠) : 실과 옷을 팔아넘기고

繭出取帛絮(견출취백서) : 흉년이 들어 고치가 나와 돌면 비단과 풀
　　솜을 사들이는 대신

予之食(여지식) : 곡식을 팔아넘겼다.

회광반조　증권시장의 격언 중에 "많은 사람이 가는 길은 꽃길이
아니다!"와 "밀짚모자는 겨울에 사라!"라는 말이 생각나는 구절입니다.

2019~2020년 중국 우한에서 시작된 코로나 바이러스는 국경을 닫고 사람들의 이동을 막았습니다. 당연히 여행을 갈 수 없고, 여행 관련 호텔업계에도 찬바람이 씽씽 불었습니다. 오프라인 비즈니스는 대부분 힘들었고, 대신 온라인 비즈니스는 엄청 호황이었습니다. 예를 들면 여행업체인 하나투어의 주가는 코로나 바이러스 이전 56,000원에서 2020년 3월에는 26,600원까지 내렸습니다.

그리고 2021년 1월에는 69,000원까지 상승했습니다. 세상 사람들이 버리고 돌아보지 않을 때 사서 야금야금 모아두는 현대판 백규들이 있나 봅니다.

하나투어의 주가 변동

반면에 코로나 바이러스를 격퇴시킬 약이 있다고 증권시장에 소문이 난 국제약품 주가는 어떨까요?

4,000원 하던 주가가 코로나 바이러스 덕택에 17,000원까지 올랐다가 지금은 9,000원 대에 있습니다. 그런데 사람들이 영원히 여행을 가지 못할까요? 인간들의 지혜는 지금껏 그랬듯이 코로나 바이러스를 극

국제약품 주가

복할 것입니다. 그러면 다시 해외로 출장을 가고, 여행을 가고 하겠지요. 그때 다시 여행사는 돈을 벌게 되고, 수익이 올라갈 것이고, 주가도 올라가겠지요. 현대판 백규들은 그렇게 지금 주식이 쌀 때 사두었다가 다른 사람이 사려고 덤벼들 때 팔 것입니다.

그것을 원문에서는 '인취아여(人取我與, 세상 사람들이 사들일 때 나는 팔아넘겼다)'라고 했습니다. 코로나 바이러스가 대 유행을 하면 제약주를 사는 대신 여행주(株)나 호텔주, 항공 관련주를 사고 코로나 대유행이 끝나가면 여행주나 호텔주를 사는 대신 제약주를 팔아넘긴다는 뜻입니다. 백규는 그래서 때의 변화에 따라 물가의 변동을 살피는 일을 했다는 것입니다. 그럼 백규가 살폈다는 때, 즉 시(時)란 무엇일까요? 시간은 원래는 존재하지 않는 것이고, 관찰자의 입장에 따라 달라지는 상대적인 것이라는데…… 이것을 〈화식열전〉 백규의 입장에서 다시 공부해보도록 하겠습니다.

2. 백규, 하늘을 읽고 땅을 읽다

太陰在卯穰(태음재묘양) : 태음이 묘에 있는 해에는 풍년이 들고

明歲衰惡(명세쇠악) : 그 이듬해에는 흉년이 든다.

至午旱(지오한) : 또 오에 있는 해에는 큰 가뭄이 있고

明歲美(명세미) : 그 이듬해에는 수확이 많다.

至酉穰(지유양) : 또 태음이 유에 들어 풍년이 들면

明歲衰惡(명세쇠악) : 다음 해에는 흉년이 되며

至子大旱(지자대한) : 태음이 자에 이르면 큰 가뭄이 들고

明歲美(명세미) : 그 이듬해에는 수확이 많다.

有水(유수) : 그리고 홍수가 지는 해가 있으면 다음 해는

至卯(지묘) : 다시 묘로 돌아온다.

積著率歲倍(적저솔세배) : 백규의 축적은 대체로 해마다 배로 불어
났다.

회광반조 가장 신비스럽고 어려운 듯 보이는 공부로 들어갑니다.

그런데 우리가 갑자기 서양화되면서 5,000년 우리 역사에서 좋은 것 나쁜 것 모두 버려서 그렇지 사실은 신비스러운 것도 어려운 것도 아닌 공부입니다. 하늘의 별을 보고 하늘의 뜻과 방향을 읽는 것은 자연이 전해주는 자연지입니다.

다음 그림은 만 원짜리 지폐에도 실려 있는 우리나라 국보 228호 '천상열차분야지도'입니다. 천상열차분야지도란 '하늘의 별의 움직임을 주욱 벌려서 순차대로 그 지역별로 그려둔 도표'라는 뜻입니다.

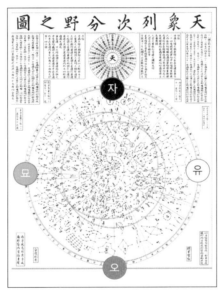

천상열차분야지도

원문에서 사마천이 말한 태음은 무엇일까요? 태음이 자(子), 오(午), 묘(卯)에 들었을 때를 기준으로 한다고 하니, 하늘을 한 바퀴 도는 데

12년 걸리는 목성이 태음이라고 생각할 수 있습니다.

즉 앞에서 세성에 대해 말할 때는 금(金)-서쪽 하늘, 수(水)-북쪽 하늘, 목(木)-동쪽 하늘, 화(火)-남쪽 하늘을 다 언급했는데, 여기서 태음(太陰)은 자(子)-북쪽, 오(午)-남쪽, 묘(卯)-동쪽만 언급하고 서쪽인 유(酉)는 기록하지 않은 이유가, 달이 서쪽에서 뜨는 법은 없으므로 태음은 곧 달이라고 볼 수 있는 것입니다. 또 태음(太陰)이라는 말이 태양(太陽)의 반대말로 달 월(月)을 나타낸다고도 생각할 수 있습니다.

그러나 다르게 볼 수도 있습니다.

太岁年名	太岁所在	岁星所在
摄提格	寅 (析木)	星纪 (丑)
单阏	卯 (大火)	玄枵 (子)
执徐	辰 (寿星)	娵訾 (亥)
大荒落	巳 (鹑尾)	降娄 (戌)
敦牂	午 (鹑火)	大梁 (酉)
协洽	未 (鹑首)	实沈 (申)
涒滩	申 (实沈)	鹑首 (未)
作噩	酉 (大梁)	鹑火 (午)
阉茂	戌 (降娄)	鹑尾 (巳)
大渊献	亥 (娵訾)	寿星 (辰)
困敦	子 (玄枵)	大火 (卯)
赤奋若	丑 (星纪)	析木 (寅)

맨 윗줄에 태세년명, 태세소재, 세성소재라고 되어 있습니다. 세성은 우리가 알고 보는 목성(木星)입니다. 하늘의 입장에서 보는 목성의 위치와 인간의 입장에서 보는 목성의 위치가 다릅니다. 그러므로 하늘의 입장에서 보는 목성의 위치를 태세라고 하며 태음(太陰)이라고 한 것입니다. 역사적으로 문헌을 살펴봐도 태음은 태세라는 말이 나오기 전부터 사용하던 말이었습니다.

그렇다면 백규의 자(子), 오(午), 묘(卯), 유(酉)는 이렇게 보아야 합니다.

즉 인간 입장에서의 세성(歲星)이 아니라 하늘의 입장에서 보는 목성인 태세(太歲)로 보아야 한다는 것입니다. 다시 말해서 태세란 인간의 입장에서는 가상의 별자리입니다. 하늘에서 지구를 보는 것과 지구에서 하늘을 보는 것이 다르기 때문입니다. 이러한 연고로《화식열전 1》에서 계연과 범려가 세성을 보는 것과 백규가 태음을 보는 것은 하늘의 별의 위치는 같더라도 운행하는 방향은 다르다는 것입니다. 위 그림에서 보듯이 세성(목성)은 왼쪽에서 오른쪽으로 돌고, 태음(하늘 입장에서의 목성)은 오른쪽에서 왼쪽으로 돌기 때문입니다.

이런 이치를 알고 원문을 다시 보겠습니다.

太陰在卯穰(태음재묘양) : 태음이 묘(卯)에 있는 해에는 풍년이 들고

明歲衰惡(명세쇠악) : 그 이듬해에는 흉년이 든다.

至午旱(지오한) : 또 오(午)에 있는 해는 큰 가뭄이 있고

明歲美(명세미) : 그 이듬해에는 수확이 많다.

至酉穰(지유양) : 풍년이 들면

明歲衰惡(명세쇠악) : 다음 해에는 흉년이 된다.

至子大旱(지자대한) : 자(子)에 이르면 큰 가뭄이 들고

明歲美(명세미) : 그 이듬해에는 수확이 많다.

有水(유수) : 그리고 홍수가 지는 해가 있으면

至卯(지묘) : 다시 태음은 묘(卯)로 돌아온다.

積著率歲倍(적저솔세배) : 백규의 축적은 대체로 해마다 배로 불어
    났다.

이렇게 보면 그 이듬해(다음 해)는 범려나 계연이 세성을 보고 다음 해를 예측하던 것과는 천문(天文)의 해석 방법이 완전히 달라진다는 것입니다.

문제는 지구가 태양 주위를 돌듯이 달도 지구 주위를 도는데, 이 때문에 저녁에 동쪽 하늘에서 뜨는 달의 위치가 달라진다는 것입니다. 즉 달의 모양만 바뀌는 것이 아니라 달이 뜨는 시간도 매일 50분씩 늦어지고, 달이 떴다가 지는 위치(위상)도 달라집니다.

사람들이 올해는 '물병자리 해'다, '물고기자리 해'다 하는 것은 춘분날 해가 뜨는 위치를 보고 정하는 것입니다. 그런데 옛 사람들은 해

가 뜨는 시각에 하늘의 별을 볼 수가 없으니, 해가 지는 방향의 180두 반대 방향에 있는 별자리로 그 해는 '게자리해다,' '황소자리 해다,' '사자자리 해다' 하였습니다. 그렇지만 달 즉 태음은 저녁에 어느 위치에서 뜨는지 확인할 수가 있습니다.

그런데 달은 언제 하늘의 동서남북에 있는지 확인했던 것일까요? 여전히 농사와 관련이 있으니 양력일 것이고 춘분날이 기준일 것으로 생각합니다.

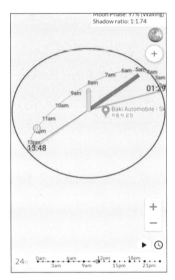

달의 위상 변화

그런데 달이 묘나 유에 있으면 풍년이 드는 것은 알겠는데, 달이 자나 오에 들면 물이 부족한 한발 즉 가뭄이 든다고 했네요. 백규가 살던 곳은 관중평야, 중국의 삼협댐 인근 지역이죠. 2020년 중국에 큰 홍수가 났는데 그 다음해는 태음이 묘에 들어 풍년이 난다고 했으니, 2021년에 중국 농민들이 태평가를 부를 정도로 대풍을 맞이하면 좋겠습니다.

저도 서울에서 태어나 하늘의 별에 대해서 할아버지 할머니에게 들은 바가 없습니다. 하지만 옛날에는 음력만 썼고 요즘에야 양력을 사용하는 것으로 알면 안 됩니다.

우리나라뿐 아니라 동북아의 중국, 일본, 그리고 한국은 모두 농업국가였습니다. 농업에서는 달이 아니라 해가 더 중요합니다. 그래서 예전에도 농사를 지으려면 양력을 알아야 했습니다. 그런데 양력 달력은 어디에 있었을까요? 동네 이장님께서? 면장님? 사또의 이방 어른이? 마을 도사님이 달력을 나누어주었을까요? 아니면 땅에서 자라나는 풀들과 꽃을 보고 알았을까요? 대부분은 그랬을 것입니다. 계곡의 물소리 꽃, 바람, 그리고 새들의 움직임을 보고 대충은 다 알았을 것입니다. 그들이나 우리 사람이나 태양에 의해서 길러지고 성장해왔으니까요. 그런데 그것이 꼭 정답은 아닙니다.

달력은 벽에 걸려 있는 것이 아니라 하늘에 걸려 있었습니다. 바로 저녁 해가 서산으로 넘어가면 나타나는 별들이 달력이었습니다. 그리고 윤월(閏月) 혹은 윤달이라는 말이 하늘의 별자리에 나타나는 양력과 당시 사람들의 쓰는 음력의 오차를 맞추어주는 것이었습니다.

봄을 알리는 입춘(立春)부터는 별을 보기가 참 쉬웠을 것입니다. 양력 2월 4일 전후가 입춘인데, 입춘이 되면 북두칠성이 정북(正北) 쪽 지평선에서부터 떠오릅니다. 그러다가 저녁 8시가 넘으면 자루를 땅에 박은 국자가 나타나고, 밤 12시가 되면 머리 위에 있게 되므로 날씨가 좋은 밤이면 쉽게 찾을 수 있습니다. 이런 것이 날짜를 헤아리는 가장 정확한 방법이었습니다. 지축이 기울어진 지구의 세차운동으로 북극성의 위치는 26,000년마다 한 바퀴 돌며 바뀌지만, 어느 한 인간의 평생 동안 북극성은 바뀌지 않기 때문입니다.

그래서 하늘의 별을 아는 것이 꼭 신비스러운 것이 아니라 자연이 인간에게 가르쳐주는 정보였던 것입니다. 그 정보를 정확히 아는 사람과 어설프게 아는 사람의 차이는 요즘 주식시장에 대한 정보를 아느냐 모르느냐에 따라 수익률이 달라지는 것과 같은 이치라 할 것입니다.

　그럼 백규가 하늘의 별자리를 아는 것이 마치 요즘 내부자 정보를 깊숙이 알아서 먼저 돈을 버는 정도로 심오한 경지였을까요? 조선시대 천문관들처럼요? 그렇지는 않았을 것입니다. 일반적으로는 전문적인 지식이 많은 사람은 많은 돈을 가질 수 없습니다.

　그래서 저는 재물의 신인 백규의 실력은 마치 예전 바닷가 할아버지들이나, 요사이 전문 낚시꾼들이 '물때'를 알아 언제 어디 가야 물고기를 잡을 수 있는지 알았던 것과 같은 수준으로 하늘을 읽는 정도였을 것이라고 판단합니다. 물론 요즘 어촌 할아버지와 젊은이들은 물때를 알려고 노력하지 않습니다. 수협에서 만들어준 달력에 동해, 서해, 남해, 그리고 경기도, 충청도, 전라도, 경상도, 강원도, 그 지역의 물때가 다 나오기 때문입니다. 그러니 결국 '백규가 때를 살피기를 좋아했다!'라는 아주 어려워 보이는 이 대목도 그저 '그는 자연이 우리에게 주는 정보를 세심히 살폈다' 정도로 이해할 수 있는 것입니다.

3. 인간 급수의 4단계

원 문

欲長錢(욕장전) : 돈을 불리려면

取下穀穀(취하곡) : 값싼 곡식을 사들여서

長石斗(장석두) : 수확을 늘리면서

取上種(취상종) : 좋은 종자를 썼다.

能薄飮食(능박음식) : 거친 음식을 달게 먹고

忍嗜欲(인기욕) : 욕심을 억제하며

節衣服(절의복) : 의복을 검소히 하고

與用事僮僕同苦樂(여용사동복동고락) : 일을 시키는 노복과 고락을
　함께했으며

趨時若猛獸摯鳥之發(추시약맹수지조지발) : 시기를 보아 행동하는
　데는 사나운 짐승과 새가 먹이에게 뛰어들 듯이 빨랐다.

회광반조 우리가 알아야 하는 것은 이런 것입니다. 사실 이 부문
이 돈을 버는 것! 즉 화식의 핵심입니다. 우리는 앞에서 돈에도 정이

있다고 배웠기 때문에, 이제는 돈이 정을 주는 사람에 대해서 공부할 필요기 있습니다. 우리는 사람의 성격을 구분할 때 A형, B형, O형, 그리고 AB형 등 4가지 혈액형으로 나누기도 하고, 태양, 태음, 소양, 소음 그렇게 사상(四相)으로 나누기도 합니다.

그런데 다른 방법으로 사람의 급수를 4가지로 나누기도 합니다.

첫째, 무심(無心)으로 사는 사람

둘째, 정(情)으로 사는 사람

셋째, 욕심(慾心)으로 사는 사람

넷째, 아귀같이 사는 사람

물론 이런 구분은 혈액형처럼 정해져 있는 것이 아닙니다. 사람은 욕심으로도 살고 정으로도 살고 때로는 무심으로도 삽니다. 무심은 무아와 같은 개념이며, 욕심이 전혀 없는 마음이 아니라 어떠한 상황에서 의사결정을 내릴 때 자신의 계산과 이익을 제거한 채 그 상황과 전체의 이익을 위해서 결정할 줄 아는 마음을 말합니다. 그래서 위 3가지를 자신이 만나는 인연과 상황에 따라 대부분 같이 사용합니다. 그러나 네 번째 급수는 다릅니다. 저렇게 사는 사람들은 '사람이 그러면 쓰나?'라는 생각을 전혀 하지 않는 사람들입니다

그런데 백규는 돈 버는 방법에 이러한 4가지 방법을 다 사용한 사람이라고 보면 됩니다. 그리고 돈을 가진 사람은 그렇게 카멜레온처럼 자신을 환경에 적응시킬 줄 아는 사람이어야지 독립투사나 혁명가 같은 사람이라면 돈을 지키기 힘듭니다. 저는 어찌 보면 무아(無我)의 도인

(道人) 같고, 어찌 보면 화류계의 기생 같고, 어찌 보면 연극배우나 탤런트 같은 재벌 회장님들을 참 많이 뵈었습니다. 그러나 더 정확히는 '자기 자신을 넘어선 분'들이기도 합니다. 그래야 재산을 지킬 수 있습니다. 그래서 무릇 큰돈을 벌려는 사람은 무심으로 살 줄도 알고, 정으로 살 줄도 알고, 욕심으로도 살 줄 알고, 아귀처럼 살 줄도 알아야 합니다.

그런데 대부분의 사람들은 그러지 못하고, 자기 자신을 고정시키고 확정시키는 것을 즐깁니다. '나는 이런 사람이야'라고 자기를 고정시켜 놓습니다. 이러한 고정은 우리의 뇌로 하여금 새로운 지식을 받아들이지 않게 합니다. 또한 이렇게 자기를 고정시켜두면 뇌는 좋아하는 것만 받아들여 관심을 갖게 하고 싫어하는 것은 고개를 돌리게 합니다. 사람들의 뇌, 그리고 우리가 인식하는 세상은 우리의 뇌가 창조합니다. 그 세상은 우리가 눈을 뜨고 있을 동안 우리에게 보이는 세상입니다. 그 세상은 1) 자신의 감각기관이 인식할 수 있는 세상일 뿐이며, 2) 자신이 그렇다고 믿는 것, 자신이 이것이 정당한 것이라고 믿는 것, 그 믿음이 보게 해주는 세상일 뿐이며, 3) 나의 감정이 보고 싶게 만들거나, 보기 싫어서 관심을 돌려버리게 할 뿐인 세상입니다.

그래서 여당을 지지하는 사람은 여당 옹호 유튜브만 보고, 야당을 지지하는 사람은 야당 옹호 유튜브만 볼 때 마음이 편해집니다. 그런 사람들은 남에게 이야기하지 않아서 그렇지 어떤 형태로건 마음의 부채를 지고 살아가게 됩니다. 그 부채가 항상 자신을 억누릅니다. 그런 사람은 돈이 있어도 돈 때문에 자식, 친척, 건강 등의 숙제를 안고 있습니다. 그 이유는 단 하나입니다. '돈 에너지'와 '지식 에너지'의 상보(相補) 관계를 알아야 하고, 상보에도 보(補)와 사(寫)가 있는데 그것을 모르기 때문입니다. 돈과 지식은 버려야 할 때도 있고 채워야 할 때도 있다는 말입니다.

그러나 돈을 버는 것, 건강을 좋게 하는 것, 인간관계를 좋게 하는 것은 모두 에너지를 증식하는 것이 그 본질입니다. 특히 재산을 증식한다는, 즉 화식(貨殖)을 한다는 것은 아직 없는 것을 들어오게 하는 것입니다. 그런데 자신을 그렇게 고정시켜놓으면, 자신과 '케미스트리(화학적 결합)'가 맞는 돈이 들어올 때까지 돈이 안 들어오는 것은 어찌하겠습니까? '보(補)와 사(寫)'를 모르니 무엇을 버릴지 무엇을 취할지를 모르는 격입니다. 당연히 인생 포커 게임은 엉망이 될 수밖에 없습니다.

'보'는 내가 계획한 것을 완성하기 위해 보충할 것을 말하며, '사'는 아무리 좋은 것이라도 내게 너무 많으면 덜어내는 것을 말합니다. '보'를 받고 싶다면 보를 해주는 사람이 많을수록 좋은 것이고, '사'를 해도 그것을 받을 사람이 그것이 큰 도움이 되면 될수록 좋은 것이니 돈을 벌려면 인연을 소중히 다루는 공부를 안 하려야 안 할 수가 없는 것입니다

돈의 본질은 무엇일까요? 에너지입니다! 에너지라는 것은, '무엇인가를 할 수 있게 하는 힘'입니다. 세상을 살다 보면 사람마다 친구마다 자녀마다 가지고 있는 독특한 에너지가 느껴지는데 그것은 종합적이고 복잡하게 혼합된 에너지이기에 사람마다 비슷하게 보이지만 또한 쌍둥이끼리도 서로 다른 것입니다. '사주(四柱)팔자'의 사주는 그 사람

을 구성하는 4가지 큰 기둥이라는 뜻입니다.

그 4가지의 기둥을 살펴보면 마치 4가지 혈액형 중 하나의 혈액형을 가지고 태어나는 것처럼, 그 사람의 총체적 에너지적 특성을 가지고 태어났음을 알 수 있습니다. 물론 에너지의 종류는 수없이 많겠으나 인간의 욕망과 소망이 경우에 따라 간절히 바라는 에너지의 종류를 4가지로 분류한다는 의미입니다. 그렇지만 잊지 말아야 할 것이 있습니다.

에너지는 '무엇을 할 수 있는 힘'이라는 것이며, 우리가 태어나고 또 태어나는 것은 '그 해야 할 무엇'이 있기 때문에, 그것을 하기에 적합한 에너지를 이번 생에 가지고 태어난다는 의미입니다. 에너지는 아직 숫자 이전의, 질량 이전의, 그래서 값을 매길 수 있는 '가격의 단계'가 아닌 '가치의 단계'입니다. 하느님이라고 생각하셔도 좋습니다. 하느님은 수많은 가치를 가진 분인데, 그중에 어떤 해야 할 가치 있는 일을 당신에게 맡기신 것입니다. 그리고 그것을 하는 데 적합한 에너지를 이번 생에 가지고 태어나게 하며, 그것을 하는 데 필요한 에너지를 배우고 습득하고 만나게 한다는 의미입니다. 태어날 때 받은 에너지는 기초 에너지입니다.

사람을 총체적으로 판단할 수 있는 기초 에너지의 종류 4가지로 분류하면 이렇습니다.

첫째 : 육체적― 건강 에너지를 갖고 태어난 사람
둘째 : 정신적― 지적 에너지를 갖고 태어난 사람
셋째 : 경제적― 돈 에너지를 갖고 태어난 사람
넷째 : 인간관계적― 많은 인적 에너지를 가지고 태어난 사람

그런데 묘한 것은 혈액형도 주고받을 수 있는 것이 정해져 있는 것처럼, 사람의 에너지노 주고받을 수 있는 것이 정해져 있다는 것입니다. 그래서 지식 에너지를 가진 사람이 돈 에너지를 갖는 것이 어느 한도가 있고 건강 에너지를 가진 사람이 돈 에너지를 갖는 것도 한도가 있습니다. 물론 돈 에너지를 갖는 사람이 지식 에너지나 건강 에너지를 갖는 것도 한계가 있습니다. 인적 에너지도 마찬가지입니다. 어느 정도까지는 상관이 없으나, 어느 선을 넘어가면서까지 욕심을 내면 반드시 탈이 생깁니다.

1980년대 이야기입니다. 대한체육회의 어느 운동 분야 회장을 맡으신 분이 전국체전에서 시합을 앞둔 몇 시간 전에, 선수들이 묵고 있는 각 방을 돌고 있는데, 선수들이 감독과 한 방에 모여 주사를 맞고 있더랍니다. 그래서 무엇을 하는 것이냐고 물어보았더니, "회장님 모른 척 해주십시오"라며 잠시 자리를 비켜달라고 하더랍니다.

원래 O형 혈액형은 AB, A, B형에게 피를 다 수혈해줄 수 있고, AB형은 모두에게 수혈받을 수 있지만, A형, B형 그리고 O형, AB형은 각각 수혈을 잘못하면 안 되는 것임을 우리도 잘 알고 있지 않나요? 그런데 그 선수들은 A형 혈액을 가진 선수에게 B형 피를 넣어주고, O형 피를 가진 선수에게 AB형 피를 주사하는 등의 작업을 하고 있었다는 것입니다. 그러면 혈액형 부조화 현상이 일어나 선수들의 몸에서 강력한 반발력이 생기며 약물 검사에 걸리지 않고도 순간적인 파괴력을 갖게 된다고 설명을 해주더랍니다. 참, 예전에 그런 시절도 있었다며 이야기를 들려주신 분이 있었습니다. 물론 사람에 따라 어느 정도는 그럴 수 있지만 그 선을 넘으면 치명적이 될 수도 있는데 말입니다.

마찬가지로 에너지도 그렇습니다. 지식 에너지를 자신의 용량만큼 가진 사람이 어느 선을 넘어 돈 에너지가 주입이 되면 위험한 순간이 옵니다. 혹은 도리어 힘이 감소합니다. 물론 돈 에너지를 자신의 용량만큼 가진 사람이 지나치게 건강해지면 어떤 형태로든지 사고를 치게 되어 있습니다. 이러한 것이 자연이 우리에게 가르쳐주는 자연지(自然智)라고 이해하고 받아들였으면 좋겠습니다.

물론 백규처럼 자신의 경계를 넘어가도 아무런 문제가 없는 사람도 있습니다. 지금 우리는 그 공부를 하고 있는 것입니다. 이런 것은 자신의 일생 동안 해야만 하는 어떤 직업이나, 사업이나, 과업과도 관련이 있습니다. 그래서 이러한 각자 자기만이 독특한 에너지를 받아가지고 세상에 태어난 것을 카르마(Karma) 혹은 업이라고 합니다. 그러한 제목을 가진 책을 한 권 소개합니다. 한번 읽어볼 것을 권합니다.

카르마는 업(業)을 말합니다. 업의 개념은 우리가 '지금의 내가 알고 있는 나'만이 아니라는 것입니다.

그래서 카르마 경영은 그렇게 말로만 알고 있을 것이 아닙니다. 예를 들면 회사의 대차대조표와 손익계산서에서 당기 순이익/ 당기 순손실 금액은 같게 나옵니다. 대차대조표는 그 회사의 창립 이래, 예를 들어 1910년에 창립한 회사라면, 1910년 이래 2021년 현재까지의 자산과 부채 그리고 자본을 통합하여 손익을 구

《카르마 경영》

하는 표입니다. 반면에 손익계산서는 당해 연도, 예를 들어 2019년 7월 1일부터 2020년 6월 30일까지 그 회사의 수익과 비용을 계산하여 손익(損益)을 구합니다. 물론 어떻게 구하건 그 회사가 벌어들인 돈이나 손실이 난 돈의 금액은 같습니다.

예를 들면 1955년 을미(乙未)년 양띠 해에 태어난 당신이 현재 가지고 있는 돈과 재산이 10억 원입니다. 그런데 1955년 양띠 해에 같은 동네 옆집에서 태어난 사람이 있습니다. 그는 같은 초등학교, 중학교, 고등학교, 대학교를 졸업하고, 같은 회사에서 같은 연봉을 받다가 동일한 집의 쌍둥이 형제와 결혼하여, 아이들의 수도 같고, 아이들의 건강도 학교 성적도 두 집 아이들이 똑같으며 아이들은 의사가 되어, 같은 병원에서 같은 월급을 받고 있다고 가정해봅시다. 그렇게 거의 모든 것이 일치하지만 그 사람은 돈과 재산이 100억이라면 당신은 몹시 서운하고 억울할 것입니다.

그렇게 생각한다면 당신의 실수는 이번 생만을 보는 '손익계산서 사고방식'을 가지고 있었다는 데 있습니다. 왜냐하면 그의 전생(前生), 그 전생, 또 그 전생을 넘어 네안데르탈인, 데니소바인, 호모 에렉투스 시절, 그 전의 오랑우탄, 침팬지, 보노보 시절 등을 다 지나오면서 자신도 모르게 쌓아왔던 카르마가 다르기 때문입니다. 이러한 '대차대조표 사고방식'을 지금 이 순간 해야 합니다. 화의 정, 즉 돈의 정은 대차대조표 방식과 손익계산서 방식 2가지를 다 참조하여 동기감응하기 때문입니다. '그런데 그것은 내가 통제할 수 없는 것 아닌가?' 할 수 있지만 그렇지 않습니다! 제가 신경생리학자, 물리학자 그리고 뇌과학자들에게 배운 뇌과학은 놀라울 정도로 우주의 작동 원리와 닮아 있었습니다. 그래서 이자형즉과 계연의 2가지 비책과 '돈의 정'과 내통하는 데 필요한 2가지 '형상화'를 확실히 챙겨두실 의식과 감정 이야기를 계속 한 것입니다.

〈화식열전〉식의 카르마 경영을 굳이 설명하자면 이렇습니다. 2021년 지금 한국과 한국인이 모두 힘들어하는 것은 그 이유가 있는데 사람들은 그것을 모릅니다. 친구나 선배들을 보면 가르쳐주고 싶은데 못 가르쳐줍니다. 아들과 딸에게도 가르쳐주고 싶은데 못 가르쳐줍니다. 그 이유는 묻지도 않는 사람에게, 그것도 절실하게 묻지 않는 사람에게 이야

역사 이래 ~ 1970년대: 3급수 수질 시대

<먹고사는 문제>를 해결할 <육체·건강 에너지>가 중요하던 시기

1980년대 ~ 2015년: 2급수 수질 시대

<사람답게 사는 문제>를 해결 할 <지적 에너지>가 중요하던 시기

2016년 ~ 현재: 1급수 수질 시대

<사회 패러다임 문제>를 해결 할 <돈 에너지>가 중요한 시기

시대별 수질

기해주면 도리어 더 반발하기 때문입니다. 종합해서 설명하자면 이렇습니다.

예를 들어 비록 1960년에 아주 가난한 집에서 태어나도, 공부를 잘하여 동네에서 한두 명 가는 대학 중에서도, 서울 사람들도 부러워하는 대학에 간 사람이 있다고 합시다. 그가 태어난 시대는 3급수 수질 시대이고, 그가 속한 가정도 3급수 환경이지만, 그는 혼자서 더 많은 지식 에너지를 받아들이며 다른 형제들과는 혹은 고향의 다른 동창들과는 다른 하늘의 계산 방식에 의한 삶을 살았습니다.

그는 이미 10대~20대에 '육체 에너지'로 살고 있던 고향 친구들이나 형제 자매와는 달리 '지식 에너지'를 흡수하면서 살아왔습니다. 사람은 30살이 넘으면 인생의 방향에 관한 '네비게이션 종착지 입력'을 해두고 살아야 합니다. 여기서 내비게이션 입력이란, '자신이 가지고 있는 에너지로 무엇을 할 것인가?'를 정해야 한다는 의미입니다. 누차 말하지만 에너지는 '무엇을 할 수 있는 힘'입니다. 그래서 30살이 되면 나는 '내가 습득한 에너지'로 무엇을 위하여, 어디로 향하며 인생 드라이브를 할지를 자신의 뇌에 입력해야 한다는 의미입니다.

그리고 48세가 되면, 통상 50세가 되면 또 다른 유형의 졸업 시험을 치르게 됩니다. 이 졸업 시험을 잘 치르는가 잘못 치르는가에 따라, 50세 되기 전까지의 건강 에너지와 환경과 사람 에너지, 그리고 쌓아왔던 지식 에너지와 돈 에너지를 빼앗기기도 하고 돌려받기도 하고 너 받기도 합니다. (복운지도 탈여수순)

위에 예를 든 사람의 졸업 시험은, 자신이 다른 형제들과 달리 육체 에너지는 적게 습득한 반면 많은 지식 에너지를 가졌고, 그 지식 에너지를 근간으로 하여 환경적 사람 에너지와 돈 에너지를 모두 가졌기에 50살까지 살아오면서 자신이 누리고 배웠던 것을 가족과 사회와 국가와 인류에 돌려줄 프로젝트를 머릿속에 가지고 있느냐입니다. 그것이 올바르게 배운 자의 자세입니다.

올바르게 배운 사람들은 누가 말하지 않아도 '특수 지식 에너지'를 더 취하여야겠다는 생각을 하게 됩니다. 그래서 공자님은 나이 50을 '하늘이 내게 몸을 가지고 세상에 태어나게 하시면서 내린 명(命)을 알겠다!' 하여 지천명(知天命)이라고 하셨다는 것입니다. 그러나 특수한 몇 사람을 제외하고 대부분의 사람들이 50살에 치르는 인생 졸업 시험을 통과하지 못합니다. 그래서 이때부터 회사에서 명예퇴직도 당하고, 병원에도 가야 하고, 돈도 날아가고, 자녀들에 의한 스트레스가 몰려옵니다. 하늘이 주었던 복과 운을 빼앗아가기 위해서 그런 것이 오는 것입니다.

그러나 걱정 마십시오. 몰랐을 때가 문제지 60살이건 80살이건 그 시험을 다시 치를 수 있습니다. 이렇게 하면 됩니다.

화식 비법:
모르고 살았습니다.
이제 알겠습니다.
용서해주십시오.
자신이 받은 숙제를 저처럼 못 풀고 사는 사람들을 도우며 살겠습니다.

이 참회 기도 방법은 '본주본산 참회기도법'이라고 선가(禪家)에서 은밀히 전해오던 기도법입니다. 본래 이 참회기도는 밤 11시부터 새벽 1시 사이에 자신이 태어난 고향에서 하는 것입니다. 소리 내서 하는 것도 아니고 단지 맑은 물을 컵에 담아 쟁반에 받친 후, 하느님도 좋고 부처님도 좋고, 하늘도 좋고 땅도 좋고, 그렇게 내 주변의 모든 것에 대해 참회하는 것입니다. 일명 '과거회상 참회기도법'이라고도 합니다. 자신의 인생을 돌아보며 스스로 반성하며 하는 참회기도법입니다. 그리고 참회를 꼭 사람에게 해야 하는 것이 아닙니다.

반성이나 참회는 남에게 하는 것이 아니라 자신의 '의식'에 하는 것입니다. 자신이 통렬하고 뼈저리게 잘못 살았다는 것이 인식되면 그 내면에서 일어나 '의식'과 독립적으로 저 밖에 존재한다고 알고 있는 코스모스 의식과 하나가 됩니다. 이것을 유식(唯識)이라고 해서 여러 가지로 세분할 수 있지만, 일반인들에게는 단지 의식이라고 해도 충분합니다. 인간의 의식은 모든 업의 종자가 발아되는 근원이라고 해서 종자식(種子識)이라고도 하고, 함장식(含藏識)이라고도 하는데, 과거 현재 미래에 관한 모든 업종자를 저장하고 있다는 의미이기도 합니다. 원하지 않는 업을 녹일 수도 있고, 원하는 업을 만들 수도 있는 것이 의식입니다. 그래서 모든 법이 의식 등과 같은 인식함에 의해서 만들어진다고 하여 만법유식(萬法唯識)이라는 말이 생긴 것입니다. 그래서 그 참회의 마음이 진실하면 건강, 사람, 돈 등 빼앗겼던 에너지가 다시 주어지는 첫 상승 포인트가 됩니다. 이것이 '복운지도 탈여수순'의 실천 첫걸음입니다.

원래 우리는 50살 이전에 이러한 자연법 공부를 마쳤어야 합니다. 그리하여 70살이 되기 전에 눈앞에 반연되는 모든 의사결정을 해야 하는 순간 순간 무심(無心)으로 의사결정을 하며 사는 법을 알았어야 되는 것입니다. 그래야 자신이 그동안 모았던 '돈 에너지'가 새어나가지 않고 지켜지고 간수되고 늘어나서 자손에게도 재산과 지혜와 복과 덕을 많이 물려주게 되는데 우리는 한심하게 욕심과 정으로만 살았습니다. 그러나 늦었다고 생각할 때가 가장 빠른 때이니 오늘 이것을 아신 분은 3일 후에 시작하면 됩니다.

4. 자신의 급을 바꾸는 카르마 경영

지식이 많은 사람이건, 돈이 많은 사람이건, 예쁘거나 잘난 사람이건, 뼈와 근육질이 빼어난 사람이건 에너지가 넘쳐나면 그 에너지를 쓰는 방법을 배운 바가 없어 망할 짓을 스스로 합니다. 그래서 사람이 망할 때를 보면 일단 건방을 떨기 시작합니다. "남자가 출세하면 친구를 바꾸고, 돈을 벌면 바람 피우는 것은 공식이다"라는 이야기도 있습니다. 그렇게 해서 망하는 이치를 순서대로 보면 다음과 같습니다.

1. 불능박음식(不能薄飮食) : 거친 음식을 달게 먹지도 않게 되고
2. 불인기욕(不忍嗜欲) : 욕심을 억제하지 않게 되며
3. 불절의복(不節衣服) : 의복을 검소히 하지도 않고
4. 불여용사동복동고락(不與用事僮僕同苦樂) : 일을 시키는 노복과 고락을 함께하지 않는다.

최인호의 소설《상도(商道)》에는 조선 시대의 최고 거부이자 상신(商神)인 임상옥 할아버지 이야기가 나옵니다. 그는 하늘이 재물 에너지를 내린 사람입니다. 그는 어느 날 낮잠을 자다 대청마루 아래에서 놀고

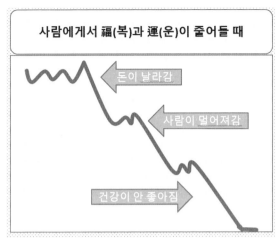

복과 운의 에너지 흐름

있는 병아리를 하늘의 수리매가 낚아채 가는 것을 보게 됩니다. 그래서 그는 '하늘이 내게 재물을 주기만 하다가 이제 내게서 재물을 거두어가기 시작했구나. 내가 무엇을 잘못했는지 모르지만 이렇게 있다가는 나의 운이 끝나겠다'라고 번개같이 깨달음을 얻어, 복덕을 다시 증진시킬 방안을 찾기 시작합니다.

그래서 자신에게 돈을 빌려간 사람들을 불러, 빚을 갚겠다는 사람은 시일을 연기해주고, 빚을 갚지 못하겠다는 사람은 빚을 받지 않겠으니 서로 없던 일로 하자는 결단을 내렸다고 합니다.

최인호 선생님다운 '순도 100% 뻥'인 이야기입니다. 세상은 그렇게 절대평가 방법으로 사람을 평하여 벌주고 상 주고 하는 것도 아니고 그런 식으로 사람의 운이나 복을 막지탈여(莫之奪予)하지 않습니다. 그러나 탈여(奪予)에는 수순(隨順)이 있습니다. 아니 돈의 정(情), 〈화식열전〉에서 말하는 화(貨)의 정(情)은 그렇게 꼭짓점이 명확한 것이 아닙니다. 상대평가로 운용됩니다.

 가난하거나 부자로 사는 사람의 이치는, 누가 빼앗아간다고 부자가 가난해지는 것도 아니고, 가난한 사람에게 돈을 준다고 부자가 되는 것도 아닙니다. 그 이치는 사람이라는 그릇에 돈이 담기는 것이 아니라 복과 운의 형태로 돈이 담기는 것임을 알아야 합니다. 하늘은 그 돈의 원재료인 복과 운을 빼앗아가기도 하고 되돌려주기도 합니다. 그릇을 키우는 법을 알고, 그릇 키우는 것이 그 사람의 뜻을 크게 하는 것임을 안 다음 복과 운을 담으면 되는 것입니다. 또한 사람의 복과 운에는 빼앗거나 주는 것에 순서와 절차가 있음을 알아야 합니다.

 그럼 망했던 사람이 다시 흥(興)할 때는 어떤 일이 생길까요? 복운지도 탈여수순을 보면 다음과 같습니다.

 1. 먼저 그 사람의 건강이 돌아옵니다. 누가 이것 먹으면 좋다, 그런 병은 어떤 사람한테 가면 간단히 낫는다 등 자신의 건강이 다시 돌아올 인연이 찾아옵니다. 이 기회를 놓치지 않으려면 자연이 가르쳐주는 '자연지 공부'를 해야 합니다.

 2. 그 다음으로 건강이 돌아와 어느 정도 혈색이 좋아지고, 사람에게서 다시 활기와 생기가 돌아올 때, 그에게 사람이 돌아오기 시작합니다. 이 기회를 놓치지 않으려면 '사람과 인연을 받아들이는 공부'를 해야 합니다.

 3. 그 다음으로 이 사람에게 돈이 돌아옵니다. 즉 다시 화식(貨殖)이 시작되게끔 해주는 것입니다. 그리고 이것을 깨닫고 이 기회를 놓치지 않으려면 '인연을 다시 남에게 회향하는 공부'를 해야 합니다. 결국 이 공부가 '돈의 정'을 아는 단계가 되며, 이 3가지 공부가 바로 '천산즉여

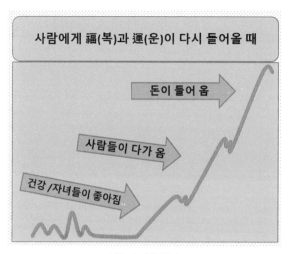

복운지도 탈여수순

인산(天算卽如人算)— 하늘의 계산이 사람의 계산과 같아진다'이며 우리의 목적은 바로 이것을 공부하는 것입니다.

돈이 자신에게서 나갈 때의 순서와 다시 돌아올 때의 순서는 정확히 반대입니다. 그러나 돈이 자신에게 돌아오게 하려면 '자연지'를 먼저 습득해야 합니다. 자연지는 특별한 것이 아니라 자연이 우리에게 가르쳐주는 것을 말합니다. 어느 학교 나왔다, 공부 많이 했다 등으로 겉멋이 들어 자연지를 버린 인간들은 그 무지함의 대가를 치르는 경우가 많습니다. 이것을 가르쳐주는 것이 바로 〈화식열전〉의 이 부분입니다. 그리고 이어서 사마천은 백규(白圭)의 입을 빌려 다음과 같이 말합니다.

5. 비인부전(非人不傳)

故曰吾治生産(고왈오치생산) : 그러므로 그는 말하기를 "내가 생업
　　을 운영하는 것은

猶伊尹呂尙之謀(유이윤여상지모) : 마치 이이와 여상이 정책을 도모
　　하여 펴듯이 하고

孫吳用兵(손오용병) : 손자와 오자가 군사를 쓰듯 했고

商鞅行法是也(상앙행법시야) : 상앙이 법을 다루듯이 했다.

是故其智不足與權變(시고기지불족여권변) : 그러므로 임기응변하는
　　지혜도 없고

勇不足以決斷(용불족이결단) : 일을 결단하는 용기도 없고

仁不能以取予(인불능이취여) : 얻었다가 도로 주는 어짊도 없고

彊不能有所守(강불능유소수) : 지킬 바를 끝까지 지키는 강단도 없는
　　사람은

雖欲學吾術(수욕학오술) : 내 방법을 배우고 싶어도

終不告之矣(종불고지의) : 끝내 가르쳐주지 않겠다"라고 했다.

회광반조 여기 등장한 이이, 여상, 손자, 오자, 상앙 중에서 공자님은 이이 빼고는 모두를 사람 같지도 않게 보았습니다. 여상은 모략의 천재이고 손자와 오자는 병법을 잘 썼고 상앙은 법으로써 세상을 다스리려 했지 인(仁)을 행하지 않았다고 본 것입니다. 그러나 사마천은 이들을 다르게 보았습니다. 이들이 돈과 명예만을 생각하는 사람들이 아니라 물질을 방편으로 인간의 정신적 진화를 도모했던 사람들 아니었을까 생각한 것입니다. 그래서 사마천은 백규의 입을 빌려, 세상에 알려진 그들의 부정적인 면을 걷어내고 내면의 의도를 이해하려고 한 것으로 보입니다. 또한 이렇게 세상의 이치를 아는 특급 사람들을 비난하지 않고 받아들일 정도의 그릇이 되지 않으면 백규의 돈 버는 방법을 전수받지 못할 것이라는 뜻으로 읽을 수 있습니다.

그러나 2019~2020년의 미중 무역 전쟁이나 2020년 미국의 대선에서 나타난 상상을 초월하는 체계적인 부정(不正), 그리고 한국의 지식인 사회, 재벌, 언론, 방송 문화 종사자들의 수사(修辭) 뒤에 숨은 금권(金權) 정치의 실체 등을 생각하면 우리가 백규의 심오한 화식철학(貨殖哲學)을 이해하는 것은 아직 어려울 것입니다.

원문

蓋天下言治生祖白圭(개천하언치생조백규) : 생각하건대 천하의 사업을 말하는 사람들이 백규를 그 조상으로 우러러 모시는 것은

白圭其有所試矣(백규기유소시의) : 백규가 실제 그것을 시험했기 때문이다.

能試有所長(능시유소장) : 다시 말해 그는 실제로 시험해서 공을 올 렸지

非苟而已也(비구이이야) : 결코 함부로 하지는 않았다.

회광반조 이 대목 때문에 저는 《화식열전 1》 이후 2권과 3권의 원 고를 다 써놓고도 3번이나 세상에 내놓지 못했습니다. 제가 〈화식열전〉 에 나오는 소봉이 되고 난 다음 책을 세상에 내놓아야 이 대목에서 양 심의 가책을 받지 않을 것 같았기 때문입니다. 자세한 이야기는 책 말 미에서 양심 고백을 하기로 하고, 계속 이어가겠습니다. 모든 종교는 인과법을 말합니다. 불교에서는 인연법(因緣法)이라고 합니다. 인과법 은 사실 정확히는 1)인(因), 2)연(緣), 3)기(起), 4)과(果)의 법입니다.

1과 2가 만나면 인연법이 되고 2와 3이 만나면 연기법이 되고 1과 4가 만나면 인과법이 됩니다.

그런데 도대체 3인 기(起)는 무엇일까요?

그것은 바로 백규가 즐겼다는 '때를 살피는 것' 혹은 천시(天時)를 만 나는 것입니다. 다른 말로는 '시절인연'이라고 하지요. '시'라는 것은 별 의 작용이고 '절'이라는 것은 마디입니다. 별의 작용을 12마디로 나눈 것이 황도 12궁입니다.

그래서 서양의 고대 천문학에서는 사람을 오른쪽 그림과 같이 묘사 했습니다. 또 사람이 태어난 날의 별자리와 별의 궁합을 보아 별자리 운세라는 것도 생겨난 것입니다.

그러면 동양에서는 사람을 만들 최소입자를 무엇으로 보았을까요?

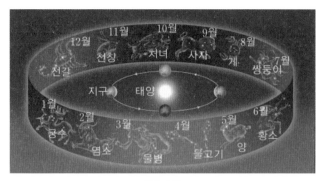

황도 12궁

고대 천문학이 묘사한 사람

고대 동양, 특히 한국에서는 사람을 최소 단위 입자로 분석할 때 하늘의 별과 그 별의 기운이 땅에 작용하는 것에 맞추어 사주(四柱)라는 것을 추출했습니다. 2020년 음력 7월 7일 아침 7시에 태어난 사마천 군의 사주를 볼까요?

사마천 군은 경자년, 계미월, 신해일, 임진시에 태어났군요. 그리고 맨 마지막 줄을 보니 마천 군은 목성(木星)의 기운은 받지 못했고(0), 화성(火星)의 기운도 받지 못했고(0), 토성(土星)의 기운은 2군데에서 받았고, 금성(金星)의 기운도 2군데에 받았고, 수성의 기운은 4군데에서 골고루 받았군요.

사마천(1세)

남자
(양)2020년 07월 07일
(음)2020년 05월 17일
(正)2020년 07월 07일
小暑2020년 07월 06일

辰時
08:00
23:44

대한민국
(-30분)

명조비교
신살보기

상관	일원	식신	겁재
壬	辛	癸	庚
辰	亥	未	子
정인	상관	편인	식신
木(0)	火(0)	土(2)	金(2)	水(4)

2020년생 사마천 군의 사주

이렇게 사마천군의 사주 중 연주인 경자년(更子年), 월주인 계미(癸未)월, 일주인 신해(辛亥)월, 시주인 임진(壬辰)시에 나오는 '경,자,계,미,신,해,임,진'은 모두 하늘의 별의 위치를 말하는 것입니다. 이제 본론으로 가봅니다.

목성, 화성, 토성, 금성 수성이 뭐죠? 별입니다

그리고 사람이 태어난 날을 뭐라고 하죠? 생일(生日)이라고 합니다. 해가 태어났다는 의미입니다. 해도 역시 별입니다

그리고 어른의 생일을 물을 때는 생신이 언제시냐고 묻습니다. 신(辰)은 별 신(辰), 혹은 별 진(辰)입니다. 즉 당신이라는 별이 태어났다는 의미입니다.

그래서 하늘의 천기(天氣)를 읽을 줄 아는 사람들은 '시절(時節)인연(因緣)'이라는 말을 합니다. 과학적으로는 없는 시간! 그 시간의 마디를 '마디 절(節)'을 사용해서 시절(時節)이라고 하는 것입니다.

그 시간의 마디를 12로 나눈 것이 황도 12궁이고, 시계의 12시간이며, 시간과 공간은 우리가 인식하고 있던 고정된 것이 아니라는 것을

보여준 영화 "인터스텔라"의 12조각으로 된 우주선이기도 합니다.

"인터스텔라"의 12조각 우주선

그런데 이것을 활용하는 또 다른 은밀한 방법이 바로 동북아시아 권에서 말하는 풍수학(風水學)입니다. 풍수학은 현대이론 중의 하나인 '프랙탈 이론'에 근거를 두고 있습니다. '프랙탈'이란 자연물에서뿐만 아니라 수학적 분석, 생태학적 계산, 위상 공간에 나타나는 운동모형 등 곳곳에서 발견되는 자연이 가지는 기본적인 구조인데, 불규칙하며 혼란스러워 보이는 현상을 배후에서 지배하는 규칙도 찾아낼 수 있다는 것입니다.

그러한 복잡성의 과학은 이제까지의 과학이 이해하지 못했던 불규칙적인 자연의 복잡성을 연구하여 그 안의 숨은 질서를 찾아내는 학문입니다. 복잡성의 과학을 대표하는 혼돈 이론에도 프랙탈로 표현될 수 있는 질서가 나타납니다. 이런 경우도 있습니다. 나뭇잎의 혈관구조와 벼락이 칠 때 번개의 모습과 사람 몸의 신경 세포망과는 아주 유사하게 닮았다는 것입니다.

풍수학은 지구상의 모든 산의 배치와 천구상의 별의 배치가 프랙탈

구조로 이루어져 있다고 봅니다. 그래서 별이라는 우주에서 뻗어나온 기운 줄이 모든 지구에 영향을 미치듯이 산에서 나오는 자기장의 기운이 사람의 몸에도 직접적인 기운을 미친다고 봅니다. 그러니 남과는 조금이라도 차이가 나는 인물이 되려면 사람이 만들었을지라도, 툭 튀어 나온 논두렁 정기라도 받아야 한다는 말이 있을 정도입니다.

간략히 보면 저 산의 봉우리가 다 별의 기운이 연결되는 통신탑이라고 봅니다. 그러한 '동기감응'의 이치로 산과 별을 보는 것입니다. 저 별자리 기운이 흘러 내려오려다 콱! 하고 뭉쳐 있는 곳을 혈(穴)자리라고 합니다. 그 혈자리에 자신과 DNA를 공유하는 조상님 뼈를 묻어, 조상님이 거기서 받은 기운을 동기(同氣)감응(感應)하여 자신이 소위 팔자(八字)에 없는 그 무엇을 이루려고 합니다. 사기꾼이 많아서 그렇지 동양 과학으로 볼 때 가능한 이야기입니다.

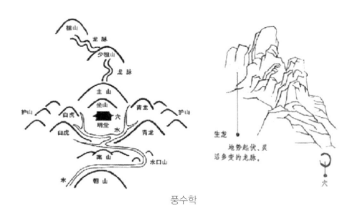

풍수학

그것은 인연기과법(因緣起果法)에서 3번인 일어날 기(起)가 빨리 발복하도록 하는 방법이고, 물론 그럴 수 있습니다.

그런데 1번인 인(因)을, 그것도 그럴 만한 올바른 인을 심어두지도 않고, 더더구나 2번인 연(緣)을 다루는 공부도 하지 않은 사람이 3번인 하늘의 타이밍인 기(起)를, 사악한 마음으로 돈 있다고 함부로 하다가는 말년에 4번인 과(果)에 심각한 타격을 입힙니다.

우리나라에서도 자신이 그 역할을 맡을 그릇이 아님에도 불구하고 억지로 저러한 사악한 방법을 차용해서 왕이 된 사람들, 대통령, 정치인들이 그 말로(末路)가 좋지 않은 것은 그 과(果)를 받은 것이라고 생각합니다.

"내가 생업을 운영하는 것은 마치 이이와 여상이 정책을 도모하여 펴듯이 하고 손자와 오자가 군사를 쓰듯 했고 상앙이 법을 다루듯이 했다. 그러므로 임기응변하는 지혜도 없고 일을 결단하는 용기도 없고, 얻었다가 도로 주는 어짊도 없고, 지킬 바를 끝까지 지키는 강단도 없는 사람은 내 방법을 배우고 싶어도 끝내 가르쳐주지 않겠다"라는 것을 '비인부전(非人不傳)'이라고 합니다. '그 그릇이 아직 되지 않은 사람에게는 전하지 않겠다!'는 말입니다.

이런 천시(天時)를 아실 필요는 없습니다. 그러나 만약 백규의 저 방법을 쓰고 싶다면 '복과 운이 자신에게 인연으로 만들어지는 이치'를 잘 심득(心得)하시면 됩니다. 천기(天氣)와 지기(地氣)와 인기(人氣)의 트렌드와 모멘텀을 끌어당기는 법이니까요. 다시 말해서 일종의 지식에너지인 자연지를 바탕으로 건강 에너지, 사람 에너지, 돈 에너지가 차례로 시절인연을 만들어 인연기과를 위해 기(起)하여 올 때, 그 에너지를 담을 그릇을 만드는 방법이니까요.《화식열선 1》에서 말씀드렸던, '사람은 그릇이다!'를 기억하시겠지요? 그 그릇은 사람의 기혈(氣血)을 담아서, 사람의 몸과 마음을 생산해내는 그릇입니다. 일종의 숨 쉬는 항아리입니다.

'화식'이란 돈을 증식한다는 말입니다. '무심'이라는 말은 도인이나 고승들에게나 가능한 일이라고 여기면 안 됩니다. 무심이라는 새로운 지식을 배우는 것일 뿐입니다. 사람은 경험과 기억에 의해서 즉 환경 지식과 말이나 문자에 의한 지식으로 자기만의 세상을 만들고 인식하며 사는 것이라고 했습니다. 그러면 운명을 개척하고, 새로운 부자 국가를 만드는 사람들은 어떻게 그렇게 성공하는 것일까요? 인간은 새로운 것을 어떻게 인식하는 것일까요? 그것은 지식을 확장하여 새로운 경험을 만드는 것입니다.

미로와 같은 다음의 그림은 저 길을 좌측으로도 돌고 우측으로도 돌아 목적지에 이르는 것을 설명하는 것입니다. 우측으로 도는 것은 자기를 강화시키는 것, 즉 자신의 욕망을 실현하기 위해 가야 하는 방향입니다. 반면에 좌측으로 돌아가는 것은 자기 생각과 자기 경험을 내려놓는 것입니다. 그렇게 가는 것을 무심이라고 하는데, 이것이 명상입니다. 명상은 앉아서 폼 잡고 하는 것이 아닙니다. 폼 잡는 것은 그냥 인스타그램에 사진 올릴 때 하는 것입니다.

무심을 생활에 적용하는 방법 중 제가 아는 3가지를 말씀드리겠습

니다. 첫 번째는 내 몸을 하나의 호텔이나 백화점 지하 식당으로 생각하고 감정은 거기 찾아오는 손님이라고 생각하는 것입니다. 별의별 손님들이 다 찾아옵니다. 8,000원짜리 우동 하나 시키고 1,000원짜리 아이스크림 하나 주문하면서 "고객은 왕인데 대접이 뭐 이래?"라고 항의하고, 백화점에 직원과 점포를 비방하는 투서를 쓰는 손님이 있습니다. 하지만 그런 곳에 근무하며 1류 종업원이 되려면 그걸 다 참아내야 합니다. 그것이 서비스 직종입니다. 칭찬해주는 손님, 맛있다는 손님, 고맙다는 손님, 진상 손님, 혹은 옆 가게 주인이 몰래 보낸 첩자 같은 손님도 있습니다. 그 손님이 나의 감정이라고 생각하십시오. 내 감정을 다 내려놓고 마치 텔런트나 연극배우처럼 능숙하게, 초대받지 않은 손님들을 다룰 줄 알아야 합니다. 그것이 서비스 직종에 근무를 잘하는 비결이며, 그 능숙한 텔런트가 되는 것을 배우는 것이 무심입니다. 그리고 삶의 목적이 분명하고 이루지 못한 꿈이 있는 사람에게는 그 무심의 수행이 오른쪽으로 크게 보낼 흐름을 만들어냅니다. 그래서 욕망을 성취할 수 있는 것입니다. 그래서 무심으로 사는 사람들은 돈이건 출세

건 뜻을 이룰 수 있는 것입니다.

두 번째는 그러니 어떤 일이 일어나건 받아들이는 것입니다. 그것도 웃으면서 말입니다. 국경 지방에 살던 그 노인처럼 다 받아들이면 그것이 무심입니다. '새옹지마(塞翁之馬)'는 '변방에 사는 늙은이의 말'이라는 뜻입니다. 세상일은 변화가 무쌍하여 길흉을 섣불리 단정할 수 없다는 의미입니다. 옛날 중국 북쪽 변방의 요새에 한 노인이 살았습니다. 이 노인에게는 당시로서는 귀한 재산이던 수말 한 마리가 있었습니다. 그런데 어느 날 노인의 말이 국경을 넘어 오랑캐 땅으로 달아났습니다. 이 소식을 들은 이웃들은 노인을 위로했지만 노인은 속상한 기색 없이 오히려 "이 일이 복이 될지 누가 아나요?"라고 말했습니다. 몇 달 뒤 달아났던 말은 암말 한 마리와 여러 마리의 망아지를 데리고 돌아왔습니다. 이에 이웃들은 노인에게 축하의 말을 건넸습니다. 노인은 시큰둥한 어조로 "축하는 무슨, 이 일이 도리어 화가 되지 않는다고 어떻게 보장하겠소?"라고 합니다. 얼마 후 노인의 아들이 암말을 타고 달리다가 말에서 떨어져 다리가 부러졌습니다. 이웃 사람들은 노인의 처지를 안타까워하며 위로했고 노인은 다시 "누가 아오? 이 일이 도리어 복이 될지"라고 태연하게 말했습니다. 다음해 국경 너머 오랑캐들이 쳐들어와 요새의 병사들과 젊은이들을 끌고 갔지만 노인의 아들은 다리를 절기 때문에 소집에서 면제돼 목숨을 구했습니다. 그리고 그 아들의 딸이 우리가 아는 '뮬란'이라는, 확인 안 된 이야기가 전해져옵니다.

세 번째는 《화식열전 3》에서 자세히 설명할 예정인데 잠시 결론만 말씀드리겠습니다. 인간의 의식에는 감정이 작동하는 표면의식, 잠재의식, 무의식이 있습니다. 무의식은 하느님이나 부처님 혹은 깨달음을 얻은 분들이 쓰는 마음입니다. 그것이 무심입니다. 그리고 선몽이건 흉몽이건 개꿈이건 꿈은 모두 잠재의식입니다. 우리가 살면서 억눌러두었던 감정이 그렇게 나타나는 것입니다. 우리가 아는 귀신들, 영혼들은 잠재의식 상태에 있습니다. 그리고 표면의식은 감정과 결합된 보통 우리가 말하는 마음 상태입니다.

무심을 자신의 생활에 적용하는 세 번째 방법은 자신의 몸과 마음과 일어나는 일이 모두 하나의 꿈이라고 확실히 받아들이는 것입니다. 그 꿈은 뇌가 만들어내며, 뇌 속에 하느님과 부처님이 계십니다. 그 뇌는 우주 컴퓨터의 본체와 연결되어 있습니다. 그 무의식으로 자신을 새로이 구성한 후, 의식과 감정 덩어리인 3차원의 자신을 4차원의 신들과 공동투자하여 5차원의 나를 만들고, 7차원의 기운을 받아, 깨달은 1차원의 자신을 만들어갑니다.

어렵지만 쉽습니다. 그리고 그 최종 목적지에서는 소설 같은 인생이 펼쳐지는 것입니다. 심봉사 딸 심청이가 왕비로 다시 태어나 앞 못 보던 아버지를 비롯한 모든 앞 못 보던 분들을 눈뜨게 한다는 이야기처럼 말입니다.

6. 소봉의 길을 따라가며

　2장부터는 본격적으로 소봉(素封)의 예가 되는 사람들이 등장합니다. '소봉'이란 사마천이 창안한 용어로, 관직 없는 봉건영주라는 말입니다. 봉건영주란 세금을 걷을 수 있는 사람입니다. 다시 말해 특허료, 프랜차이즈 수입, 혹은 책이나 노래 등의 인세(印稅) 수입처럼 10층짜리 건물을 갖고 있으면서 건물 임대료로 매달 10억씩 꼬박꼬박 벌어들이는 그런 사람입니다.

　4차원의 세상, 코로나 바이러스가 만들어가는 비대면 4차원의 IT 세상에 그런 사람들이 참 많습니다. '저 집 아빠는 뭐 하는 사람이기에 저집 사람들은 저렇게 돈을 잘 쓰지? 아침에도 놀고, 밤에도 노는 것 같던데……' 그런 분들이 현대판 소봉입니다. 물론 돈을 그렇게 버는 것과 그 돈을 끝까지 지킬 수 있느냐는 전혀 다른 문제이지만, 그 이야기는 뒤에서 하겠습니다.

1) 의돈, 곽종, 오씨라

원 문

猗頓用鹽鹽起(의돈용고염기) : 의돈은 염지의 소금으로 그 몸을 일으
키고

而邯鄲郭縱以鐵冶成業(이감단곽종이철야성업) : 한단의 곽종은 철광
을 개발해서 사업에 성공함으로써

與王者埒富(여왕자랄부) : 다 같이 부유한 점에서는 왕자와 어깨를
겨루었다.

회광반조 중국의 대표적 거시경제 책에《염철론(鹽鐵論)》이라는 것
이 있습니다. 기원전 81년 중국 전한(前漢)시대 조정에서 있었던 국가
경제에 관한 논쟁을 기록한 책인데, 철과 소금을 국가에서 독점하는 한
무제의 염철전매(鹽鐵專賣) 정책을 계속할 것인지가 논쟁의 주제였습
니다. 소금과 철은 국가 경제의 아주 중요한 물자였고, 소금 장사 중에
는 큰 부자가 많았습니다.

당나라가 망할 당시 황소(黃巢)의 난(亂)이라는 것이 있었습니다. 그
황제는 나라를 세워 당나라를 공격했고 우리 조상인 고운 혹은 해운 최
치원 할아버지는 격황소서(檄黃巢書, 일명 토황소격문)를 지어 당나라
조정에 올렸습니다. 그 황소가 소금장사, 소금 재벌이었습니다. 3면이
바다인 한국에서는 소금이 귀하지 않았지만 유라시아, 아프리카 대륙
등에서는 소금이 매우 귀한 식자재였다고 합니다. 지금도 식자재 장사
하시는 분들은 납품할 곳만 있으면 소봉의 터전을 마련할 수 있을 것입

니다. 계속 공부할 것이니 주욱 가보시지요.

烏氏倮畜牧(오씨라축목) : 오씨 성을 가진 '나(倮)'라는 사람은 목축
　을 업으로 했는데

及衆(급중) : 가축의 수가 불어나면

斥賣(척매) : 이를 팔아

求奇繒物(구기증물) : 신기한 비단을 사서

閒獻遺戎王(간헌유융왕) : 간간히 융왕에게 바쳤다.

戎王什倍其償(융왕십배기상) : 융왕은 보상으로

與之畜(여지축) : 그들에게 열 배의 가축을 주었다.

畜至用谷量馬牛(축지용곡량마우) : 이로써 그들의 가축은 골짜기
　마다 가득 차서 골짜기 수로 마소를 셀 정도가 되었다.

秦始皇帝令倮比封君(진시황제령라비봉군) : 진시황제는 '나'를 제후
　와 동격으로 대우하여

以時與列臣朝請(이시여열신조청) : 봄 가을에는 여러 신하들과 함께
　조정에 들게 했다.

2)돈 조루증이 없던 여인 청

而巴蜀寡婦淸(이파촉과부청) : 또 파에 사는 청이라는 과부는

其先得丹穴(기선득단혈) : 조상이 단사를 캐내는 굴을 발견하여

而擅其利數世(이천기리수세) : 여러 대에 걸쳐 그 이익을 독점해왔으므로

家亦不訾(가역불자) : 그 재산이 헤아릴 수 없을 정도로 많았다.

清寡婦也(청과부야) : 청은 과부이기는 했으나

能守其業(능수기업) : 그 가업을 잘 지키고

用財自衛(용재자위) : 재물의 힘으로 스스로를 지키며

不見侵犯(불견침범) : 사람들로부터 침범당하지 않았다.

秦皇帝以爲貞婦而客之(진황제이위정부이객지) : 진시황제는 청을 정숙한 여인으로 인정하여 손님으로 대우하며

爲築女懷清臺(위축녀회청대) : 그녀를 위해 '여회청대'를 지었다.

夫保鄙人牧長(부라비인목장) : 이같이 '나'는 시골뜨기 목장의 주인에 불과하며

清窮鄕寡婦(청궁향과부) : 청은 산골 과부에 지나지 않았는데

禮抗萬乘(례항만승) : 제후와 같은 대우를 받으며

名顯天下(명현천하) : 그 이름을 천하에 드러내는 것은

豈非以富邪(개비이부사) : 어찌 오직 재력 때문이 아니었겠는가!

회광반조 오씨 성을 가진 '오라'라는 사람은 목장 주인으로 국경 지방에서 융족과 국외 무역을 했는데 그리 오래 살지 못하고 죽었나 봅니다. 홀로 남은 그의 부인은 택호가 '청'이라는 사람이었는데 중국 여성 부호 중에 우리나라 제주도 김만덕 할머니처럼 대단한 인기를 끌고 있는 여인입니다.

남편보다 더 돈을 많이 벌어, 홀로 사는 몸이면서도 남에게 함부로

당하지 않고 당당하게 잘 살았나 봅니다. 더더구나 진시황은 그녀에게 99칸 집 따위는 비교도 되시 않는 대(臺)라는 이름이 붙을 정도인 여회청대(女懷淸臺)라는 집을 지어주었다니, 대단한 기업가라고 할 것입니다. 자, 이제 그럼 우리 공부로 들어가볼까요? 남자건 여자건 아무나 부자가 될 수 있을까요? 일단 남편인 '오씨라'와 아내 '청'이 살던 지역을 볼까요? 바로 국경 지역입니다.

오라의 아내 청

융, 파, 촉 지역

신장 위구르 지역과 티베트가 있는 지역이 '융족'의 땅이고 그에 바로 인접한 지역이 한나라의 유방이 유배 가고, 삼국지의 유비가 몸을 숨기며 힘을 길렀던 '파와 촉' 지역입니다. 다시 말해 유목민과 농경민족이 만나는 곳입니다. 원문대로 청궁향과부(淸窮鄕寡婦), 즉 청이라는 여인은 아주 가난한 시골 동네의 홀로 사는 여인이었는데 그렇게 대단한 부자가 되었다는 것입니다.

여러분도 그렇게 될 수 있습니다. 첫째는 알면 되는 것이고 둘째는 스스로에게 질문하고 노력하면 되는 것입니다. 1964년 서울의 조계사 법당에서 당대의 대도인(大道人)이면서 깨달은 분으로 불리던 조계종

종정이자 총무원장 청담(靑潭)스님이《능엄경(楞嚴經)》강의를 하다가 불같이 화를 내며 이런 말씀을 하셨다고 합니다.

"이 불쌍한 할매들아! '인신난득 불법난봉(人身難得 佛法難逢, 사람 몸 받아 태어나기 어렵고, 부처님 법문 만나기가 어렵다)'이라고 내 그리 말했는데, 어째서 자기 것도 아닌 절에 있는 방석을 가지고 내 방석, 니 방석 하면서 싸운다는 말인고? 사람으로 태어나기가 그리 어려운데 부처님이 사람으로 내보낼 때 그냥 내보냈을 것 같은가? 다 한 사람당 1,000만 원씩은 주어서 내보냈는데, 공부해서 그 통장 비밀번호 알아가지고 찾아 쓸 생각은 안 하고 어째 방석 가지고 싸운다는 말인고?"

지금은 돌아가신 1928년생 어른이 1964년에 들은 이 말을 제게 전해주셨습니다. 그분은 그 말씀을 듣고 깜짝 놀랐다고 합니다. "조계사 건너편에 있는 내 집이 당시 27평이었고 집값은 50만 원이었는데, 그런 내 집을 20채나 살 수 있는 돈이 들어 있는 통장을 가지고 태어났다고?"

삼성 이건희 회장님도 1992년 '삼성 신경영' 당시 비슷한 말을 한 적이 있습니다. "사람은 태어날 때 누구나 100억씩은 가질 수 있도록 태어났다. 그런데 그것을 찾을 생각을 안 한다. 내가 가만히 보니 재산이 5억, 10억, 30억, 50억 있는 사람들은 말 몇 마디 안 해봐도, 그냥 보기만 해도 저 사람이 돈 있는 사람이다 없는 사람이다를 알 수 있다. 그러나 100억 이상 있는 사람은 저 사람이 100억이 있는지, 1,000억이 있는지, 수천 억이 있는지 구분이 되지 않는다. 집으로 봐도 차로 봐도 그렇다. 생각해보니 그 이유가 자기 것을 찾은 사람과 자기 것을 못 찾고 헤매는 사람의 차이 같다"라고 했다는 신문기사를 읽은 적이 있습니다.

지금은 100억이 아니라 300억은 되어야 된나고 생각합니다. 그리고 저 '청 여인'처럼 되려면 노력해야 할 것은 이것입니다. 혹시 남성들 고민 중에 '조루증'이라고 아시나요? 남성들의 고민을 비아그라가 많이 해소했다고 하는데, 비아그라는 주로 나이 많은 남성들의 고민을 위한 것이지만 조루증은 20대 청년에게도 신혼부부에게도 찾아드는 가정용 고민입니다.

(출처: Ambit Canadian Pharmacy)

제가 어릴 적에는 나무 전봇대에 '조루증 치료'라는 광고가 상당히 많았습니다. 물론 요즘은 여러 가지 방법들이 개발되어 있지만 아직도 조루증을 큰 고민으로 여기는 남성이 많다고 합니다.

조루증의 근본 원인은 몸 안에 꽉 차서 밖으로 나오는 놈들을 일정 시간 동안 '꼭 잡고 있을 힘'이 단전(丹田)에 없기 때문입니다. 한의학적으로는 단전이 허(虛)해서 그렇다고 합니다. 이 증상은 참선하는 스님들과 오래 앉아 있어야 하는 직업을 가진 남성들에게는 상당히 많이 나타나는 증상입니다.

이 비유를 드는 것은 대부분의 돈 있는 사람들 역시 이런 조루증이 있기 때문입니다. 100억이나 300억은커녕 손에 몇천만 원, 1억, 5억, 10억만 들어오면 안절부절못하다가, 차 사고 집 사고 돈 자랑했다가, 남에게 잘난 척하느라 좀 나누어주고, 착한 일 한다고 기부하고 보시하고, 나간 돈 메꾼다는 말, 또는 고수익 보장이라는 말에 솔깃하여 빌려주고, 예금 잠깐 했다가 귀가 얇아서 어딘가에 투자하고…… 하면서 다 날려버립니다. 조루증 환자처럼 돈을 쥐고 있는 힘이 없습니다. 그 이유는 단전이 허해서가 아닙니다.

다른 예를 들어볼까요? 마찬가지입니다. 특히 '입 조루증'은 만 가지 화(禍)의 근원이며, 10억~300억의 재화를 담을 수 있는가의 여부를 보는 자기 그릇의 근원입니다. 재화의 재(財)는 사람의 재능이 들어간 돈을 말하고, 화(貨)는 하늘에서 내려주는 돈을 말합니다. 한자를 잘 보면 그 의미를 알 수 있습니다. 그런데 재(財)는 들어오기도 어렵고 나가는 데도 시간이 걸리지만 화(貨)는 들어오기도 쉽고 나가기도 쉽습니다. 금융이 바로 화(貨)입니다. 여러분은 지금 화(貨)를 증식하는 화식(貨殖)을 공부하는 중이라는 것을 잊지 마시기 바랍니다.

자, 이제 답을 말씀드립니다. 저 '청 여인'처럼 되거나, 100억~300억의 자산가이면서 일 년에 몇십 억씩 꾸준히 돈이 들어오는 소봉이 되려면 '돈 조루증'과 '입 조루증'부터 고쳐야 합니다. 그리고 그 방법은 '돈으로 하려는 일'이 확고히, 꾸준히, 변함없이 있어야 합니다.

7. 관중과 장안

원 문

漢興(한흥) : 한고조 유방이 한나라를 부흥시키며

海內爲一(해내위일) : 천하를 통일하자

開關梁(개관량) : 관문과 다리의 통행 제한을 폐지하고

弛山澤之禁(이산택지금) : 산림과 소택에서 나무하고 고기를 잡지 못
하게 한 금령을 늦춤에

是以富商大賈周流天下(시이부상대가주류천하) : 이 때문에 부상과
대상들은 천하를 두루 돌았고

交易之物莫不通(교역지물막불통) : 교역하는 물자가 유통되지 않는
것이 없었으므로

得其所欲(득기소욕) : 원하는 물건은 무엇이든지 얻을 수 있었다.

而徙豪傑諸侯彊族於京師(이사호걸제후강족어경사) : 이 무렵 한나라
지방의 호걸들과 제후국의 호족들을 서울로 이주시켰다.

關中自汧雍以東至河華(관중자병옹이동지하화) : 관중은 견수·하
수·화산에 이르기까지

膏壤沃野千里(고양옥야천리) : 천 리에 걸친 땅이 비옥하여

自虞夏之貢以爲上田(자우하지공이위상전) : 우·하 시대의 공부에서
　　도 상등의 전지로 인정받았다.

회광반조 여기서 중요한 역사적 사실과《화식열전 2》를 이해하기
위해서 꼭 필요한 지명이 나옵니다. 바로 관중(關中)이라는 지역입
니다

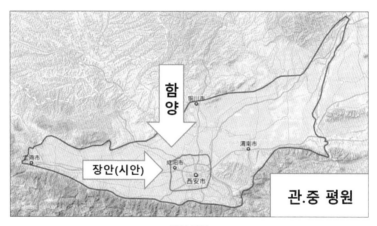

관중 지역

　지금은 중국 민족을 한족이라고 하지만 원중국인의 뿌리는 화족이
라고 했습니다. 지도에 보이는 지역은 그 화족 계열의 역대 왕조들이
왕국을 세운 곳이었습니다. 함양, 서안 등의 지명은 지금도 있습니다.
사실 화족들은 저 산골짜기에서 동서남북의 외적들을 피해 자기들끼
리 호떡집에 불난 왕서방처럼 시끌벅적하게 살고 있었습니다. 지도에
서 보면 2020년 중국의 홍수, 태풍 등으로 무너지네 마네 하던 그 삼협

댐의 발원지 근처입니다.

다음의 지도는 중국 기상청의 2020년 2월 23일 일기예보 자료입니다.

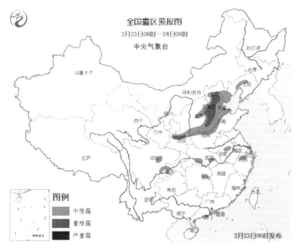

2020년 2월 23일 중국 기상청 일기예보

중국 지도의 한가운데 시발점이 바로 진시황의 무덤이 발견된 '관중 지역'입니다. 중국 역사는 저곳에서 2000년을 두고 왕조가 13번이나 바뀝니다.

원 문

而公劉適邠(이공류적빈) : 또 주나라 공류는 빈으로 갔고

大王王季在岐(대왕왕계재기) : 대왕과 왕계는 기산에서 살고

文王作豐(문왕작풍) : 문왕은 풍을 새로운 도읍지로 하고

武王治鎬(무왕치호) : 무왕은 호를 서울로 삼았다.

故其民猶有先王之遺風(고기민유유선왕지유풍) : 그러므로 이 땅에
　사는 백성들은 아직도 선왕 때의 유풍 때문에

好稼穡(호가색) : 농사를 즐겨

殖五穀(식오곡) : 오곡을 심고

地重(지중) : 고장을 중히 여겨

重爲邪(중위사) : 나쁜 짓 하는 것을 꺼리는 풍습이 있었다.

及秦文孝德繆居雍(급진문효덕무거옹) : 진나라 문공·효공·목공이
　옹에 도읍했을 무렵

隙隴蜀之貨物而多賈(극농촉지화물이다가) : 그곳에는 농·촉의 화물
　이 모이고 장사꾼도 많았다.

獻孝公徙櫟邑(헌효공사역읍) : 헌공·효공은 역읍에 도읍하였다

櫟邑北卻戎翟(역읍북각융적) : 역읍은 북쪽에 있어서 융적을 격퇴하
　는 데 편리한 곳이었고

東通三晉(동통삼진) : 동쪽은 삼진과 통해서 또한

亦多大賈(역다대가) : 큰 장사꾼이 많았다.

武孝昭治咸陽(무효소치함양) : 무왕·소왕은 함양에 도읍을 정했고

因以漢都(인이한도) : 한나라는 그곳에 가까운 장안에 도읍을 정했
　으므로

長安諸陵(장안제릉) : 장안 주변의 여러 능이 있는 곳에는

四方輻湊並至而會(사방폭주병지이회) : 사방에서 사람들이 바퀴살
　이 중심으로 모이듯 모여들었다.

地小人衆(지소인중) : 그로써 좁은 땅에 인구가 많아지자

故其民益玩巧而事末也 (고기민익완교이사말야) : 그래서 주민들은

점점 완악해져서 상업에 종사하였다.

여기서 말하는 장안(長安)은 지금 중국의 '시안'입니다. 송나라가 세워질 때까지 중국의 13개 왕조가 도읍으로 정하고 살아왔던 곳입니다. 위치는 역시 '관중 지역'이며 함양(咸陽)도 그렇습니다. 우리가 공부하고자 하는 문맥상 중요한 것은 아니지만 〈화식열전〉 전반에 걸친 흐름을 놓치면 안 되니 지도를 잘 보시기 바랍니다. 저 산골짜기에 살던 한족들이 어떻게 지금의 중국 대륙 전체를 놓고 돈을 벌었는지를 공부할 수 있기 때문입니다.

원문

南則巴蜀(남즉파촉) : 관중 남쪽은 파·촉이다.

巴蜀亦沃野(파촉역옥야) : 파·촉 또한 들이 비옥하여

地饒巵薑丹沙石銅鐵竹木之器(지요치강단사석동철죽목지기) : 연지·
　　생강·단사·구리·쇠와 대나무 그릇, 나무 그릇이 많이 나므로

南御滇僰(남어전북) : 그 남쪽에 있는 전·북을 능가한다.

僰僮(북동) : 북으로부터는 노비를 많이 보내오며

西近邛笮(서근공책) : 서쪽은 공·책에 가깝다.

笮馬旄牛(책마모우) : 책에서는 말과 모우를 생산한다.

然四塞(연사새) : 파·촉 땅은 사방이 산으로 둘러싸였으나

棧道千里(잔도천리) : 그 산에는 천 리에 걸친 잔도가 부설되어

無所不通(무소불통) : 통하지 않는 곳이 없다.

唯襃斜綰轂其口(유포사관곡기구) : 오직 포·사·관·곡의 각지에서

관구로 통하는 도로를 수레의 바퀴처럼 막아서

以所多易所鮮(이소다역소선) : 여기서 파·촉의 풍부한 물자는 부족
한 물자와 교환되기도 한다.

天水隴西北地上郡與關中同俗(천수농서북지상군여관중동속) : 천수·
농서·북지·상군은 관중과 같은 풍속을 가졌으나

然西有羌中之利(연서유강중지리) : 서쪽에는 강중과의 교역에 이득
이 있고

北有戎翟之畜(북유융적지축) : 북쪽에는 융적의 풍부한 가축이 있다.

畜牧爲天下饒(축목위천하요) : 목축이 성하기로는 천하에서 풍부
하다.

然地亦窮險(연지역궁험) : 그러나 이곳 땅은 구석진 데다 험난한 곳
이라

唯京師要其道(유경사요기도) : 겨우 장안에만 길이 통했다.

회광반조 지도에서 파와 촉 그리고 함양은(지도에는 '장안'이 없지
만, 함양과 장안은 서울과 인천, 대구와 부산, 청주와 충주, 광주와 전주처럼 가
까운 거리입니다) 가까운 거리같이 보이나요? 그런데 모조리 산골이고,
길은 오직 '장안'으로만 통했다고 합니다. 우리나라도 지금의 서울을
조선시대에는 한양, 일제 강점기에는 경성이라고 불렀고, 서울에서도
4대문 안은 '장안'이라고도 했습니다.

원문

故關中之地(고관중지지) : 그러므로 관중의 땅이

於天下三分之一(어천하삼분지일) : 천하의 3분의 1을 차지하고

而人衆不過什三(이인중불과십삼) : 인구는 10분의 3에 불과하지만

然量其富(연량기부) : 그 부를 계산해보면

什居其六(십거기육) : 10분의 6에 이른다.

昔唐人都河東(석당인도하동) : 옛날 제요는 하동에 도읍하였고

殷人都河內(은인도하내) : 은나라는 하내에 도읍하였고

周人都河南(주인도하남) : 주나라는 하남에 도읍하였다.

夫三河在天下之中(부삼하재천하지중) : 무릇 삼하는 천하의 중앙에 위치하여

若鼎足(약정족) : 솥발처럼 셋으로 살라져

王者所更居也(왕자소갱거야) : 왕자가 번갈아 도읍한 곳이다.

회광반조 여기서도 아주 중요한 지명이 나옵니다. 바로 삼하(三河)라는 곳인데, 천하의 중앙에 위치하여 발이 3개 달린 솥발처럼 중요한 곳이라 하였군요.

〈화식열전〉의 3하(河)란 위수(渭水), 한수(漢水), 회수(淮水)를 말합니다. 예전에 위수는 중국 황하강의 지류로 위하(渭河)라고 불렸고, 한수는 양쯔강의 지류로 중국 발음으로는 한

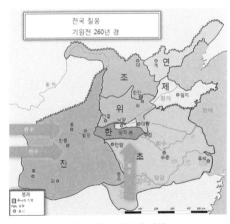

위수, 한수, 회수의 삼하

수이, 산시성에서 발원하여 샹양(양양성)을 거쳐 후베이성을 관통, 이번에 코로나 바이러스로 더욱 유명해진 우한에서 양쯔강과 합류하는 강입니다.

회수는 회하(淮河)로 중국의 북과 남을 나누는 기준이 됩니다. 저 3강이 만나는 시작점이 관중 지역이고 그 관중 지역에 대해 모든 한국 역사 왜곡의 주범인 사마천이 자신도 모르게 이렇게 고백했습니다.

고관중지지(故關中之地) : 그러므로 관중의 땅이

어천하삼분지일(於天下三分之一) : 천하의 3분의 1을 차지하고

이인중불과십삼(而人衆不過什三) : 인구 10분의 3에 불과하지만

관중 지역의 땅이 천하의 3분의 1이라고 고백한 것입니다. 그런데 세뇌라는 것이 얼마나 무서운지, 중국은 옛날부터 컸고 한국은 예전부터 작았다고 생각하는 분들이 계시니, 참으로 슬프기만 합니다.

원문

建國各數百千歲(건국각수백천세) : 그 왕조는 제각기 몇백 년에서 천 년에 걸쳐 내려왔고

土地小狹(토지소협) : 땅은 좁고

民人衆(민인중) : 사람은 많았다.

都國諸侯所聚會(도국제후소취회) : 게다가 그 도읍지는 제후들이 모인 곳이었으므로

故其俗纖儉習事(고기속섬검습사) : 자연 영리에 밝고 인색하고 요령

이 좋아졌다.

楊平陽陳西賈秦翟(양평양진서가진적) : 양·평양으로는 서쪽은 진과 적의 거주지와 거래하고

北賈種代(북가종대) : 북쪽으로는 종·대와 거래한다.

種代(종대) : 종대는

石北也(석북야) : 석의 북쪽에 있어

地邊胡(지변호) : 흉노와 경계를 맞대었기 때문에

數被寇(삭피구) : 자주 침범당한다.

人民矜懻忮(인민긍기기) : 그 주민들은 자존심이 강하여 지기 싫어하며

好氣(호기) : 용맹을 좋아하고

任俠爲姦(임협위간) : 의협풍이 있어 간악한 일을 행하면서

不事農商(불사농상) : 농사나 장사에 힘쓰지 않는다.

然迫近北夷(연박근북이) : 그러나 북쪽 만이와 인접하여

師旅亟往(사려극왕) : 토벌군이 자주 출동하기 때문에

中國委輸時有奇羨(중국위수시유기선) : 중국에서 자주 기이하고 부러운 물자가 보내지기도 한다.

其民羯羠不均(기민갈이불균) : 그 주민은 대개 흉노의 무리와 섞여 사는데

自全晉之時固已患其僄悍(자전진지시고이환기표한) : 산양처럼 성격이 강포해서 진이 아직 한·위·조로 갈라지기 전부터 진나라의 골칫거리이기도 했다.

而武靈王益厲之(이무령왕익려지) : 게다가 조나라 무령왕이 더욱 그

들을 정려하였으므로

其謠俗猶有趙之風也(기요속유유조지풍야) : 이곳 풍속에는 조의 유
풍이 있다.

故楊平陽陳掾其閒(고양평양진연기한) : 그래서 양·평양의 백성들은
이러한 조건을 잘 이용하여

得所欲(득소욕) : 얻고 싶은 물자를 손에 넣는다.

희광반조 소위 중국에서 말하는 5호(胡)들이 등장하는 대목입
니다. 유목민인 5호들과 중국 인민들은 사마천이 말한 대로 서로 싸우
기도 하고, 무역을 하면서 그런대로 지냅니다. 그러나 서기 300년경부
터, 다시 말해서 우리가 알고 있는 삼국지의 유비와 손권 그리고 조조
가 죽고, 제갈공명을 거꾸러트렸던 사마의의 자손들로부터 중국은 4분
5열됩니다.

그리고 이때 중국 동해안은 거의 고구려, 백제가 장악하여 150여 년

5호

간을 지배해왔다는 기록이 중국 측 기록에 남아 있습니다. 우리가 알고 있는 삼국지는 명나라 때 저술된 소설입니다. 그래서 적벽대전을 앞두고 오나라가 백제와 동맹을 맺고, 고구려가 위나라의 후방을 공격하여 조조가 철군한다는 이야기는 빠져 있습니다. 그 삼국의 전쟁을 종결짓는 사마의는 갈족 출신입니다.

원문

溫軹西賈上黨(온지서가상당) : 온·지는 서쪽으로는 상당과 거래하고

北賈趙中山(북가조중산) : 북쪽으로는 조·중산과 거래한다.

中山地薄人衆(중산지박인중) : 중산은 땅이 메마르고 인구가 많은 데다

猶有沙丘紂淫地餘民(유유사구주음지여민) : 여전히 사구에는 은나라 주왕이 멋대로 음란한 짓을 하던 자손들이 산다.

民俗懁急(민속환급) : 그들의 민속은 경박하고 잔인할 뿐 아니라

仰機利而食(앙기리이식) : 생활조차도 교활한 수단에 의지하여 먹고 산다.

丈夫相聚游戲(장부상취유희) : 남자들은 서로 어울려 놀고 희롱하며

悲歌忼慨(비가강개) : 슬픈 노래를 불러 울분을 터뜨리며

起則相隨椎剽(기칙상수추표) : 활동을 할 때는 패를 지어 강도 짓을 하고

休則掘冢作巧姦冶(휴즉굴총작교간야) : 쉴 때는 무덤을 파헤쳐 물건을 훔쳐내고 교묘한 방법으로 사람들에게 아부를 잘한다.

多美物(다미물) : 미인들이 많아

爲倡優(위창우) : 악기를 다루며 배우 노릇을 하기도 한다.

女子則鼓鳴瑟(여자즉고명슬) : 여자들은 소리 좋은 큰 비파를 타고

跕屣(접사) : 작은 신을 신으며

游媚貴富(유미귀부) : 귀인과 부호에게 꼬리쳐

入後宮(입후궁) : 후궁으로 들어가고

徧諸侯(편제후) : 어떤 제후국에든 두루 나가 산다.

然邯鄲亦漳河之間一都會也(연감단역장하지한일도회야) : 한단 또한
　　장수와 하수 사이에 있는 큰 고을로서

北通燕涿(북통연탁) : 북쪽으로는 연·탁에 통하고

南有鄭衛(남유정위) : 남쪽에는 정·위가 있다.

鄭衛俗與趙相類(정위속여조상류) : 정·위의 풍습은 조와 비슷하나

然近梁魯(연근량노) : 양·노에 가까우므로

微重而矜節(미중이긍절) : 다소 중후하고 절조를 숭상하는 면이
　　있다.

濮上之邑徙野王(복상지읍사야왕) : 복상 사람들은 진왕 정 때문에 임
　　금과 함께 야왕으로 옮겨 갔다.

野王好氣任俠(야왕호기임협) : 야왕 사람늘은 기개를 소중히 알고 임
　　협의 풍이 있는데

衛之風也(위지풍야) : 그것은 위의 유풍이다.

회광반조 사마천은 남자의 상징을 바치고 역사 조작을 해가며,
한무제에게 바칠 기전체 역사책에 한나라에게 정복당한 피정복지의

상황을 기록합니다. 그곳은 모두 단군조선의 후예들이 살던 곳이며 지금 베이징과 상하이 사이 중국 인텔리들이 사는 곳입니다. 현대 중국 공산당에는 태자당파, 상하이파, 공청당파의 3개 계파가 있는데, 현 주석 시진핑은 관중, 장안, 낙양 등 중국 화족 지역 출신이고 전 주석 장쩌민은 상하이 출신이고, 최근의 중국 실권자들은 거의 지금 사마천이 말하고 있는 지역 출신들입니다.

역사는 항상 승자의 기록일 뿐입니다. 그래서 역사 공부가 위험하기도 합니다. 제가《화식열전 2》를 몇 번을 써놓고도 세상에 내놓지 못한 이유 중 하나는 이러한 지역 감정을 설명할 자신이 없었기 때문이기도 합니다. 사기는 한나라 무제에 의해 궁형을 당한 태사공 사마천이 한무제에게 올린 글입니다. 그래서 사기열전의 제일 마지막에는 저자인 사마천의 글이 있습니다. '왜 남자로서 치욕스런 궁형을 당하면서도 이 글을 남겼는가?'에 대한 자기 변명입니다.《환단고기》처럼 자기 자손이나 제자에게 은밀히 남겨 후세에 전할 목적이 아니라 왕에게 올릴 목적이었기에 당연히 한나라 한족 중심으로《사기》를 편찬하는 은밀한 사기(詐欺)를 친 것입니다.

사마천의《사기》에는 〈조선열전〉이 따로 있지만 그것은 한사군에 관한 이야기일 뿐 가치가 없습니다. 사마천은 자신의 조상을 주나라로 생각하고 있으며, 주나라가 멸망시킨 은나라는 우리 한국인과 같은 동이족입니다. 은나라는 나라 이름이 상이었고, 중국 하남성 안양현 일대에서 1899년부터 1937년까지 대량의 유물이 출토되어 그곳이 은나라 수도였음이 밝혀졌습니다.

그러나 중국 측은 유물을 발굴하다 말았고, 발굴된 유물도 공개하지 않고 있습니다. 은나라가 동이족이 세웠던 나라임이 밝혀졌기 때문입니다. "백제의 의자왕이 궁녀를 3,000명이나 데리고 있다가 망했다"라는 승자의 거짓 기록처럼, 은나라도 주나라에 의해 망하면서 악의적으로 기록되었습니다. 예를 들면 은나라 주왕이 달기라는 여인에게 빠져 나쁜 짓을 해서 하늘의 명을 받아 주나라에게 멸망당했다는 것입니다. 자 이제 조선, 부여, 환국, 예맥, 진번 등 우리와 관련된 무역 기록이 나옵니다.

고조선과 상나라 (출처: 중앙일보)

8. 사마천의 은밀한 고백

夫燕亦勃碣之間一都會也(부연역발갈지한일도회야) : 연나라는 발해
　와 갈석산 사이에 있는 큰 고을이다.

南通齊趙(남통제조) : 연나라의 남쪽은 제 · 조에 통하고

東北邊胡(동북변호) : 동북쪽은 흉노와 경계를 접하여

上谷至遼東(상곡지료동) : 상곡으로부터 요동에 이른다.

地踔遠(지탁원) : 변두리 땅은 아주 먼 곳에 있어서

人民希(인민희) : 주민이 적고

數被寇(수피구) : 자주 침범을 당했다.

大與趙代俗相類(대여조대속상류) : 민속은 조 · 대와 대단히 닮았으나

而民雕捍少慮(이민조한소려) : 이곳 백성은 아직도 독수리처럼 정한
　하고 사려가 얕다.

有魚鹽棗栗之饒(유어염조율지요) : 물고기 · 소금 · 대추 · 밤이 많이
　난다.

北鄰烏桓夫餘(북린오환 부여) : 북족은 오 · 환 · 부여와 이웃하고

東縮穢貉(동관예맥) : 동쪽은 예맥

朝鮮眞番之利(조선진번지리) : 조선·진번과의 교역에서 이득을 독
    점한다.

회광반조 여기서부터는 연나라에 대한 설명입니다.

사마천은 '연나라'의 위치를 설명하며 발갈지한(勃碣之間), 즉 '발해'
와 '갈' 사이에 있다고 했습니다. 그리고 요하의 동쪽이라고 했습니다.

연나라

그리고 북쪽에는 오, 환, 부여 등의 나라가 있다고 했습니다. 그렇다
면 지금 중국인들이 주장하는 연나라 지도는 과장입니다. 고구려가 제
일 광활한 지역을 통치할 때의 지도 기준으로 고구려 지도를 그리면 과
장이듯이 말입니다.

그래서 중국 사학자들은 갈석산의 위치를 조작했습니다. 남산이 서
울에도 경주에도 또 강원도에도 있듯이, 그렇게 산의 이름을 바꾸어 한

갈석산 위치 조작

나라 식민지 한사군 영역을 조작했습니다.

제일 먼저 등장하는 '오'는 고구려 벽화에 자주 등장하는 삼족오(三足烏)를 쓰던 나라인 듯하니 고구려가 역사상 크게 태동하기 이전의 국가인 것 같고, '환(桓)'은 환인, 환웅 같은 배달국의 후손들이 살고 있던 나라이고, '부여'는 고조선이 멸망한 다음 고구려, 백제 초기까지 존재하던 강력한 나라였습니다. 또 동쪽에는 조선의 진번과 경계를 맞대고 있다고 했는데, 배달국 시절의 삼한(마한/진한/변한) 제도처럼 단군조선 시대의 진조선, 번조선, 막조선의 삼조선(三朝鮮)을 표시한 것처럼 보입니다. 태사공 사마천은 한나라 무제에게 《사기》를 써서 바치는 입장이었기에 조선을 완전히 무시하는 글로 〈조선열전〉을 지었습니다. 끝까지 한무제가 잡아먹지 못한 땅이었으니까요.

사마천이 저술한 《사기》는 기전체라는 서술방식을 최초로 정립한 역사서라는 평을 받고 있습니다. 역사서의 서술 방식에는 크게 '기전체'와 '편년체'가 있는데, 기전체는 왕을 중심으로 역사를 서술한 것이고, 편년체는 연도별로 역사를 기록한 것입니다. 사마천의 《사기》는 역사를 사람 중심으로 기술했기 때문에 그 가치가 높다고 할 것입니다. 그래서 사기열전이 있는 것이고 그 중에 돈을 많이 번 사람을 중심으로 서술한 것이 〈화식열전〉입니다. 그리고 '그 지역'과 '그곳에 사는 사람들'로 역사를 기술한 것은 참으로 멋진 기획이었습니다.

그러나 저는 사마천이 《사기》 특히 이 〈화식열전〉에 기록한 모든 지역을 본인이 다 돌아다녔으리라고는 생각하지 않습니다. '지리서' 중에 중국에서는 동양의 신화를 기록한 책이라고 알려져 있는 《산해경》이 있는데, 사실은 동이족의 역사, 지리, 물산에 관한 책입니다. 《산해경》에서 해는 바다가 아니라 들판이나 평야를 이야기합니다. 《산해경》을 보아야 우리나라 고조선의 풍습과 강역 등을 정확히 알 수 있는데, 특히 오, 환, 부여, 예, 맥, 숙신 등의 지명이 자주 나옵니다. 사마천은 《산해경》과 《춘추좌전》 같은 우리 고조선 강역의 사관들이 기록한 것을 바탕으로 〈화식열전〉을 썼을 것입니다. 수많은 나라들의 역사서인 각 나라의 《춘추》가 거의 사라져버리고, 공자님이 계시던 노나라의 역사서, 동이의 문화를 너무나 존경했던 《노춘추》만 온전히 보전됐는데 그것은 공자님의 '네임밸류' 덕이라고 생각합니다. 그리고 사마천이 얘기한 "연춘추, 제춘추, 송춘추, 조춘추 등 삼황오제 이전은 나는 모른다!"라는 부분에는 우리 조선의 역사가 너무나 많이 담겨 있었을 것입니다. 춘추(春秋)란, 어른들에게 연세를 여쭐 때 "춘추가 어떻게 되시나요?(몇 년의 봄 가을을 맞이하셨어요?)"라고 묻듯이 세월의 흐름을 기록한 책이라고 보면 됩니다.

洛陽東賈齊魯(낙양동가제노) : 낙양은 동쪽으로 제·노와 거래하고

南賈梁楚(남가량초) : 남쪽으로 양·초와 거래한다.

故泰山之陽則魯(고태산지양칙노) : 그러므로 태산 남쪽은 노이며

其陰則齊(기음칙제) : 북쪽은 제이다.

齊帶山海(제대산해) : 제는 산과 바다로 둘러싸였는데

膏壤千里(고양천리) : 기름진 들이 천 리에 걸쳤으므로

宜桑麻(의상마) : 뽕과 삼이 잘되고

人民多文綵布帛魚鹽(인민다문채포백어염) : 사람은 많으며 아름다운 무늬의 옷감이며 베·비단·생선·소금 등을 생산한다.

태산이 높다 하되 하늘 아래 뫼이로다
오르고 또 오르면 못 오를 리 없건마는
사람이 제 아니 오르고 뫼만 높다 하더라

정말 태산이 엄청나게 높은 산인 줄 알았고, 태산이 우리나라 산인 줄 알았습니다. '갈수록 태산이네,' '할 일이 태산 같아' 등 일상의 비유에도 많이 등장하기 때문입니다. 그런데 알고 보니 태산은 지리산보다 낮아도 한참 낮고, 우리의 영산인 태백산보다도 낮습니다. 그런데 우리 조상들은 왜 그렇게 태산 타령을 했을까? 하는 의문이 듭니다.

그러나 나이가 들어 역사의 진실을 하나둘 알고 나니, 우리나라 사람들 족보를 보면 거의 중국에서 왕조가 망할 때, 보복이 두려워 이주

해온 가문이 많고, 그러다 보니 원 시조 묘는 대부분 중국 땅에 있는 집안들이 많습니다. 그리고 또 우리 민족 자체가 원래 하늘의 별의 자손이라는 천손사상이 있어서 북극성의 이동에 따라 동으로 동으로 왕세자를 보내고 동생을 보내고 하다가, 나중에 왕실도 옮기게 되니 지금의 땅으로 자리 잡은 것이라 여겨집니다. 그래서 《삼국사기》나 《삼국유사》에 나오는 고구려, 백제, 신라의 일식, 월식 기록이나 목성-화성-토성-금성-수성의 위치를 기록해둔 것을 보면 원래 중국 대륙에 있다가, 되놈들 시끄럽고, 오랑캐도 많고, 하늘의 별들도 지구의 세차운동으로 동으로 동으로 이동함에 따라 한반도에 살게 된 것이라 여겨집니다. 그래서 각종 전쟁과 약탈로 얼마 남아 있지도 않은 우리 고서에 태산, 북망산, 낙양, 장안 등이 나오는 것입니다. 그것은 사대주의 사상이라기보다는 족보상 우리 뿌리가 대륙이었던 것 아닌가 싶습니다. 그리고 지금 원문에 나오는 태산 일대는 우리 선조들이 아주 오랫동안 거주했던 지역입니다. 일본이 조선을 침략하며 조상들의 고토회복전쟁이라고 했듯이 말입니다. 일본에는 원주민이 있었지만 한반도의 가야, 백제, 고구려, 신라, 고려, 조선을 거치면서 정치적 이유로 도망간 사람들이 많이 살던 곳이니까 그 후손들은 한국이 고토이며 조상들의 땅이라는 것입니다.

9. 세상은 변해도 사람은 변하지 않는다

臨菑亦海岱之間一都會也(임치역해대지간일도회야) : 임치도 동해와 태산 사이에 있는 큰 고을이다.

其俗寬緩闊達(기속관완활달) : 이곳 풍속은 너그럽고 활달하며

而足智(이족지) : 지혜가 있고

好議論(호의논) : 의논하길 좋아하고

地重(지중) : 성격이 진중해서

難動搖(난동요) : 남에게 휩쓸려 따라가는 일이 없다.

怯於衆鬪(겁어중투) : 단체로 싸우는 데는 겁이 많지만

勇於持刺(용어지자) : 개인끼리의 싸움에는 용감하다.

故多劫人者(고다겁인자) : 따라서 남을 협박하는 사람이 많다.

大國之風也(대국지풍야) : 대체로 대국풍의 기질이 있고

其中具五民(기중구오민) : 그 속에서 다섯 민족이 두루 모여 산다.

而鄒魯濱洙泗(이추노빈수사) : 추·노는 수·사의 강물을 끼어

猶有周公遺風(유유주공유풍) : 지금까지도 주공의 유풍이 있다.

俗好儒(속호유) : 풍속은 유학을 좋아하고

備於禮(비어례) : 예를 잘 갖추기 때문에

故其民齪齪(고기민착착) : 사람들은 행동이 까다롭다.

頗有桑麻之業(파유상마지업) : 뽕과 삼의 산업이 성하나

無林澤之饒(무림택지요) : 숲이나 못에서 나는 산물은 적다.

地小人衆(지소인중) : 땅은 좁고 사람은 많기 때문에

儉嗇(검색) : 사람들은 검소하게 생활하며

畏罪遠邪(외죄원사) : 죄를 두려워하여 사악하지 않다.

及其衰(급기쇠) : 그러나 노나라가 쇠한 뒤로는

好賈趨利(호가추리) : 그곳 주민들이 장사를 좋아하게 되었는데

甚於周人(심어주인) : 이익을 찾는 점은 주나라 사람들보다 심하다.

회광반조 이건희 회장이 아들 이재용과 조카 정용진이 고등학교를 졸업하고 원하는 대학교의 원하는 학과에 지원서를 낼 때 "세상은 변해도 사람은 변하지 않는다"라는 말을 해주었다고 합니다. 지금 삼성그룹의 부회장과 신세계 그룹의 부회장으로 있는 두 사람은 고등학교 동기 동창이며 서로 전교 1, 2등을 다툰 것이 아니라 정용진이 주로 1등, 이재용은 가끔 1등이었다고 합니다.

두 사람은 법대나 상대를 생각하고 아버지, 외삼촌과 상의를 했는데, 이건희 회장이, "야, 이 녀석들 너희 둘 다 공부 잘했구나. 그래 잘했다. 그러면 용진이는 서양사학과를 가고, 재용이는 동양사학과를 가라!" 라고 했답니다. 사실 서울대 국사학과, 동양사학과, 서양사학과는 수십 년간 학생 데모를 해오던 전통이 있었는데 그곳에 가라고 하니 두 사람

은 다 어안이 벙벙했다고 합니다.

그러자 이건희 회장이 "세상은 바뀌어도 사람은 안 바뀌는 법이다. 역사를 공부해야 사람을 알 수 있게 되는 법이디"라고 했다는 것입니다. 그래서 두 사람은 나란히 동양사학과, 서양사학과로 진학을 했는데, 정용진은 2년을 버틴 후 미국으로 다른 공부하러 떠났지만, 이재용 부회장은 끝까지 학업을 마치고 다른 공부를 위해 유학을 떠났다고 들었습니다.

본디 역사는 제왕들이 공부하는 제왕학입니다. 만백성을 통치해야 하는데, 각 지역마다 사람들의 습성이 다르고 사는 방법이 다르고 기질이 달랐기에 지역적 특성과 지역적 감성이 많이 들어가 있습니다. 한국도 예외가 아니고, 미국, 프랑스, 영국뿐 아니라 아주 작은 나라에서도 지역 감정이 심합니다. 그래서 〈화식열전〉에도 그러한 내용이 많이 나옵니다.

그러나 그것이 거짓이라고 말하려는 것이 아니라 사람들 마음에 그렇게 인식되어 있다면 어떻게 그것에 대처할 것인가를 이야기하려고 합니다. 사마천은 한나라 무제에게 지역적 특성과 지역의 물자와 그곳에 사는 사람들의 기질에 대해 아주 중요한 보고를 하고 있는 것입니다. 지도에서 보면 맨 왼쪽이 장안, 가운데가 낙양, 그리고 제일 오른쪽 도시가 개봉입니다.

중국인들은 강을 끼고 비옥한 평야가 있는 관중 분지에서 살다가 낙양으로 간혹 나오기도 했습니다. 《삼국지》에 보면 동탁이 낙양성을 불지르고, 다시 장안으로 천도하는 이야기가 나오는데, 낙양성은 우리나라 조상들도 참 좋아했던 도시인 듯합니다.

이미 얘기했듯 우리 조상 중에는 중국 낙양에 살다가 온 사람들이 많은 것 같습니다. 중국의 낙양을 그리는 글이 고서에는 많이 나옵니다. 지금의 중국 낙양의 북쪽에 있는 공동묘지가 '북망산'입니다.

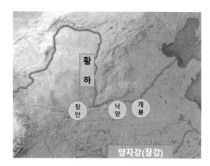

장안, 낙양, 개봉

저마다 벼슬하면 농부할 이 뉘 이시며
의원이 병 고치면 '북망산'이 저러하랴?
아해야 잔 가득 부어라 내 뜻대로 하리라.

기억하시죠? 아마도 "과거 시험 공부는 왜 안 하냐? 아프면 약이라도 먹어야지, 의원도 안 만나고, 술도 안 끊고……"라는 아내의 등쌀에 한소리 뱉어놓은 듯한 저 시조에도 북망산이 자기 집 앞산처럼 쓰여 있습니다. 참으로 알다가도 모를 일입니다.

원문

夫自鴻溝以東芒碭(부자홍구이동망탕) : 홍구에서 동쪽, 망과 탕에서

以北屬巨野(이북속거야) : 북쪽은 거야로서

此梁宋也(차량송야) : 이곳들은 양과 송의 땅이다.

陶睢陽亦一都會也(도휴양역일도회야) : 도와 수양도 역시 이곳의 도

시다.

昔堯作游於成陽(석요작유어성양) : 옛날 요는 이궁을 성양에 만들고

舜漁於雷澤(순어어뢰택) : 순은 뇌택에서 고기를 잡고

湯止于亳(탕지우박) : 은나라 탕왕은 박에 도읍을 정했다.

회광반조 우리나라 상고 역사서인《환단고기》에는 중국 역사에는 보이지 않는 요, 순, 우 탕에 대한 기록이 많이 등장합니다. 임술 36년 BC 1799년 하나라에서 단군 임금님께 입조한 사신이 나라가 곧 멸망할 것 같다고 보고하는 기록이 나옵니다. 박에 도읍을 정했다는 탕왕은 본명이 성탕이었는데 〈화식열전〉 첫머리의 노자, 즉 유위자의 제자인 '이윤'을 삼고초려하여 신하로 맞이하여 하나라 마지막 왕인 걸왕을 물리치고 상나라(후에 은나라로 국명 바꿈)를 건국합니다. 이 당시 이야기는 우리의《규원사화》와 중국의《후한서》에 상세히 기록되어 있습니다.

원 문

其俗猶有先王遺風(기속유유선왕유풍) : 그러므로 그들 땅의 풍속에는 아직 선왕의 유풍이 남아

重厚多君子(중후다군자) : 사람들은 일반적으로 중후해서 군자가 많고

好稼穡(호가색) : 밭갈이를 좋아한다.

雖無山川之饒(수무산천지요) : 산과 들에서 나오는 산물은 풍부하지 않으나

能惡衣食(능악의식) : 험한 옷과 소박한 음식을 달게 여기며

致其蓄藏(치기축장) : 재물을 모아 간직한다.

회광반조 위에 등장하는 홍구(鴻溝)라는 지명은 윤봉길 의사가 큰 거사를 한 상해의 홍구 공원이 아닙니다. 위 지도에서 송나라 밑에 망군과 탕군이 있는데 이 지역은 중국 한족들이 그다지도 그리워하는 요-순-우-탕 시절의 수도이며 요충지입니다. 이 말은 이 지역은 한족이 아닌 동이족의 땅이었다는 뜻입니다.

한족은 낙양, 장안 등 골짜기에서 나오지 않고 2,000년을 살았습니다. 본격적으로 나오기 시작한 것이 《초한지》의 한우와 유방이 격전을 벌인 시기였습니다. 유방은 한족의 땅 장안에서, 항우는 동이족의 땅에서 궐기한 것입니다. 이 지역은 항우의 근거지였습니다. 사마천은 한나라 신하이기에 항우가 있던 초나라 지역 그리고 우리 선조들이 살던 지역은 좋게 묘사하지 않았지만 그들이 성왕으로 모시던 이곳 요-순-우-탕의 시절마저 왜곡할 생각은 못 했나 봅니다.

원문

越楚則有三俗(월초칙유삼속) : 월과 초의 땅에는 세 가지 풍습이 있다.

夫自淮北沛陳汝南南郡(부자회북패진여남남군) : 무릇 회수 북쪽에서 패·진·여남·남군까지의 땅

此西楚也(차서초야) : 이곳들이 바로 '서초'다.

其俗剽輕(기속표경) : 그 풍습은 표한하고 경솔하여

易發怒(이발노) : 성을 잘 내고

地薄(지박) : 땅은 척박해서

寡於積聚(과어적취) : 물자를 축적하기 어렵다.

江陵故郢都(강릉고영도) : 강릉은 원래 초나라 도읍지인 영으로

西通巫巴(서통무파) : 서쪽으로는 무와 파로 통하고

東有雲夢之饒(동유운몽지요) : 동쪽에는 운몽의 풍요한 산물이 있다.

陳在楚夏之交(진재초하지교) : 진은 초와 하의 중간에 있어

通魚鹽之貨(통어염지화) : 생선과 소금 등의 물자를 교역하고

其民多賈(기민다가) : 그곳 주민들은 장사꾼이 많다.

徐僮取慮(서동취려) : 서·나·취로의 주민은

則淸刻(즉청각) : 청렴하기는 하나 각박하고

矜己諾(긍기락) : 약속을 중하게 아는 것을 자랑으로 한다.

彭城以東(팽성이동) : 팽성에서 동쪽으로

東海吳廣陵(동해오광릉) : 동해와 오 그리고 광릉까지의 땅

此東楚也(차동초야) : 이곳들은 바로 '동초'이다.

其俗類徐僮(기속류서동) : 이곳의 풍습은 '서'와 '나'와 비슷하다.

胸繒以北(구증이북) : 또 구와 이로부터 그 북쪽의

俗則齊(속즉제) : 풍속은 제와 비슷하고

浙江南則越(절강남칙월) : 절강 남쪽은 월과 비슷하다.

夫吳自闔廬春申王濞三人(부오자합려춘신왕비삼인) : 오는 오왕 합려·춘신군·오왕 비 세 사람이

招致天下之喜游子弟(초치천하지희유자제) : 이곳을 근거지로 하여 각각 천하를 돌아다니는 젊은 사람들을 불러 모았다.

東有海鹽之饒(동유해염지요) : 동쪽으로는 풍요한 바다의 소금

章山之銅(장산지동) : 장산의 구리

三江五湖之利(삼강오호지리) : 삼강·오호에서 나는 산물의 이득이 있다.

亦江東一都會也(역강동일도회야) : 또한 강동의 대도시의 하나이다.

衡山九江江南豫章長沙(형산구강강남예장장사) : 형산과 구강과 강수 남쪽의 예장과 장사의 땅은

是南楚也(시남초야) : 이곳이 바로 남초이다.

其俗大類西楚(기속대류서초) : 이곳 풍습은 서촉과 아주 비슷하다.

郢之後徙壽春(영지후사수춘) : 옛날 초나라는 도읍을 '영'에서 '수춘'으로 옮겼는데

亦一都會也(역일도회야) : 수춘도 또한 대도시의 하나이다.

而合肥受南北潮(이합비수남북조) : 합비는 강수와 회수의 조수를 받으며

皮革鮑木輸會也(피혁포목수회야) : 피혁·자반·목재 등의 집산지이다.

與閩中干越雜俗(여민중간월잡속) : 풍습에는 민중과 간월의 것이 섞였기 때문에

故南楚好辭(고남초호사) : 그래서 남초 주민의 말은

巧說少信(교설소신) : 아무리 듣기 좋아도 믿기 어렵다.

회광반조 정말 짜증나는 아부를 위한 지역 감정 발언이 이어집니다. 그러나 사실이기도 할 것입니다. 지역 감정은 사람들의 인식이고, 그 인식은 역사와 DNA를 통해 이어지기도 하니까요.

혹시 물갈이라는 말을 아시나요? 낯선 곳에 가서 우물물을 먹으면 속이 탈 나곤 합니다. 예전에 여인들이 자기가 태어난 고향을 떠나서 시댁으로 가서 그곳의 우물물을 먹으면 물이 달라서 물갈이병을 앓고는 했습니다. 또한 '텃세가 심하다'라거나 '텃세 때문에 못 살겠다'라는 말을 들어보셨나요? 이것이 다 역사 공부, 지역 감정과 관련이 있는 말입니다.

물갈이도 당연하고 텃세도 당연한 것입니다. 사람은 삼기(三氣)로 만들어진 삼신할매가 낳은 자손들이기 때문입니다. 하느님이나 삼신할매나 무지한 인간들에게 비유와 은유로 진실을 전해주는 방편입니다. 하느님의 자손이라고 해도 지기(地氣)인 흙으로 만들었고, 천기(天氣)인 대기의 숨길을 불어넣었고, 조상줄이자 인기(人氣)를 배달해주는 배달부 펠리컨이 아이의 혼을 가져옵니다. 이런 서양 사상이나 삼신할매 사상이나 미분하면 모두 천신(天神), 지신(地神) 인신(人神)이 도출됩니다.

사람을 만든 지기인 땅의 재질이 다르고 천기 농축액인 물이 다른 이 지역에 저 지역 사람이 오면 당연히 이질적 기운이 생기기에 밀쳐내고 반발하는 것이고 그것이 텃세입니다.

그렇지만 이것 하나는 분명하게 알고 가야 합니다. 그들은 '인식(認識)이 기(氣)를 지배한다!'라는 사실을 모르는 것입니다 또 '기는 인식을 따른다'라는 〈화식열전〉 비법을 모르는 사람들입니다. 그렇다면 아는 사람이 기다리고 참고 동화하기 위해 노력을 해야 합니다. 그들의 무지한 기운과 나의 기운이 동기가 되어 서로 감응이 될 때까지…… 그러면 그들을 포용하고 동화될 수 있습니다. 그래서 텃세는 보통 100일,

길면 3년밖에 가지 못하는데 그것을 못 기다리고 스스로 튕겨나오는 것입니다.

위에서 사마천이 기록한 지역은 우리의 장기판, 항우와 유방의 전투를 그린《초한지》, 항우와 유방의 최고 격전지 팽성 전투, 그리고 "패왕별희" 등으로 유명한 지역이며 지금은 중국인들에게 가장 중요한 식량의 보고이며, 산과 들과 바다가 좋아서 먹을 것이 그득한 지역입니다. 그러나 이곳은 한나라 입장에서 보면 피점령당한 사람들이 사는 지역입니다. 마치 일제강점기 일본인들이 조선 사람들에 대해서 좋게 보기는커녕 과격하고 위험하고 거짓말 잘한다는 식으로 나쁘게 적어둔 것과 유사합니다. 당연하지 않을까요? 지금 신장 위구르 지역이나 티베트 지역, 남몽골 지역에 대해 중국 언론이 그렇게 말합니다. 동초. 서초, 남초의 대략적인 위치는 다음의 지도와 같습니다.

동초, 서초, 남초

江南卑濕(강남비슈) : 강수 남쪽은 땅이 저습하여

丈夫早夭(장부조요) : 남자는 일찍 죽는다.

多竹木(다죽목) : 대나무나 목재가 많다.

豫章出黃金(예장출황금) : 예장은 황금을 생산하고

長沙出連錫(장사출연석) : 장사는 연과 주석을 생산한다.

然菫菫物之所有(연근근물지소유) : 그러나 극히 양이 적으므로

取之不足以更費(취지불족이갱비) : 캐내어도 비용이 더 많이 든다.

九疑蒼梧以南至儋耳者(구의창오이남지담이자) : 구의·창오에서 남쪽 '담이'에 이르기까지의 땅은

與江南大同俗(여강남대동속) : 강수 남쪽과 풍속이 거의 같으나

而楊越多焉(이양월다언) : 양월의 영향이 많다.

番禺亦其一都會也(번우역기일도회야) : 번우 또한 이곳의 대도시의 하나로

珠璣犀瑇瑁果布之湊(주기서대모과포지주) : 주기·서대·모과·과일·갈포의 집산지이다.

潁川南陽(영천남양) : 영천과 남양은

夏人之居也(하인지거야) : 옛 하나라 사람이 살던 곳이다.

夏人政尙忠朴(하인정상충박) : 하나라 사람은 충실하고 소박한 정치를 숭상했으므로

猶有先王之遺風(유유선왕지유풍) : 이곳에는 여전히 선왕의 유풍이 있다.

潁川敦愿(영천돈원) : 영주 주민은 후덕하고 조심성이 많다.

秦末世(진말세) : 진나라 말기에는

遷不軌之民於南陽(천불궤지민어남양) : 조정 명령에 굴복하지 않은 사람들을 남양에 이주시키기도 했다.

南陽西通武關鄖關(남양서통무관운관) : 남양은 서쪽으로는 무관·운관에 통하고

東南受漢江淮(동남수한강회) : 동남쪽으로는 한수·강수·회수가 흐른다.

宛亦一都會也(완역일도회야) : '완'도 또한 이곳의 대도시의 하나이다.

俗雜好事(속잡호사) : 주민의 풍습은 여러 가지 잡다하며 일을 좋아하고

業多賈(업다가) : 장사꾼이 많다.

其任俠(기임협) : 임협의 풍속이

交通潁川(교통영천) : 이곳 영천까지 통했으므로

故至今謂之夏人(고지금위지하인) : 그래서 이곳 사람들은 지금도 하나라 사람으로 불린다.

회광반조 다음의 지도는 사마천이 《사기》를 적을 당시의 한나라 초기 지도입니다.

물론 국경 등은 사실이 아닙니다. 옛 역사 책을 보면 기록이라고 다 믿어야 되는 것은 절대 아님을 알 수 있습니다. 가보지도 않고서 들은 이야기를 자신이 본 것처럼 말하고 있는 경우가 정식 기록에도 많습니다.

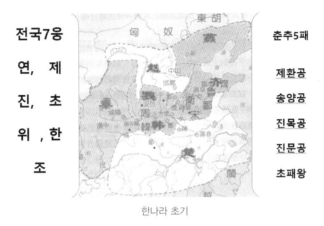

전국7웅
연, 제
진, 초
위, 한
조

춘추5패

제환공

송양공

진목공

진문공

초패왕

한나라 초기

《어린 왕자》에 나오는 지리학자 같은 사람들이 정말 많았나 봅니다. 어린 왕자가 만난 어른들 중에 그래도 사람 같다는 대접을 받은 사람이 지리학자 한 명입니다.

그는 자신이 하는 일에 대해, 자신은 저 별에서 단 한 발자국도 떼어 놓지 않으면서, 탐험가들이 다녀온 다음에 들려주는 이야기를 적는 사람이라고 설명합니다. 그는 어린왕자에게 지구라는 별에 가보고 이야기해달라고 말합니다. 예전에 붓 들고 글 적는 사람들 중에는 저런 뻥쟁이들도 많았다고 생각합니다. 우리의 사마천 태사공도 그런 혐의에서 벗어날 수 있는 사람은 아닌 듯합니다.

10. 빈부지도의 역사적 변천

夫天下物所鮮所多(부천하물소선소다) : 무릇 천하에는 물자가 적은
　곳도 있고 풍부한 곳도 있다.

人民謠俗(인민요속) : 백성들의 민요와 풍습은 그것에 영향을 받
　는다.

山東食海鹽(산동식해염) : 산동에서는 바다 소금을 먹고

山西食鹽鹵(산서식염로) : 산서에서는 바위 소금을 먹으며

領南沙北固往往出鹽(령남사북고왕왕출염) : 영남·사북에도 원래부
　터 소금을 생산하는 곳이 있어 그곳 백성들은 그것을 식용으로
　한다.

大體如此矣(대체여차의) : 물건과 사람의 관계는 대체로 이러하다.

　회광반조 소금으로 시작해서 소금으로 중국 여행을 마무리 지은
것을 보니, 소금 장사들에게 들은 이야기를 기록해둔 것이 많은 것
같다는 생각이 듭니다. 그러나 어찌 되었건 현존하는 최고의 역사서입

니다. 일본은 〈화식열전〉에 나온 한사군 이야기를 얼씨구나 좋다 하고 식민사관을 만드는 데 활용했습니다. 그리고 전 세계에 알렸습니다.

후에 인도의 수상이 된 네루는 영국의 식민지 시절 감옥에서 《세계사 편력》을 써서 딸에게 편지 형식으로 보냈는데, 불행히도 그 책이 전 세계 베스트셀러 역사책이 되어 고대 한국 역사를 아주 뒤틀어 버리는 데 크게 일조해버리고 말았습니다.

그런데 이 책에서 한국은 아주 예전부터 중국의 속국이었던 것처럼 기록되어 있습니다. 어떻게 감방에 앉아서 세계 역사책

세계사편력

을 쓸 수 있는 것인지, 궁형(宮刑)을 당한 후 감옥 같은 방에서 《사기(史記)》를 쓰면서 세계 역사 사기(詐欺)를 폈는지, 이런 인물들 때문에 한국인이 받는 피해가 참 큽니다.

사마천은 중국 전역의 물자와 그 지방 사람들의 특성을 나열하며, 그것이 사람과 물자와의 관계를 살핀 것이라고 했습니다. 저는 이것이 〈화식열전〉의 위대함이라고 생각합니다. 이것이 사마천의 위대함이라고 생각합니다. 다시 말해서 자기에게 주어진 환경을 잘 공부하라는 것입니다. 그런데 많은 문명권에서 물자와 사람과의 관계를 사람과 사람 사이의 계급으로 나누었습니다. 대표적인 것이 인도의 카스트 제도입니다.

인도의 카스트 제도는 인간이 하늘의 방식을, 즉 하늘의 오퍼레이션

시스템을 사악한 욕심으로 변형시키고 조작해서 그렇지, 화식의 핵심 사상과 100% 일치한다고 봅니다. '에너지의 질(質)'에 따른 분류이기 때문입니다.

1) 빈부지도 Version 1.0 시대

1. 종교 집단 자신들이 하느님과 같은 일을 한다는 브라만 ― 신(神) 에너지
2. 세속적 지배 계층인 크샤트리아 ― 권력 에너지
3. 물질을 생산하고 유통하는 상인, 농민 계층인 바이샤 ― 생산 에너지
4. 수공업과 노예 계층인 수드라 ― 노동 에너지

인류 역사 이래 아주 오랜 기간 동안 모든 지역의 사람들은 신이 있다고 믿었으며, 그래서 신을 존중하고, 신의 뜻에 따라 모든 의식(意識)과 도덕과 사회 규범이 정해졌습니다.

물론 최근에 이르러서는 과학의 발달로 신이 있는가 없는가? 종교적인 가르침이 사실인가? 그들만의 위선인가? 그리고 신이 있다고 해도 정말 그런 능력이 있기나 한 것인가? 등을 묻게 되었습니다. 인간의 지적 능력이 발전하면서 제일 위 단계의 '신(神) 에너지'가 명목상의 최상위로 밀려나게 된 것입니다. 마치 영국의 왕이나 일본의 천황처럼 말입니다

어쩌면 신이 신의 대리인인 종교인들에게 속은 것일 수도 있다고 저

는 생각합니다. 다른 한편으로는 신이 종교인들을 속인 경우도 많습니다. 결국 역사적으로 신의 대리인을 자처하는 종교인들은 경기장 밖에 자신들만의 경기장을 만들어두고 자신들만 경쟁하는 집단이 되어가는 중입니다.

어렵고 힘든 시절 저도 절에 가서 기도하고, 신들에게도 매달리고 한 적이 있습니다. 그런데 신의 세계를 공부하다 보니 신들도 우리 인간들과 거의 똑같았다는 걸 알게 되었습니다. 그리고 신의 세계에 대한 성현들의 가르침은 2,500년 전 석가모니 부처님의 가르침이 제일 정확하다고 생각했습니다.

그 역시 신에게 매달리고 기도도 하는 힌두교와 자이나교의 스승들에게 교육을 받으며 수행을 시작했습니다. 그러한 과정에서 이러한 신을 만나고 저러한 신을 만나면서, 소위 신들이 거짓말도 하고 협박도 하고 인간들과 부정 거래도 하고, 나쁜 짓도 하고, 좋은 짓도 하면서 몸만 없을 뿐이지 자신들이 육신을 가지고 물질 세계에 존재할 때의 습관대로 '장소 아닌 장소' 혹은 '곳 아닌 곳'에 머물며 인간 세상에 관여하고 있음을 안 것입니다.

그래서 석가모니 부처님은 결심합니다. '내가 저 세상 이치를 모르고 사는 사람들과 신들을 바로 이끌어주는 교육 사업을 전개해야겠다.' 그리고 스스로 '천인사(天人師) ─ 신과 인간을 가르치는 선생님'이라고 한 것입니다. 신들도 인간처럼 제대로 된 교육을 받아야 하는 존재로 본 것입니다.

그런데 사람들은 자신의 힘으로 안 되는 것을 신에게 부탁하고, 부탁

천인사인 부처님

해도 안 되니까 신의 능력을 기준으로 신의 유무를 따지고, 신이 자신을 도와주는가 방해하는가를 따져 귀신과 선신 둘로 나눕니다. 결국 인간의 생각은 "우리의 유일신 하느님 한 분을 제외한 나머지 신은 신경쓸 필요가 없다. 나머지 허접한 신들에게 빌고 제사하는 것은 미신(迷信)이다!"라는 세력과 "너희들의 유일신이라는 것은 너희들만의 믿음 아니냐? 우리들 신이 너희들 신보다 훨씬 강력하다!"라는 집단으로 나누어지게 되었습니다.

이렇게 다투는 세력들에게 석가모니는 다음과 같이 말했다고 합니다. "우리 신이 최고라고 믿는 사람들, 신이 있다 혹은 신이 없다고 믿는 사람들, 그대들에게 묻겠다. 그대들 자신의 그 믿음을 얼마나 믿을 수 있는 것인지 왜 자신에게 물어보지 않는가?"

이것을 2,500년 후의 과학자들이 더 확실히 풀어냅니다. 1930년대 에드먼드 제이콥슨이라는 사람이 사람들의 인식이 뇌에 미치는 영향이 인간이 상상한 것이나 실제로 바라본 것과 같은 뇌파를 발생시킨다는 것을 입증한 것입니다. 그러니까 우리의 믿음은 우리 자신의 관점이며 각 종교집단의 지도자들이 우리가 맞다, 다른 종교는 틀렸다는 교육을 추종자들의 뇌에 각인시키면서 약한 믿음이 강한 믿음을 만들게 되고, 거기에 우리 편 내 편이라는 감정이 그 믿음을 더욱 강화시킨 것입니다. 그러니 믿음이라는 것은 자신만의 환상에 불과하다는 것입니다.

그래서 부처는 제자들에게 이런 말을 합니다. "범소유상 개시허망 약견제상비상 즉견여래(凡所有相 皆是虛妄 若見諸相非相 卽見如來) – 너희들의 머릿속에 그려진 모든 이미지와 형상은 사실은 다 허망한 것이다. 만약 그러한 이미지가 모두 있는 그대로의 이미지가 아님을 안다면 그때 진실된 것을 볼 수 있을 것이다!"

그러나 서양에서는 그와 반대로 인류 지식인들의 역사적 고뇌 속에 종교개혁, 르네상스, 대탐험시대 등이 열리면서 인간의 지적 능력은 봇물을 이루었고 그때부터 20세기 말까지는 "아는 것이 힘이다!"라는 명제가 질풍노도처럼 지속되었습니다. 그러한 역사 발전의 시기에 '신 에너지'를 가진 계층을 옆으로 밀어내고 새로운 계급이 생겼는데 바로 '지식 에너지' 계층입니다. 그래서 자신이 소유한 '에너지의 질'에 따라 인류는 다시 이렇게 나누어지게 됩니다.

2) 빈부지도 Version 2.0 시대

총과 황금 그리고 기독교의 전파를 통해 영국과 프랑스는 북아메리카 대륙과 아프리카를, 스페인, 포르투갈은 남아메리카와 아시아의 일부 지역을 식민지화하면서 전 세계로 돈을 찾아다녔습니다. 그것은 과학과 지식인의 힘을 종교 권력과 왕권이 뒷받침해주었기에 가능한 일이었습니다. 그리고 아프리카와 아메리카 유럽을 삼각형으로 하여 경제가 더욱 성장하였습니다. 영국은 아프리카에서 노예를 잡아다가 카리브해의 사탕수수 농장에서 일을 시키고, 거기서 생산된 설탕을 북아메리카로 보내 럼주를 생산하고, 그 럼주를 다시 아프리카로 보내 노예를 사오고 하는 무역을 거의 독점하다시피 한 것입니다.

1. 세속적 지배력 계층 — 권력과 금력 — 금권 에너지
2. 세상을 유지, 발전, 진화시킬 지식 집단 — 지식 에너지
3. 물질을 생산하고 유통하는 상인, 농민 계층 — 생활 에너지
4. 단순 기술과 노동력을 제공하는 계층 — 노동 에너지

그러나 이러한 계급 체계도 오래 가지 못하였습니다. 교육이 보편화되면서 지식인 계층이 급속히 늘어났기 때문입니다. 뒤늦은 프랑스는 미국 루이지애나주와 중남미의 아이티 같은 금싸라기 땅을 보유하고 있었으나, 미국의 독립전쟁에 막강한 돈을 투자하느라 국고가 고갈될 지경이었습니다. 이 부족한 돈 문제를 해결할 방법이 없어 국민들에게 세금을 올리려다가 시민들의 강한 반발에 부딪히게 됩니다. 소위 부르주아지 계층이 반발한 것입니다. 최상층인 권력 에너지나 돈 에너지를 가진 계층이 가장 필요로 하는 계층이 지식 에너지 계층입니다. 그런데 지식 계층들은 예나 지금이나 이 〈화식열전〉 같은 공부를 하지 않아 항상 돈 혹은 권력이라는 에너지를 갖고 싶어합니다.

지식과 돈, 지식과 권력은 케미스트리가 맞지 않는다는 사실을 간과합니다. 그래서 그것이 여의치 않을 경우 항상, 반드시, 늘, 필연적으로 하층 에너지 계층을 선동하여 돈 가진 계층을 공격합니다. 그 대표적인 것이 프랑스 혁명입니다. 그리고는 항상 길을 잃게 마련입니다. 이 잃어버린 길을 뚫고 새 길을 만드는 것은 무력이라는 에너지만이 가능합니다. 그래서 나폴레옹이라는 군부 세력들이 등장하게 됩니다.

자본주의의 압축 성장을 했던 1960년대, 1970년대의 한국도 그러했습니다. 제가 어린 시절만 해도, "사람이 돈 있으면 다냐? 배워야지!" 하며, 교육 지상주의가 지배하였습니다.

1990년대만 하더라도 당시 김영삼 대통령이 한국 경제를 이끌어왔던 현대 정주영 회장에게 "천한 장사꾼이 감히……"라는 말을 하기도 했으니까요. 그러나 그리 멀지 않아, 너무나 형편없던 금융지식으로 외환 자유화를 하며 일반 기업들이 외국에서 돈을 아무렇게나 빌려도 되는 제도를 만들었고 결국 국가 경제는 부도가 났습니다. 그리고 결국 한국의 사악한 사채업자들은 저리 가라 할 정도로 잔혹하고 가혹한 외국의 금전 세력에게 무릎을 꿇고 말았습니다. 그렇게 청춘과 젊음과 인생을 지식 쌓기에 몰두하며 배웠는데, 자격증이 없는 직업군에 속하던 사람들은 거의 실업자로 내몰리게 되는 세상이 되었습니다. 지식이 최고가 아니라 돈이 최고라는 것을 알기 시작했습니다. 그러면서 새로운 계급체계가 나타났습니다.

3) 빈부지도 Version 3.0 시대

빈부지도 3.0 시대를 전 세계에 전파한 것은 대한민국이었습니다. 그리고 1988년 서울 올림픽이었습니다. 서울 올림픽은 그로부터 4년 전 로스앤젤레스 올림픽을 보이코트했던 동구 공산권 국가들, 그리고 8년 전 모스코바 올림픽을 보이코트했던 서방 자본주의 국가들이 12년 만에 만나 자웅을 겨루는 기회였으며, 중국, 러시아, 동유럽, 아프리카 국가들을 자극했습니다. 그 결과 죽의 장막이라던 중국이 개방을 하고, 철의 장막이라던 소련이 해체되면서 자본주의 물결이 전 세계를 덮었습니다. 그리고 미개발국 국가 정상이 가장 만나고 싶어하는 사람은 상대방 국가의 대통령이나 왕이 아닌 기업가들이었습니다. 정말 기업하기 좋을 때였습니다. 그리고는 이러한 계층이 형성되었습니다

1. 신 지배계층, 재벌 및 오너(Owner) — 금권력 에너지
2. 정치인 및 특수 샐러리 계층 — 학문적 지식 에너지
3. 물질을 생산하고 유통하는 계층 — 세상머리 지식 에너지
4. 근골을 사용하는 노동자, 자연력 활용 계층 — 노동 에너지

인간 역사는 이상하게 흘러가고 있었습니다. 최상의 계층이었던 권력 에너지 자리가 위태롭게 되었습니다. "왕은 군림하나 통치하지 않는다!"는 말처럼 권력 없는 왕이 되었고, 대통령은 우리나라처럼 5년 계약직 직원이거나 미국처럼 4년 계약직으로 연임은 가능한 급여를 받는 월급쟁이 신세가 되었습니다. 반면에 기업의 총수는 예전의 왕이나

봉건영주처럼 평생직이었으며, 회사들은 하나의 부족국가와 같은 상태가 되었습니다.

그들은 자신들의 부족 국가를 삼성가족, 현대가족이라고 칭하며 마치 가야시절 가야연맹체를 구성하듯 재벌들의 연맹체 속에 결혼으로 집단 동맹 체제를 구축하였던 것입니다. 이러한 일들이 진행되는 사이, 2000년을 전후로 1997년 한국, 말레이시아, 태국, 러시아 등에서는 IMF가 발생하여 많은 부족들이 멸망하고, 2007년 전 세계적으로는 국제 금융 쇼크가 발생하며 세계적으로도 많은 부족국가들이 역사 속으로 사라져갔습니다. 사람들은 생각이 또 바뀌어갔습니다. 그 사이 인공지능 컴퓨터가 인간의 지능보다 더욱 발전하여 많은 사람들이 공부한 지식이 쓸모없는 지경에 처하게 되었고 한국에서 벌어진 생소한 사건 하나가 아주 중요한 메시지를 던져주었습니다.

2016년 3월, 이세돌과 인공지능 알파고가 격돌하여 기계가 사람을 이긴 사건이었습니다. AI 기계는 신이 아닙니다. 그러나 사회의 모든 에너지가 들어간 것입니다. 정확한 의미는 '하나의 목적을 이루기 위해 모든 에너지를 통합한 에너지체'입니다.

2016년 1월 19일부터 2월 20일 사이에 하늘에서 오성취합이 나타난 이후 2016년 3월 9일부터 3월 15일 사이에 벌어졌던 이 사건은 '인연이 일어나는 법칙'인 '하인리히 법칙'상 아주 중요한 대사건이었습니다. 이 바둑 시합은 지식 에너지를 가지고 버티던 세력들의 붕괴를 알리는 신호였습니다. '너희들 어느 인간도 이제 너희들 혼자만의 지식으로는 원하는 것을 얻지 못할 것이다'라는 메시지를 하늘에서 내린 것이었습

이세돌과 알파고의 대결 (출처: IntelliPaat 2017. 10. 16)

니다.

그리고 이 사건이후 중국은 미국을 대체하는 새로운 패권을 갖추는 방법을 예상 외로 빠르게 달성할 수 있다는 자신감을 갖게 된 듯합니다. 빅데이터와 인공지능을 통해서 말입니다. 그런데 사마천 같은 훌륭한 조상을 둔 중국 지도부는 큰 실수를 하고 맙니다.

로봇과 인공지능은 가격의 세계이며 숫자의 세계입니다. 로봇이나 인공지능은 가치의 세계가 없습니다. 그리고 신경망이 하늘의 모든 별들과 연결된 인간은 '내면의 의식'과 '외부의 의식'이 서로 소통하는 반면 인공지능과 빅데이터는 그것이 절대로 불가능하다는 것을 모르고 패권국가가 되겠다고 하는 깃 같습니다. 이루지 못할 것입니다.

이러한 이치를 모르는 세력이 국제 금융 자본과 언론 세력들입니다. 이들은 질량과 숫자만 알 뿐 에너지의 세계를 모릅니다. 빈부지도는 알수 있고, 운기칠삼에서 여지껏 운이 좋았고 기술이 좋았지만, 복운지도는 몰랐던 것 같습니다. 더욱이 운(運)도 사실 가치 기반이 있어야 합니다. 2016년 1월까지는 물의 온도가 78도가 되지 않아 가격 위주든 질량 위주든 숫자 위주든 뜻대로 살아도 되고, 거짓말도 통하고 남을 속이는 것도 통했지만 이제 그렇지 않습니다. 미국의 대통령 선거를 지켜보는 공부가 아주 재미있었습니다. 2020년 미국의 선거는 AI를 기반으로 하는 가상국가(IS 국가)를 구축하려는 딥 스테이트 금융, 언론, 빅 테크 그룹을 앞세운 지시 그룹과 인간미와 도덕성을 중시하려는 새로운 노동 그룹간의 향후 2,500년을 앞둔 전쟁이었기 때문입니다.

4) 자본주의 4.0 시대에 리더가 없는 한국과 한국인

원래 이 메시지는 '모든 에너지가 통합되고 화합해야만 한다!'라는 것이었는데, 사람들은 지식 에너지가 소용없고 돈 에너지가 최고인 세상으로 달려가기 시작했습니다. 이 이론은 저의 주장이 아닙니다. 2010년에 이미 영국의 이코노미스트인 아나톨 칼레츠키는 저서《자본주의 4.0》에서 자본주의의 변천과 새로운 발전 방향을 제시했습니다.

자본주의는 정부가 시장에 개입하지 않는 자유방임주의로 시작했습니다. 지식 있고 힘 있는 자들이 경제를 갖는 것을 당연히 여겼습니다. 이름하여 자본주의 1.0시대입니다. 그러나 1929년 세계 경제 대공황을 겪게 되며, 정부의 개입을 확대하는 수정자본주의로 발전하게 됩니다. 그는 이 시대를 자본주의 2.0시대라고 명명했습니다. 이 자본주의 1.0시대에서 2.0시대로 넘어가는 분기점이 미국 뉴욕 증시 대폭락 사건이었습니다.

지금도 외국 공항에서 흔히 보이지만 서양 사람들은 구두를 닦을 때 높은 의자에 앉아 신문을 보거나 담배를 피곤 했습니다. 미국 케네디 대통령의 아버지이자 주 영국 미국대사를 역임했던 조지프 케네디는 어느날 구두를 닦고 있었습니다. 그런데 슈사인 보이들이 "네 주식은 얼마 올랐니? 나는 5,000불 벌었어" "그래? 나는 어제 하루에만 300불 벌었어!" 하는 대화를 들었습니다.

슈사인 보이

주식이 올라서 모두들 돈을 벌었다는 것입니다.

그는 가난한 사람들이 모조리 같이 부자가 된다는 것은 최소한 이 지구상에는 '있을 수도 없고 있어서도 안 되는 일'이라는 것을 알았습니다. 그는 구두를 닦은 후, 조용히 자신이 거래하던 증권회사에 가서 가지고 있던 주식을 모두 팔아달라고 했습니다. 그로부터 이틀 후 뉴욕시장은 폭락했고 그는 주식을 비싸게 팔았던 돈으로 나중에 다시 좋은 주식을 싼 가격에 더 많이 사서 다시 한번 부자가 되었답니다.

케네디 대통령의 아버지는 '빈부지도의 천산(天算) 원리(사람들이 가난하고 부자로 살게 되는 하늘 계산법)'를 알고 있었나 봅니다. 이렇게 자본주의 2.0시대가 열렸습니다. 정부가 돈에 개입하는 자본주의 2.0 시대에는 또 다른 많은 갈등이 생깁니다.

1980년대에 석유 산업이 본격화되고 과학이 발달하자 지식인들은 들고 일어납니다. 시장만능주의로 다시 정부의 개입을 제한하자는 지식 계층의 주장이 결실을 맺어 물건뿐 아니라 금융의 영역도 수요 공급을 시장에 맡기는 신자유주의가 만개하게 됩니다. 이른바 자본주의 3.0 시대의 막이 오른 것입니다. 그런데 개인용 컴퓨터의 보급과 프로그램으로 주식 및 외환거래를 하는 정부의 구시대적인 봉제와 관리가 미약해지자 인간의 욕심이 극대화됩니다. 미국의 블랙먼데이를 위시하여, 영국의 외환위기, 그리고 한국, 러시아, 인도네시아, 태국 등의 외환위기에 이어서 아프리카의 민주화 운동, 중국의 부상으로 자유분방한 금융 자본주의가 사고를 치게 됩니다.

바로 2008년 글로벌 금융 위기가 발생하면서 모든 것을 시장에만 맡길 수 없다는 공감대로 정부와 시장의 유기적 상호작용을 강조하는 따뜻한 자본주의가 부상하게 된 것입니다. 그러한 혼란을 겪은 후 2010년 대에 들어서면서 이른바 자본주의 4.0시대가 개막됩니다. 그러나 자본주의 4.0시대는 그 성격과 방향성을 잡지 못하고 있었습니다. 그러던 중에 2019년 코로나19 사태로 전대미문의 글로벌 경제 위기에 봉착하면서 정부 역할의 중요성이 더욱 커지는 이상한 일이 일어나고 있습니다.

이제 새로운 계급 집단이 생기려고 하며, 그 새로운 계층의 제일 위에 오르기 위해 모든 집단들이 서두르기 시작했습니다. 이런 상황에서 시장과 정부의 역할이 서로 교차하면서 발전하여야 하는데, 솔루션을 찾지 못하고 정부, 기업 그리고 가계 등 사회 곳곳에서 정당하지 않은 욕심을 내는 그룹들이 생겨나기 시작했습니다. 이른바 기생충 그룹입니다. 한국에서도 재벌 3세 체제가 다가오니 국민들의 기업주에 대한 존경심은 부러움으로 바뀌었고, 다시 어느 정도 시간이 지나자 자신은 달성할 수 없는 곳에 그들이 부모 덕으로 자리를 차지하고 있음을 알게 되자 부러움은 질투심으로 바뀌고, 그 질투심은 미움으로 바뀌게 되는 그런 순간이 지금 2016년부터 전 세계에서 일어나고 있었던 것입니다!

이때부터 한국 사회에서 슬슬 나오기 시작한 말이 "염치(廉恥) 없는 사람이 성공한다"입니다. 사회가 자신에게 주지 않은 돈과 권력을 부정한 방법으로 가지려고 하는 인간 기생충들이 지식인들 중심으로 창궐하기 시작했습니다. (영화 "기생충"이 전 세계에 알려지고, 특히 이런 영화가 한국에서 만들어진 낙처를 아시면 당신은 인연의 이치를 간파하신 것입니다.).

특히 2020년 미국 대선에서 보듯이 CNN 등의 거의 모든 TV 방송국을 상징하는 빅 미디어를 앞세운 언론, 트위터, 구글, 페이스북같이 2000년대 이후에 급성장한 기존 언론을 대신하는 빅 테크 기업들, 영화산업, 스포츠 산업, 그리고 기존 부자들과 대학 교수, 민주당, 월스트리트의 금융기업들이 모두 '그레이트 리셋'을 내세우고 2030년까지 소유가 필요없는 새로운 세상을 만들겠다는 주장을 합니다.

반면에 하급 노동자들은 기존 도덕과 기존 신앙, 기존 문화에 근거한 법과 질서를 주장합니다. 어찌 되었건 기운은 인식을 따라옵니다. 옳은 방향이건 그른 방향이건 인간이나 생물의 식(識)에 하늘과 땅과 사람을 포함한 생물 무생물의 기(氣)는 따라오는 법입니다! 그러나 〈화식열전〉을 공부한 저는 의식의 기운 못지않은 무의식의 기운이 우주와 특히 우주의 별과 연결되어 있기에 어느 쪽이 최종 승자가 될 것인지 알고 있습니다. 그러나 그 시기가 지금 2020년인지는 모릅니다.

시(時)와 용(用)은 따로 지켜보아야 합니다. 그리고 믿습니다. 사람은 성공 가능성도 중요하지만 삶의 방향성도 중요하기 때문입니다. 이 모든 것은 자본주의 4.0시대의 패러다임을 아직 못 만들었기 때문입니다. 한국에 의해, 한국인에 의해, 그리고 이 〈화식열전〉 독자들에 의해 그 패러다임이 시작되어 전 세계가 동참하기를 바랄 뿐입니다.

5) 빈부지도 Version 4.0 시대

앞서 공부한 "식(識)은 기(氣)를 지배한다"는 말에는 상당히 깊은 의미가 있습니다. 사람들은 신이 있느냐 없느냐로 논쟁을 벌이지만 저는 신은 있다고 봅니다. 물론 그 신이 당신이 이루지 못하고 있는 것을 이루게 해줄 능력이 있는가 없는가가 중요하다고 생각합니다. 제가 아는 범위에서 신도 자기의 고유한 역할이 있습니다. 바로 사람을 이끌어주는 역할을 해야 합니다. 물론 사람을 괴롭히고 협박하는 신도 많습니다. 사람과 똑같다고 보시면 됩니다. 4급수 신도 있고, 기생충 같은 신도 있습니다. 악귀이며 귀신입니다.

그러나 사람을 이끌어주는 것이 본래의 정상적 신입니다. 그러나 자신이 아는 것까지만 아는 것이 신입니다. 그래서 사람을 키워내는 것이 자신의 역할입니다. 이러한 제대로 된 신의 역할을 만화로 잘 그려낸 것이 일본 바둑만화 "고스트 바둑왕"입니다.

이 만화에서 신은 자신의 역할이 끝나자 몸이 녹아내립니다. 그는 자기가 돌보던 인간인 아이의 바둑 수준이 신인 자기보다 한 단계, 그것도 딱 한 단계 높아지는 순간까지만 인간계에 공존할 수 있습니다. 신도 기로 이루어져 있습니다. 그래서 "저 사람 신기가 있어!"라는 말을 합니다. 의식 있는 인간에게 신은 따라옵니다. 의식은 모든 기를 지배할 수 있기 때문입니다.

만화의 주인공 아이는 신을 처음 만났을 때 묻습니다. "너 도대체 어디 있다가 나에게 말을 거는 거야?"

신은 답합니다. "저는 당신의 의식 속에 있습니다."

아이가 말합니다. "뭐? 내 의식은 내 거야. 내 의식을 네 마음에 휘둘릴 수는 없어. 너는 내가 먼저 말 걸기 전에 말하지 마!"

신을 다루는 100점짜리 처신이라고 저는 생각했습니다.

고스트 바둑왕의 한 장면

'신의 세계에 대한 지식'은 과거에는 특별한 사람들에게만 지식이었습니다. 일반인들에게는 특수지식이었습니다. 빈부지도 4.0시대를 설명하기 전에 이 이야기를 먼저 한 것은 개념적으로라도 정리해두시라는 뜻입니다. 속지 마십시오. 그러나 무시하지도 마십시오.

어차피 역사 이전 시대부터 사람들의 계급은 '아는 자'가 '모르는 자들'을 속이면서 시작되어 유지되어온 것입니다. 그래서 법률 용어, 의학 용어, 최근에는 금융이나 경제 용어도 어렵게 어렵게, 그렇게 '자신들만의 용어'를 사용합니다. 배운 자들이나 못 배운 자들이나 높은 자리에 있는 자들이나 낮은 자리에 있는 자들이나, 심지어 종교인이나 산에 사는 도인들이나 '자신만의 본래 에너지'를 활용할 방법을 모르고 본래 진화의 방향 궤도를 벗어나 돈과 권력을 향하여 몰려들자 '빈부 지도의 천산(天算)원리 ―사람들이 가난하거나 부자로 사는 하늘 계산법' 도 이렇게 바뀌었습니다.

1. 자산 축적(Asset)― 돈 에너지 계층
2. 수익 창출(Revenue)― 지식 에너지 계층
3. 비용 감당(Fixed Cost)― 지식 에너지 계층
4. 근골 에너지― 자연 에너지 계층

2010년에 들어서며 그렇게 하늘의 인사고과 방식이 바뀌었고 본격적으로 시행된 것은 2016년 1월~2월 이후라고 생각합니다. 그래서 이제부터 빈부지도 4.0 시대에는 혁신과 포용을 하는 사람이 승자가 됩니다.

자산 축적 에너지를 가진 집단과 수익 창출 지식 에너지를 가진 집단, 그리고 비용 감당 지식 에너지를 가진 집단, 그리고 근골 에너지를 가진 계층이 모두 화합해서 '공익 비즈니스 프로젝트'를 만들어내지 못하면 너희들에게 부여했던 복(福)과 운(運)을 이제 거두어가겠다는 하늘의 메시지가 나온 것이라고 생각하면 됩니다.

11. 보이는 빈부지도 Vs 보이지 않는 복운지도

　이제 사람이 망할 때와 흥할 때, 인간들이 인식하기 이전의 전체 환경에서 일어나는 '복운지도 탈여수순'을 좀더 자세히 공부해보기로 하겠습니다.

　제일 먼저 1) 어떤 과정을 거치건 가지고 있던 돈이 날아갑니다. 그래도 '의식'의 변화가 진화의 방향성을 모르고 정신을 못 차리면, 2) 그 벌로 에너지의 원천인 사람이 주변에서 멀어져가기 시작합니다. 친구가 멀어지고 직원이 줄어들고 만나는 사람 즉 인연 에너지가 끊겨갑니다. 특히 주변의 사회적 급수가 높은 사람이 먼저 떠납니다. 하늘은 말로 가르쳐주지 않습니다. 단지 "네 이놈 네가 네 죄를 알렸다? 어서 네가 네 입으로 너의 죄를 이실직고하렸다!!!" 하듯 어려움과 실패가 이어집니다.

　여전히 의식의 진화가 없다 싶으면, 가중 처벌의 3번째의 벌이 다가오기 시작합니다. 3) 또 다른 에너지인 신용카드 빚을 못 내고, 은행 이자도 못 내는 등 비용을 감당할 에너지마저 없어지며 자신의 몸과 가족을 유지할 생활비도 감당 못 하는 수준이 됩니다.

그래도 여전히 '의식'의 변화 없이 남을 원망하고 환경을 원망하는 듯한 자세를 보이며 진화의 방향성을 모르면, "저 놈을 매우 쳐라! 하며 4) 육신의 건강을 의미하는 근골 에너지마저 사라져버리기 시작합니다. 그래서 아무것도 할 수 없는, 어디에도 몸을 맡길 수 없는 환자가 되거나, 평소보다 더 병원과 약이 필요하게 됩니다.

그런데 이 사람이 '의식'의 변화가 생기고, 하늘에서 자신에게 요구하는 진화의 방향성을 알게 되고, 자신이 무엇을 잘못하기에 앞서서, 잘못 알고 있었는지를 스스로에게 고백하며 참회하며, 인류 진화의 방향성에 자신도 그 방향성을 같이 하겠다는 '의식의 변화'가 된다면, 다시 그에게 에너지가 돌아오기 시작합니다. 빼앗겼던 복과 운의 에너지가 돌아올 때는 정반대 수순이 일어납니다.

복과 운이 되돌아오는 순서

먼저 1) 육신이 건강해지고, 몸과 얼굴에 생기가 돌기 시작하며, 사람들이 예전보다 반갑게 맞이해줄 터전이 생기고 밖으로 돌아다닐 힘을 줍니다. 인연을 찾아가야 하니까요. 그렇게 근골 에너지가 돌아와서 몸이 건강을 찾게 되며, 2) 그 다음으로 몸과 가족을 유지할 수 있는 경비가 감당되는 낮은 단계의 일자리나 인연들로 인하여 비용 에너지가 돌아오게 되고, 3) 그 다음으로 자신의 환경을 고급화시킬 수 있는 수익 에너지가 들어오게 되며, 4) 마지막으로 돈 에너지가 손익계산서 수익 항목에서 대차대조표 자산 항목으로 쌓이게 되며 돈이 모이기 시작하는 것입니다.

그래도 그 사람의 당기 순이익은 항상 같기에 겉모습은 유사하나, 그 자산은 자신의 후생인 또 다른 자신이나 자녀들에게도 넘겨질 수 있게 됩니다. 후세로 넘겨진 자산은 후대에 재평가되어, 그 시대에도 또 진화의 방향성에 맞게 산다면 자산은 점점 늘어가게 되어 있습니다. 앞으로는 더욱 그렇습니다.

12. 2016년 이후 하늘의 인사고파 제도

〈화식열전〉의 범려와 백규는 천문지리(天文地理)를 공부한 사람들입니다. 전 세계에서 일식과 월식 및 별자리에 관한 기록을 가장 많이 기록해둔 나라가 대한민국입니다. 당연히 우리 조상들이 기록해둔 것이라고 여겨지는《춘추》에도 일식, 월식 그리고 혜성이 북두칠성을 침입했다는 등의 별자리에 대한 기록이 많이 있습니다. 그 중에서도 목성, 화성, 토성, 금성, 수성이 하늘의 특정 별자리(28수) 군에 모이는 현상을 오성합취라고 하는데, 아래 사진은 BC 1734년 7월 12일 '오성취루' 현상이 나타났다고 기록되어 있는 것을 천문 컴퓨터로 재생 확인한 것입니다.

오성취루 현상의 재생 (출처: 상생방송)

'오성취루'라는 것은 목성, 화성, 토성, 금성, 수성의 오행성이 루성 근처부터 다 떠올라왔다는 의미입니다. 앞에서 공부한 "천상열차분야지도"의 하늘에는 28개 주요 별자리가 있는데, 그중 하나가 '루삼성'이라는 별자리입니다.

이 별은 국가적 관점에서는 주로 전쟁을 암시하는 별이지만 일반인에게는 상인을 감시하며 도리에 맞으면 돈을 벌어 부자가 되게 해주지만 지나치게 남을 속여 상도에 어긋나는 행동을 하면 반드시 좋지 않은 결과가 오도록 감독하는 별자리라고 합니다. '루성'은 '루삼성'이라고도 하는데 3개의 별로 이루어진 상인의 별이라고 합니다. 삼성(三星)의 창업주인 호암 이병철 회장은 이 별 이름에서 '삼성'을 취하여 '삼성상회'라는 장사를 시작했다는 말도 전해옵니다. 그러면 BC 1734년 7월의 5행성이 일렬로 늘어선 것과 2016년 1~2월 오행성이 일렬로 늘어선 것은 같은 것일까요? 아닙니다! 일렬이라도 다 같은 일렬이 아닙니다.

백규나 범려는 이렇게 생각했을 것입니다.

'1734년에는 화성이 먼저 떴다. 그리고는 수성이 떴다.

불을 상징하는 화성이 떴는데, 곧이어 불을 끌 수 있는 힘을 가진 수성이 떴으니, 치열하게 경쟁을 하든지 싸우든지 했을 것이다

그 다음에는 토성(土星)이 떴다.

물을 상징하는 수성(水星)이 한창인데, 물은 흐르는 것이 그 본성이다. 그 흐름을 막을 수 있는 흙[土]을 상징하는 토성(土星)이 수성의 기운을 꺾으려 하니 일이 진행되다가 막히겠구나.

그 다음에는 목성이 떴다.

흙을 상징하는 토성은 중앙에서 움직이지 않고 중후한 기운이다. 그리고 어느 정도의 수분은 필요한 법이다. 다만 흙이 물보다 많으면 흙이 비옥해지고, 흙이 물을 통제할 정도 수준이라면 흙은 생기를 갖게 되니 큰 문제는 없을 것이다.

그런데 목성이 떴다고? 나무는 흙을 뚫고 나오는 놈 아닌가? 흙이 가진 물을 빨아들이며 그것을 뚫고 나오는 놈이 나무 목(木)이다. 흙의 힘이 감소하는 것이다. 계속하여 서로 배신하는 일이 많아지겠구나.

그 다음에는 금성(金星)이 떴다. 나무는 유연한 생명을 그 본성으로 한다. 그런데 그 나무를 꺾을 수 있는 것, 그리고 나무가 뚫지 못하는 것은 금속이다. 도끼나 톱 같은 쇠 금(金)이다. 이것은 계속된 혼란이 이어진다는 소리 아니겠는가? 전쟁이 끊이지 않고 많은 이들이 다치겠구나.'

그렇게 하늘이 읽어주는 글을 읽었을 것입니다. 그리고 전쟁을 준비했을 것이며, 전쟁 물자 수요가 늘어날 것이며, 의식주 값이 다 오르고, 무거운 것의 값은 내리며, 이동이 쉽고 작고 귀한 것의 값이 더 오르리라고 판단했을 것입니다. 이런 것을 '지투(투쟁이 있을 것을 안다)'와 '지물(그때 필요한 물자가 무엇인지를 안다)'이라고 하였습니다.

결국 백규나 범려가 저 별을 보았다면 이제는 스스로가 강(强)하지 않으면 죽게 되는 세상이 온다고 천문(天文)을 읽고 땅에서 유리하기 위해 지리(地利, 땅에서 자신에게 유리한 지역이나 위치)를 찾기 위한 방책을 치열하게 탐구했을 것입니다.

한국 천문연구원 박석재 박사에 의하면 1734년으로 우주 컴퓨터를 돌려보니 정말로 저렇게 오행성이 떴다고 합니다. 그런데 '루삼성'이 아니라 '성성' 별자리에 그렇게 떴으니 '오성취루'가 아니라 '오성취성'이 맞는데 역사 기록에 맞추어 자신도 할 수 없이 '오성취루'라고 말한다고 했습니다. 성성은 큰 부자와 제왕을 감시하는 별자리이며 루성은 상인을 감시하는 별자리입니다. 일직선으로 늘어선 별을 다 보려면 최소한 6~8시간 정도 걸리는데, 일직선으로 뜬 별이 28수 중에 어디에 있었다는 기록에는 어떤 기준이 있었을 것입니다. 박석재 박사님은 그때와 지금의 28수 위치가 다를 수 있다고밖에 못 하겠다 하시는데, 그말도 맞습니다. 단 저는 일렬로 다 늘어선 오행성 중에 목성이 위치하는 28수 별자리 기준이었을 것이라고 생각합니다.

또한 음력 7월, 양력으로 9월은 서방 7개의 별자리인 루성이 맞습니다. 성성의 위로 별이 뜨려면 12월이나 1월이어야 했을 것입니다. 루성은 서양 별자리로 양자리입니다. 양은 아시다시피 희생의 제물입니다. 또한 지금은 물고기자리에서 물병자리로 바뀌는 시점인데, 2590년 주기의 지구 세차운동으로 볼 때 당시는 양자리시대였습니다. 이 루성의 시기는 건달바의 시대, 즉 노래와 춤이 인간 생활을 유혹하는 시기였습니다. 이 시기에는 모든 일을 속전속결로 처리하는 것이 가장 중요했습니다. 재주가 많아야 하고, 군왕을 잘 섬겨야 하는 시기입니다. 그리고 하늘의 사랑을 받는 사람은 공무에 부지런하고 명령받고 책임 맡은 일을 치밀하게 처리해야 하는 시기였습니다. 당시 점성가들은 자신들의 왕에게 이러한 시대의 흐름대로 살지 못하면 양처럼 제물로 희생될 수도 있다고 이야기했을 것입니다.

여기서 박석재 박사님의 글을 잠시 소개합니다.

"환웅배달시대의 오성결집 기록은 《천문류초》에 있습니다. 이 책은 세종대왕의 명에 의해 천문학자 이순지가 옛 기록들을 모아 편찬한 것입니다. 오성결집은 삼황오제 중 하나인 전욱고양시대에 '일월오성개합 재자' 기록으로 증명됩니다. 이에 대해서는 프리미엄 조선 2015년 5월 12일자에 처음으로 게재했습니다. 곧 세계환단학회지에 논문으로 투고할 계획입니다.

이 '오성개합'은 삼황오제시대가 전설이 아니라 역사라는 사실을 증명합니다. 즉 환웅배달의 역사도 증명되는 셈입니다. 이 기록이 왜 우리나라 천문서적에 있을까요? 삼황오제가 모두 배달민족이었기 때문이지요. 삼황오제의 삼황은 태호복희, 신농염제, 헌원황제를 말하고 오제는 소호금천, 전욱고양, 제곡고신, 요, 순을 말합니다. 오성개합은 두 번째 오제 전욱고양시대에 일어난 오성결집 현상입니다.

오성취루의 경우도 1년 오차가 있었기 때문에 당황하지 않고 BC 2467년 전후를 조사했습니다. 그러던 중 그로부터 3년 전인 BC 2470년 9월 새벽 오성개합이 있었음을 알 수 있었습니다. 오성이 28수 각 별자리 주위에 모였던 것입니다! 오성취루 736년 전입니다! 더 자세한 내용은 '개천혁명'을 참고하시기 바랍니다. 이 오성개합은 28수 '각' 주위에서 일어났으므로 '오성취각'이 되겠습니다. 하지만 이미 오성취루의 '루'도 틀린 만큼 사서에 오성취각으로 나올 리는 없습니다. 이 점 유념하시기 바랍니다.

《환단고기》는 삼황오제가 동이족, 즉 배달국 사람들이었음을 밝히고 있습니다. 이번 오성취각의 발견으로 삼황오제시대는 전설이 아니라 역사라는 사실이 증명됐습니다. 물론 배달국의 역사 또한 결코 허구가 아니라는 사실도 저절로 입증된 셈입니다. 고조선도 신화라고 하는 마당에 이 얼마나 감격스러운 일이겠습니까!

고구려의 오성결집 기록은 김부식의 《삼국사기》에 나와 있습니다. 오성결집 기록은 고구려 차대왕 4년(서기 149년) 조에, '오성취어동방(五星聚於東方)'이란 기록으로 나와 있습니다. 천문 소프트웨어를 돌려봤더니 149년에는 오성결집이 일어나지 않았고 2년 후인 151년 8월에 게자리에서 일어났습니다. 동양 별자리 28수에서 게자리를 귀라고 하므로 오성취귀가 되겠습니다."

다시 말씀드리면 루(婁)성은 상인을 감시하는 별인 반면, 성수(星宿)자리는 전쟁의 별자리이며, 제왕의 별자리입니다. BC 1734년이면 고조선이 건국된 지 600년이 되던 해입니다. 고조선에서 쿠데타라도 일어날 만한 시기입니다. 실제로 오행성은 전 지구상에서 동일하게 관측되는 것인데 저 무렵 중국에서는 하나라가 망하고 은나라가 건국되었으며, 그리스에서도 화산이 폭발하고 페르세우스 왕조가 미케네 문명을 새로이 시작하는 때였으며, 중동과 유럽에서 새로운 강자인 히타이트 왕국이 새로이 시작되는 시기였습니다.

그러면 2016년 1~2월에 걸쳐 전 세계에 떴던 '오성취합'은 어떤 천문의 의미를 전해주고 있는 것일까요? 믿거나 말거나 공부 삼아 한번 볼까요? 지구의 문명은 북극성을 머리 위에 이고 사는 북반구 사람들에 의해 창조되었습니다. 북반구 사람들은 북극성을 기준으로 이동하며 살았습니다. 반면에 남반구에 사는 사람들은 남십자성을 기준으로 살았습니다.

그런데 남십자성을 중심으로 하는 남반구의 별자리들에는 신화나 전설이 없습니다. 아니 있었으나 역사의 승자가 아니므로 무시되어 묻혀버렸을 것입니다. 신대륙처럼 말입니다. 신대륙은 새로운 대륙이 아니라 그곳 사람들이 멀쩡히 잘 살던 땅이었습니다. 그런데 유럽인들이 와서 주도권을 쥐고 신대륙을 발견했다고 했으니까요. 하늘의 별을 관찰하던 북반구 사람들은 노스트라다무스의 예언에 나오는 오행성들의 십자 배열인 그랜드 크로스(Grand Cross)의 출현 여부를 보고 싶었으나, 현대 천문학 기술로 그 확률을 보니 오행성이 십자가 모양으로 배열되는 확률은 극히 희박했다고 합니다.

그래도 5개의 주요 행성이 일렬로 저렇게 뜨는 경우는 최근의 기록으로는 2000년 5월에 6개의 행성이 일렬로 늘어서기도 했습니다. 또 2016년 1월 20일부터 2월 20일까지 한 달간 목성-화성-토성-금성-수성의 태양계 5개 행성이 한 번에 일렬로 정렬하는 '우주 쇼'가 펼쳐졌습니다. 11년 후에 또 이렇게 오행성이 일렬로 늘어선다고 하지만 일렬이라고 해서 다 같은 의미의 일렬이 아니고, 하늘이라고 해서 다 같은 하늘이 아닌 것을 요즘 일반인들이 어찌 알겠습니까? 그들은 그냥 형상만 보는 사람들일 뿐입니다.

당시 신문기사는 이렇습니다.

지난 20일(한국시간) 미국 천문·우주 정보 제공 사이트 '어스 스카이'는 이날부터 다음 달 20일까지 한 달 동안 수성-금성-화성-목성-토성 등 태양계 5개 행성을 일직선으로 관측할 수 있다고 전했다.

5개 행성을 동시에 육안으로 관찰할 수 있는 이번 우주 쇼는 지난 2005년 이후 11년 만이다. 어스 스카이는 또한 올해 8월 13일부터 19일 저녁까지 이 같은 현상이 한 차례 더 발생한다고 예고했다.

위성을 통해 정보를 제공하는 기상학 및 천문학 전문 사이트 '헤븐스 어보브'에 따르면 지난 20일 서울에서는 오후 9시 58분쯤 목성이 가장 먼저 관측됐다.

이어 21일 오전 1시 44분쯤 화성이 모습을 드러냈고 4시 28분쯤 토성이 합류했다. 가장 밝은 금성은 5시 30분쯤 빛을 냈고 마지막으로 수성이 6시 45분쯤 대미를 장식했다.

이로써 5개 행성이 일렬로 정렬하는 장관을 관측할 수 있었다. 이 장대한 우주 쇼에 대해 미국 항공우주국(NASA) 행성과학자 짐 그린은 "이번 우주 쇼는 5개 행성 궤도의 황도면이 가지런해지면서 일어나는 드문 일이다"라고 말했다.

태양과 지구, 그리고 육안으로 관측할 수 있는 5개 행성이 일렬로 놓이는 현상은 지난 1,000년 동안 12번밖에 일어나지 않은 희귀한 현상이라고 하지만 의미 있는 일렬은 3,750년 만의 일인 것을 사람들은 모릅니다.

그렇다면 백규와 범려는 어떻게 저 하늘의 문장을 해석했을까요? 아마도 이렇게 생각했을 것입니다. 백규나 범려는 양자리시대의 사람들입니다. 예수님은 지구의 세차운동으로 북극성이 바뀌며, 양자리 시대에서 물고기시대로 바뀌는 무렵에 태어나셨습니다. 2016년은 물고기자리에서 물병자리로 또 바뀌기 시작하는 시대입니다. 이러한 시대 구분은 춘분날 새벽 태양이 어느 자리에서 떠오르나를 기준으로 하는 것인데 2016년의 오행성이 일렬로 뜬 위치는 처녀자리였습니다.

5개 행성의 정렬

예수님이 동정녀 마리아에게서 태어났다고 하는 것처럼 처녀자리에서 오행성이 일렬로 떠서 전갈자리에 걸쳐 1달간 지구상의 전 위치에서 육안으로 보였다는 사실은 아주 중요한 의미를 갖습니다. 스피카를 중심으로 하는 처녀자리는 동방 28수로는 각수(角宿)와 항수(亢宿)입니다. 각수는 하늘에 날아다니는 새를 감시하는 역할을 맡고 있으며, 항수는 어떤 종교인을 막론하고 모든 수행자를 감시하는 역할을 맡고 있습니다. 또 안타레스를 중심으로 하는 전갈자리는 28수의 심수(心宿)자리입니다.

심수자리는 물과 관련된 동물들을 감시하는 역할을 맡고 있는데, 그

깊은 의미는 이름 그대로 전갈의 기운을 가지고 있습니다.

2개의 별로 이루어진 각수는 항상 장엄하며 보물과 비단 등 재화를 관장합니다. 그래서 윗사람이 아랫사람에게 상을 주거나 하늘 천신들에게 항상 감사해야 하며 군대를 잘 관리하고 육성해서 만백성을 보호해야 합니다. 이것을 잘하게 되면 모든 하늘과 땅의 재물이 풍족하게 주어집니다. 경영을 아주 잘하게 되어 6축(소, 말, 염소, 개, 돼지, 닭)이 풍성해집니다. 또 손재주가 있는 사람이 성공합니다. 여자는 두 남자를 두는 것이 합당하다고 합니다,

항수는 1개의 별로 이루어져 있습니다. 여의주와 같으나 바람신의 역할을 합니다. 풍신(風神)이란 모든 만물에 장차 이 에너지를 전파한다는 의미입니다. 혼인을 주관하기도 하고, 씨 뿌리고 가꾸고 말이나 코끼리처럼 길들이지 않았던 것을 길들이는 일을 해야 좋습니다. 특히 항수는 우두머리가 됨을 의미하며 많은 사람들을 통솔하게 되며 언변이 뛰어나고 경영에 능숙해지는 공부를 해야 합니다. 그래야 재물이 산처럼 들어옵니다. 의식주는 자연히 풍족을 넘어서니 사치를 조심해야 할 정도입니다, 그리고 항상 공덕을 지어 마음과 힘이 풍족함을 인류와 국가와 가정의 풍(風)에 이익되게 해야 하는 별자리입니다. 풍이라 함은 바람인데 올바른 생각의 조류[思潮]가 만들어져서, 인류와 국가와 사회와 가정에 국풍(國風), 사풍(社風), 가풍(家風)이 전해지는 풍조(風潮)를 만들어야 한다는 의미를 담고 있습니다.

다음은 점성술사들이 바짝 긴장하는 심수입니다. 그 심수자리를 관장하는 신은 '인타라' 신(神)인데, 그 신은 물을 정수리에 붓는다는 의

미이며 세례의 의미가 있습니다. 물병자리 시대의 개막을 알리는 의미
와 동일합니다.

이 시대의 천문은 왕이 되거나 지도자가 된 사람은 마땅히 그 일을
하여야만 한다는 것입니다. 그렇지 않으면 전갈의 독으로 그 자리에서
쫓겨납니다. 그러나 그 일을 잘하면 엄숙한 복장으로 단에 올라 관직을
제수받습니다. 공덕을 닦아야 하며 몸을 다스려야 합니다. 다른 나라
나 사람에게 부채를 놓는 일[放債]은 마땅하지 않습니다. 돈 벌기 위해
투자하는 것도 마땅한 일이 아닙니다. 예상치 못한 도적에게 돈을 잃
는 일이 허다해집니다. 이 별은 친족들과 주변 사람들에게 사랑과 공경
을 받는 일을 해야 하며, 군왕의 뜻을 그대로 잘 이어받아 사회에서 예
우받는 일을 해야 하며, 악을 꺾고 선을 장려하는 일로 일생을 보내는
것이 하늘의 이치에 맞게 사는 사람입니다. 그러지 않으면 전갈의 독에
스스로 치이게 됩니다.

만약 백규나 범려가 이 시대 사람이라면 이렇게 하늘을 읽었을 것입
니다. "어제와 오늘에 이어 밤하늘에 오성(五星)이 일렬로 연속해서 뜨
는데 목성(木星)이 제일 앞자리에서 먼저 떠서 인도하네. 그 다음에 화
성(火星)이라. 불은 본디 그 성정이 널리 번져나가는 것! 그 불을 더욱
불답게 하는 것은 나무인데, 화성은 목성의 도움을 받아 그 힘을 더욱
강력하게 얻겠구나. 그 다음은 토성(土星)이라. 토성은 화성의 도움을
받아 그 힘이 더욱 좋아지겠구나. 그 다음은 금성이라. 쇠 금(金)은 본
디 그 성정이 널리 전해지는 것이며 울려퍼지는 하늘의 자기장과 같은
것! 땅에서 자기 몸을 농축시키고, 단련하며 때를 기다리는 것인데, 금

성은 토성의 기운을 받아 그 기운이 더욱 널리 전해지겠구나. 그 다음은 수성이라. 다시 저 물은 수생목(水生木)의 기운으로 나무 목(木)을 잘 성장시켜주니, 앞으로의 세상은 내가 남을 도우면 누군가가 나를 돕는 세상이 온다는 소리겠구나."

결국 2016년부터는 천문(天文)이 지리(地利)보다는 인화(人和)의 세상이 오겠다는 것을 눈치채고 이제 사람의 힘을 얻을 줄 알아야 한다고 했을 것입니다. 사람의 힘을 얻으려면 인기(人氣)를 모아 받을 그릇이 필수적입니다.

사람의 그릇이란 그 사람의 생각의 크기입니다. 받아들일 수 있어야 합니다. 인기를 받으려면 제일 먼저 재능이 있어야 한다고 생각할 것이고, 자신은 그렇지 않다고 생각하기 쉬운데 그렇지 않습니다. 사람은 누구나 자기만의 독특한 재능이 손가락의 지문이나 눈동자의 동채처럼 다른 사람과는 다른 방식으로 표출되고 나타납니다.

저는 환갑을 맞이하여 꿈을 다시 만들었습니다. 이름 그대로 환갑이고, 2020년부터 진갑(進甲)입니다. 진갑은 나이 62세가 아니라 2번째의 환갑을 맞이하여 가는 두 번째 '돌'이라는 말입니다. 60년 전, 제가 돌상에서 무엇을 잡았는지 돌잡이 상을 차려준 어머니도 기억을 못 하십니다. 하지만 두 번째 돌상은 생물학적 부모님이 차려주는 것이 아닙니다. 그리고 저는 제가 지난 60년을 살아오며 기억나는 순간들, 부끄럽고 창피한 기억부터 자랑스러운 기억까지 회상해봅니다.

마치 꿈에서 기억들을 보듯이 명상을 하며 그 기억들을 회상합니다.

냉장고의 여러 식재료들을 보며 어떤 요리를 할까 고민하듯이 저는 저의 회상 속에 떠오르는 좋고 나쁜 모든 기억들을 물끄러미 바라봅니다. 그리고 어떤 요리를 하여 세상 사람들에게 내놓을까를 생각합니다. 제가 요리사가 되어 저만의 요리를 내놓았을 때, 그 요리가 맛있다고, 몸에 좋다고, 꼭 이 요리 먹어야 한다는 평을 들을 수 있는 음식을 내놓고 싶습니다. 그 요리를 만들어가는 것, 그것이 환갑 이후 진갑에서 맞이하는 저만의 돌잡이 행사입니다.

그리고 한국 사람들이 자신은 모르지만 가지고 있는 각자의 재능을 그들만의 독특한 방식으로 세상에 표출할 수 있는 플랫폼을 만들고자 합니다. 그러기 위해서는 막대한 돈이 필요할 것입니다. 저는 돈을 버는 방법은 잘 모르지만 돈이 내게로 흘러 들어오게 하는 법은 알고 있습니다. 돈의 물줄기를 만들기 위해 제일 먼저 해야 될 것은 돈에 대한 걱정을 가급적 하지 않는 것입니다. 그래서 남들이 뭐라고 하건, 꿈의 계획서를 만들고, 연구하고, 수정하고 다듬어나가는 것입니다. 특별히 해야 할 것도 없습니다. 왜냐하면 저는 인연이 만들어지는 법을 알기 때문입니다. 물론 '인연을 대하는 공부'를 하여야 합니다.

인연 대하는 공부도 사실은 별 것 아닙니다. TV나 영화, 골프나 당구 등의 운동 모임, 친구나 후배들과의 술이나 식사 자리, 그리고 식구들과의 밥상머리에서 나오는 대화, TV 드라마를 보며 투덜대는 가족들의 말, 그 모든 것들이 저의 눈과 귀에 담기고 심어지는 낙처가 바로 '인연을 대하는 공부'입니다.

그리고 하늘의 오행성이 저렇게 떠올라온 이후로는 "내가 남을 생(生)하게 하면 나를 생하게 할 인연이 내게 오고, 내가 남을 멸(滅)하게 하면 나를 멸할 인연이 스스로 내게 찾아올 것이다"라는 것을 알면 됩니다. 그런 과정으로 작은 생각의 에너지가 생각의 알갱이가 되고, 그 생각의 알갱이들이 모여 생각의 질량이 되어가면서 사람이 모이고, 급이 높은 사람과 만나게 되고, 계속 그렇게 가다 보면 된다는 것을 저는 알고 있습니다. 마치 학창시절 배운 영어 문법 'to 부정사'의 결과적 용법에서 아침에 눈을 뜨니 원하는 것이 들어와 있었다라고 한 것처럼 말입니다. 이것이 바로 '대체여차의(물건과 사람의 관계는 대체로 이러하다)'의 핵심입니다.

13. 동시성 현상과 인연 다루는 공부

'동시성 현상'이라는 것은 그냥 우연이라고 치부해버리기에는 너무나 의미가 깊고 기이한 사건의 공교로운 일치를 말합니다.

'인연을 대하는 공부'는 정확히는 연(緣)을 대하는 공부입니다. 연은 다른 말로 조건(condition)입니다. 사람들은 20살이 넘으면 좋은 직업을 갖고 싶어 합니다. 좋은 직업이란 자신이 좋아하는 일을 하는 것이지만 억대 연봉이라면 무슨 직업이라도 좋겠다고 생각하는 사람도 많습니다. 그러면 '연봉 1억을 받을 수 있는 직업'이 사람들이 바라는 결과(結果)일 것입니다. 그런 꿈을 꾸는 사람이 많습니다.

꿈은 씨앗입니다. 결과를 만들어내는 원인입니다. 그래서 꿈을 심는 땅을 '원인지'라고 합니다. 이것이 바로 인과법입니다. 그리고 씨앗이 원하는 과실을 맺기 전 중간 과정에서 일어나는 일들이 조건입니다.

연-과라고 합니다. 이것을 '인연을 대하는 공부'라고 하는 것입니다. 특히 중요한 것이 연 즉 조건입니다. 커다란 대야에 흙을 담은 후 수박 씨앗을 심어두면 120일 후에는 수박을 먹을 수 있습니다. 간혹 물을 주는 것 외에 필요한 일은 없습니다. 120일 동안 누가 어디서 무엇을 했는지 모릅니다. 해와 달과 바람과 별이 그렇게 기르고 가꾸어온 것입니다.

'인연을 다루는 공부'에서 알아야 할 것이 하나 더 있습니다. 수박은 120일, 사람은 280일, 말은 360일 등 결과를 맺기 위해 필요한 시간, 즉 '시절인연'이 있다는 것입니다. 과학적으로 존재하지 않는 시간의 마디! 그것이 하늘의 별과 오행성과 해와 달이 여러분을 위해 일한 시간입니다. 수박뿐 아니라 여러분의 소원이 이루어지는 모든 것이 그렇게 인-연-기-과의 과정을 밟게 됩니다.

"기생충"이라는 영화를 아실 것입니다. 굳이 보지 않았더라도 뉴스에서 연일 떠들어댔으니까요. 이제 여러분은 큰일났습니다! 비상등이 켜진 것입니다. 예를 들면 《정의란 무엇인가》라는 책이 엄청나게 팔리고 난 10년 뒤 미국에서 2020년 대통령 선거를 앞두고 온 국민이 정의

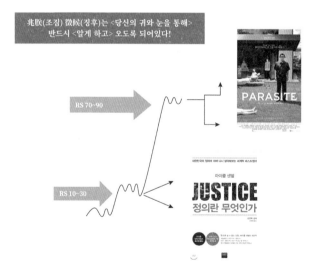

영화 "기생충"과 책 《정의란 무엇인가》

란 무엇인가를 가지고 싸웠습니다. 인연은 그렇게 오기 마련입니다.

우리가 굳이 포착하려고 하지 않았어도 "기생충"이라는 말을 누군가 귀와 눈에 잡아넣어 주었습니다. 그것은 여러분에게도 건달이나 조폭이 아니라 멀쩡한 사람이, 그것도 학벌도 좋고, 지식도 많기에 당신이 나름대로 존중하고 있던 기생충이 붙기 시작하니 조심하라는 말이었습니다. 누구에게나 말입니다. 개인뿐만 아니라 법인까지도 그리고 중국, 미국, 한국, 영국, 일본 같은 국가들까지도 모두 '에너지의 집합체'이기에 마찬가지였습니다.

2020년 미국 대통령 선거의 핵심은 미국과 중국의 경제 갈등처럼 보입니다. 중국은 G2라는 말로 100년간 세계의 큰형님 노릇을 하던 미국을 따라잡기 위해서 두 가지 길을 선택했습니다.

하나는 '화웨이'를 통해서 4차산업시대 인공지능을 통한 기술 패권 국가가 되는 것이고 두 번째는 블록체인 기술을 활용한 '알리페이'를 통해 달러와 같은 기축 통화국으로 새로운 금융 패권 국가가 되는 것이었습니다.

'알리페이'는 2014년에 처음 설립했음에도 불구하고 2019년 순이익 26억 달러를 달성했고, 2020년 현재 9억 명이 사용하며, 평가액은 2,500억 달러입니다. 상장시 시가총액은 3,000억 달러에 달할 것으로 예상됩니다. 알리페이의 홍콩 증시와 상하이 증시 동시 상장은 전 세계 투자자를 흥분시켰고, 예상 금액은 과거 최고 기록인 사우디 알람코 상장 당시 금액보다 높을 것이라고 합니다. 그러나 중국은 2016년 1~2월 하늘의 별자리를 보지 못했거나 읽지 못했던 것 같습니다. 자신들의 조상 태사공 사마천의 〈화식열전〉을 깊이 연구하지 않았던 것 같습니다.

화웨이와 알리페이

결국 중국에서 촉발된 코로나 바이러스 사태로 말미암아 미국의 트럼프 대통령은 미중 갈등의 패러다임을 영화 "기생충"과 같은 스토리로 바꾸어 놓았습니다. 그리고 갈등 대상을 중국과 중국인에서 중국 공산당으로 바꾸어 미중 무역전쟁의 양상을 바꾸어놓았습니다. 아마 중국의 기술 패권 국가의 꿈과 금융 패권 국가의 꿈은 등소평의 말처럼 100년을 '도광양회'한 다음에 시도했어야 할 것이었는지 모릅니다.

일반인들 눈에는 단지 그냥 영화 이야기로, 미중 간의 갈등으로 보이지만 우리가 모르는 사이에 한국에도 그런 일이 있었습니다. 기생충으로 인한 문제는 여러분의 차례로 다가오고 있습니다. 그러면 어떤 조심을 해야 될까요?

인연이 자신에게 온 이유를 알고 반성하면 그 공부는 간단하게 마칠 수 있습니다. 그런 사람에게는 기생충이 오지 않게 됩니다. 영화 기생충은 '오만한 부자들과 염치없는 가난한 사람들' 이야기입니다. 그것이 전하려는 메시지는 '이제 그렇게 살면 안 된다!'라는 경고입니다. 성공한 사람이거나 남들의 부러움을 받는 사람이라면 '오만하게 살지 마라! 당신이나 당신 가족이 영화 "기생충"의 주인 가족처럼 될 수도 있다'라는 말입니다. 이런 경고 사이렌이 제 귀에는 들리는데 사람들은 코로나를 더 무서워합니다.

그리고 만약 책을 많이 읽고 고급 문화생활을 즐길 정도의 지식인임에도 불구하고 현재의 처지가 힘들고 어렵다면 '염치없이 살지 마라. 당신이나 당신 가족이 영화의 주인 가족처럼 될 수도 있다'는 의미입니다. 이제 당신은 있다고 오만하고 없다고 염치없이 살면, 알면서도 행하지 않은 가중 처벌을 받게 됩니다. 이것을 인정하지 않아도 좋습니다. 선택이니까요. 그러나 이것이 인생의 하락 추세를 멈추게 하거나 인생을 상승 추세로 돌려세울 수 있는 기회를 놓치는 것임을 잊지 마십시오. 게다가 당신은 부주의에 의한 미필적 고의로 가중 처벌을 받게 되어 복과 운을 빼앗기고 사라지는 속도와 그 하락의 기울기가 더욱 가파르게 될 것입니다. 이 이야기는 남 이야기가 아닙니다. 제 이야기입니다.

그러면 어떻게 하면 될까요? 답은 이것입니다. 빨리 '이러한 이치'를 받아들이고 납득해서 화식 비법을 쓰면 됩니다. "몰랐습니다. 잘못했습니다. 이제 저는 저의 무지를 깨닫고 저의 죄를 이실직고하옵니다. 이제 진심으로 참회하오니 저의 용서를 받아주시옵소서!"를 한 후 계속 공부하면 됩니다.

이제 이러한 이치를 아신 여러분께 한 걸음 더 정확히 짚어드립니다.

1. 나는 이렇게 인생의 방향을 새로이 정하겠습니다.
2. 지금까지 가지고 있던 저의 생각의 기준은 내려놓겠습니다.

3. 계속 이러한 자연이 가르쳐주는 자연지 공부를 하겠습니다.

4. 이번 생은 다른 사람들의 꿈이 이루어지게 하는 삶을 살겠습니다.

이 말을 매일 생각나는 대로 해서 잠재의식에 각인되면 무의식적으로 저렇게 되기 위한 인연을 끌어당깁니다. 그리고 인연을 대하고 다루는 공부를 하면서 인-연-기-과의 과정으로 원하는 것을 얻게 됩니다.

이것이 인간으로서의 올바른 진화의 방향이며, 백규가 알고 행하던 바입니다. 백규나 범려의 지식은 종이 위의 글이나 말로 알게 된 것이 아니라 자연이라는 환경이 가르쳐주는 자연지였던 것입니다.

2016년 1월~2월의 하늘의 가르침, 3월의 이세돌과 알파고의 바둑대결의 가르침, 영화 "기생충"이 주는 경고음을 듣지 못하고 빅 데이터와 인공지능, 4차산업이라는 말에 매여 정치 경제인들 스스로가 기생충이 되어 스스로를 파멸시키는 것이 안타까울 뿐입니다. 특히 2020년 미국 대선에서 드러난 여러 문제로 인해 미국의 메인 미디어와 페이스북, 구글, 트위터 같은 회사들이 과거 AT&T처럼 쪼개질지도 모릅니다. 그들은 오행성이 어떤 순서로 처녀자리와 전갈자리에 펼쳐졌는지, 그리고 그 의미가 무엇인지 모르는 것 같습니다.

위에서는 각수와 항수, 심수를 중심으로 말씀드렸지만, 동방 칠수라고 하는 청룡의 몸 전체 위에 하늘의 오행성의 움직임이 진행되었습니다. 동방 칠수는 각수, 항수, 저수, 방수, 심수 그리고 미수와 기수 7 별자리를 말하는데 방수는 자동차, 비행기 등 모든 편리한 이동수단을 타고 다니는 사람들을 감시하는 별이고, 미수와 기수는 국왕과 권력을 가진 집단을 감시하는 별자리입니다. 과거에 하던 대로 살다가는 전 세계에서 힘 있는 사람, 돈 있는 사람에게 생각지도 못하던 묘한 일이 생기는 것을 보게 될 것입니다. 특히 괴테의 말처럼 펜은 칼보다 강하다고 했는데, 언론, 문화, 예술, 영화, 방송계는 범려나 백규가 공부한 것을 잘 새겨들어야 합니다. 한국의 언론과 문화 예술계도 마찬가지입니다.

더구나 빈부지도 Version 4.0시대의 사회적 오퍼레이션 시스템하의 인사고과 방식을 몰라, 2019년 들이닥친 'Covid 19' 이후 국민들의 건강을 보호한다는 명목으로 모든 개개인의 정보를 수집해서 최고의 인공지능을 갖춘 빅 브라더가 되어 지존의 자리를 차지하겠다는 그릇된 욕망들을 보니 그들이 불쌍하기만 합니다. 더구나 그들이 수집한 정보를 2016년 1~2월 오성결집의 이치와 역행되도록 사용하기도 하니, 자신이 자신을 죽이는 '오만한 부잣집 가족의 행위'를 하면서도 스스로는 모르고 사는 것 같습니다.

제 2 장   돈의 정

富

1. 필요 마력과 여유 마력

總之(총지) : 총괄해서 보면

楚越之地(초월지지) : 초와 월 지역은

地廣人希(지광인희) : 땅은 넓지만 사람이 드물며

飯稻羹魚(반도갱어) : 쌀을 주식으로 하고 생선국을 끓여 먹으며

或火耕而水耨(혹화경이수누) : 농사짓는 방법은 거둬들인 다음 논의 마른 풀을 불태워 갈고 여름에는 논에 물을 대고 김을 매는 방법을 취한다.

果隋蠃蛤(과수라합) : 초목의 열매와 생선과 조개 따위는

不待賈而足(불대가이족) : 장사꾼을 기다리지 않아도 충분하며

地埶饒食(지예요식) : 지형상 식량이 풍부해서

無飢饉之患(무기근지환) : 기근의 환란이 없다.

以故呰窳偸生(이고자유투생) : 그런 까닭에 백성들은 게을러서 그날 그날 살아가며

無積聚而多貧(무적취이다빈) : 모은 것도 없는 가난뱅이가 많다.

是故江淮以南(시고강회이남) : 이 때문에 강·회 이남에는

無凍餓之人(무동아지인) : 춥고 배고픈 사람도 없을 뿐 아니라

亦無千金之家(역무천금지가) : 또 천금을 가진 부잣집도 없다.

회광반조 캘리포니아 대학의 지리학과 교수 재레드 다이아몬드가 지은 책《총, 균, 쇠》는 문명의 차이를 통해 지역적 차이를 설명한 문화 이론서입니다. 사마천의 〈화식열전〉의 대의와 비교해보면 재미있는 공통점을 찾을 수 있습니다.

유럽과 아시아 문명이 다른 지역을 정복할 수 있었던 이유는 유럽과 아시아에 정착해서 살던 인종의 지적, 도덕적, 유전적 우월성 때문이 아니었다는 것입니다. 그것보다는 지리적 차이와 그 지리적 차이를 활용하는 데서 비롯된 것이라는 주장입니다. 예를 들면 적도 이하 남반구권에서는 비교적 온난한 날씨가 지속되어 환경적인 위기가 많지 않았습니다. 반면 북반구에서는 추위와 홍수 등으로 인류 자체가 멸종할 위기의 순간들이 수시로 있었고, 봄, 여름, 가을, 겨울 4계절의 날씨 차이로 끊임없이 환경이 변화하기에 인류도 같이 변화할 수밖에 없었다고 합니다.

마치 우리나라의 과일이 계절별 온도와 햇빛의 양 차이, 그리고 밤과 낮의 온도 차이 등을 극복하기 위해 당분 저장 능력을 높인 탓에 살이 찰지고 당도가 풍성하게 유지되어 열대의 과일보다 맛이 좋은 것처럼 말입니다. 또 지역에 따른 환경적 어려움의 차이는 상업과 무역을 발달시켰습니다. 그러는 중에 전쟁이 일어나기도 했겠지요.

이 책을 통해서 저는 지구상의 그 많은 동물 중에 인간이 가축화에

성공한 동물은 소, 양, 말, 돼지, 닭, 개, 고양이, 낙타 등 총 14종의 동물에 지나지 않는다는 것을 처음 알게 되었습니다. 또 아프리카나 아메리카 대륙, 호주 등 남반구 문화권에서는 단 한 종류의 가축도 길들이지 못했다고 합니다. 애써 길들일 필요가 없었겠지요. 사냥하면 되고, 공급이 많으니 어렵게 길들여 저축할 필요도 없었을 테니까요.

적도권에 가까운 초와 월 지역에서도 마찬가지입니다.

1. 장사할 필요성도 없고
2. 백성들은 게을러서 그날그날 살아가도 되고
3. 가난뱅이는 많아도 굶어 죽는 사람은 없고
4. 춥고 배고픈 사람도 없고
5. 천금을 가진 부자도 없다.

저도 20대 자녀들을 두고 있지만, 요즘 아이들은 '젊을 때 고생은 사서도 한다'라는 말을 받아들이지 않습니다. 왜 젊을 때나 나이 들어서나 시련과 고생이 좋기도 한 것인지 설명하겠습니다.

말을 길들여 마차를 끌게 하면서 사람들의 활동 거리와 이동 속도는 폭발적으로 늘었습니다. 무거운 것을 끄는 힘을 표시하는 마력(馬力)은 말의 힘입니다. 1마력은 76kg을 1초에 1미터 끄는 힘입니다. 털털거리며 가는 경운기는 통상 10마력 이하입니다. 국산 혹은 외국산 경승용차는 30마력짜리도 있습니다. 만약 도로포장이 잘된 곳이라면 10마력짜리 경운기를 가지고도 시속 80킬로미터 속도로 달릴 수 있습니다.

그런데 왜 자동차는 쓸데없이 50마력, 70마력, 100마력, 150마력,

400마력까지 마력 수 높은 차가 나오는 것일까요? 50마력 자동차와 150마력 자동차의 차이는 무엇일까요? 만약 이동 거리와 이동 속도만을 계산한다면 자동차에는 10~30마력 즉 말 10~30마리의 힘만 있어도 가능합니다. 그것을 '필요 마력'이라고 합니다. 그러나 승차감, 순간 발진, 비상사태 시 급회전 등 여러 가지 안락감과 긴급 상황 시 상황대처 능력을 고려하여 고가의 차일수록 '여유 마력'을 많이 갖는 것입니다.

우리는 학교 다니면서 방정식, 미분, 적분, 그리고 물리, 상업, 공업, 원예, 가정, 바느질, 주산, 기술 등을 배우며 시험도 보고 숙제도 했습니다. 평생 가야 한 번도 쓸 일이 없는 독일어, 중국어 등도 배웠습니다. 세상에 나와서 필요한 컴퓨터, 타자 등은 한 학기 배우면 끝인데요. 왜 그랬을까요?

물론 교육 과정상의 문제가 있기도 했고 일본이 남긴 교육 체계를 답습했기 때문이라고 할 수도 있습니다. 그러나 좋게 생각하면 덕분에 국민 개개인이 '여유 마력'을 많이 갖게 되었을 수도 있습니다. 창의력은 여유 마력에서 나오는 법이니까요.

2. 전 세계 식량 기근 문제

1990년부터 2020년까지의 세계 쌀값 동향입니다.

세계 쌀값 동향

'가난뱅이가 많지만 춥고 배고픈 사람은 없고 천금을 가진 부자도 없다'는 말이 이해가 되시죠? 30년간 단 3배가 올랐으니까요. 그리고 쌀은 3급수 수질의 환경에서 사는 사람, 즉 근골 에너지로 사는 사람에게 필수적입니다.

원 문

沂泗水以北(기사수이북) : 기수와 사수의 북쪽은

宜五穀桑麻六畜(의오곡상마육축) : 오곡과 뽕나무 삼나무를 심고 육축을 기르기에 적당하나

地小人衆(지소인중) : 땅은 좁고 사람은 많은 데다

數被水旱之害(수피수한지해) : 자주 수해와 가뭄이 들므로

民好畜藏(민호축장) : 주민들이 자진해서 저축을 한다.

故秦夏梁魯好農而重民(고진하량노호농이중민) : 그러므로 진·하·양·진의 땅에서는 농사에 힘을 기울이며 농민을 소중히 여긴다.

三河宛陳亦然(삼하완진역연) : 삼하·완·진의 땅도 그와 같으나

加以商賈(가이상가) : 상업에 힘을 기울인다.

회광반조 환경이 척박할수록 사람은 머리를 쓰게 되지요. 그래서 전쟁이 많았던 유럽인과 미국인들은 지금도 많이 하고, 인도와의 무역이 불가능해지자 수학, 지리학 등을 익히며 유통을 정말 중요하게 생각했지요.

저희 사무실 위층은 직원이 5명인 전축 전기 자재 유통회사였는데 코로나 사태 이후 각종 공사가 스톱되어 회사가 어려워졌습니다. 그러나 약 7~8개월 지나는 사이에 모든 것이 정상화되었는데, 온라인 영업 방식 때문이었다고 합니다. 영업 사원이 직접 가지 않고 온라인을 이용

하며 사무실을 3분의 1 규모로 줄이고, 직원도 3명 정리해고하고 둘이
서 한답니다. 당연히 회사 수익은 더 늘어나고, 필요 없이 쌓아두던 각
종 물품을 처리하니 너무나 좋다고 했습니다. 이제 누구나 이런 것을
경험할 것입니다. 이 슬픈 문제를 해결할 수 있는 사람은 정치인이나
경제학자가 아닙니다. '여유 마력'을 가진 분들입니다.

유통은 상업의 핵심이지요. 다음은 4차산업에 해당되는 '아마존'의
주식 동향입니다.

2000년부터 20년 사이에 3,000배는 올랐네요. 그동안 배당금도 잘 나
왔겠고요.

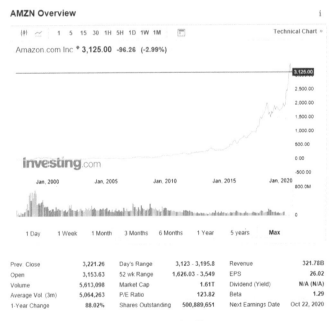

아마존 주가 동향

齊趙設智巧(제조설지교) : 제·조에서는 지혜와 재주를 부리고
仰機利(앙기리) : 기회를 보아 이익을 도모하며

회광반조 제나라 조나라를 합치니 제조업이 되는군요. 대표적인
제조업 중에 일본 제조업의 강자였던 소니 주식을 볼까요?

1985년부터 2020년 현재까지 일본 소니의 주가입니다. 2000년 아날
로그에서 디지털로 기술 패러다임이 바뀌면서 엄청나게 오르던 일본
제조업 대표 주자가 고생을 심하게 했습니다. 그리고 2013년, 2014년을
기점으로 다시 소니의 기술진과 경영진들은 '지혜와 재주를 부리고 기

소니 주가 동향

회를 보아 이익을 도모'하네요. 멋집니다.

燕代田畜而事蠶(연대전축이사잠) : 연·대에서는 농사와 목축을 주
업으로 하는 한편 양잠에도 힘쓴다.

회광반조 1980년부터 2020년까지 40년간의 소 값 동향입니다.
8배 가량 올랐다가 지금도 6배 정도는 올랐네요. 목축도 괜찮은 것
같습니다.

소 값 동향

사마천이 〈화식열전〉을 쓸 당시는 지금처럼 4차산업시대가 아니라서 하늘의 기후와 땅의 재질과 산물, 그리고 그 땅의 사람들의 기질과 노동력이나 머리를 쓸 줄 아는 지력(知力)이 가장 중요했던 것 같습니다. 그런데 이제 지리적인 중요성은 점점 떨어져갑니다. 그렇지만 지리적인 중요성이 아직 남아 있는 대륙이 있습니다. 바로 아프리카 대륙입니다. 아프리카 54개국 중에는 무한한 잠재력이 있는 나라가 많습니다.

3. 돈의 정을 찾아 아프리카로

　저는 몇몇 동료와 함께 아프리카 국가에 한국의 경험을 전해주는 일을 하면서 60 이후의 삶을 보내고 싶습니다. 60까지는 나를 위해서, 가족을 위해서 살았으나 항상 2번째 단계인 수익 창출 지식 에너지와 3번째 단계인 비용 감당 지식 에너지 수준에서만 살아왔음을 알았습니다. 첫 번째 단계인 자산 축적 에너지인 돈 에너지를 갖출 수 없었습니다.

　그래서 돈 공부를 하였으나 돈의 정, '화(貨)의 정(情)'의 이치를 몰랐습니다. 그 이치를 알게 된 후 시작한 것이 바로 '아프리카 사람들에게 내가 가진 지식과 경험을 주자!'였습니다. 그 이유는 하나입니다. 예를 들면 BC 1734년부터 2016년까지 대략 3,700년간은 사람들이 자신만 돌보며 살기도 바빴습니다. 하늘의 재물이라는 세상의 돈이 귀했기 때문입니다.

　그러나 자신만 돌보면 당장은 좋은 것 같으나 그리 멀지 않은 시점에 더 큰 손해를 입게 됩니다. 돈으로부터의 손해, 사람으로부터의 손해, 건강으로부터의 손해, 그리고 마지막으로 연좌제에 의해 자녀들에게까지 손해가 가게 됩니다.

이 세상은 프랙탈의 법칙에 의해 같은 원리로 작동됩니다. 자신이 태어나 자라서 몸 담고 있는 한국이 3급수 수질의 국가 환경과 평균적 지적 수준일 때를 초등학생이라고 하면 2급수 수질은 중고등학생 수준이고 1급수 수질은 대학생 수준이어야 합니다. 하는 일이 달라야 합니다. 하는 일은 같더라도 그 일을 하는 의도가 지금의 나보다는 더 큰 나가 되어야 합니다. 가족을 넘어, 집안을 넘어, 우리 동네, 내가 사는 사회, 더 나아가 인류, 그것보다 더 나아가 일체 모든 자연계의 동식물들과 산과 나무를 위해서 여유 마력을 써야 합니다. 그렇게 살지 않으면 같은 잘못을 저질러도 벌 받는 것이 다릅니다. 좋을 일을 해도 상 받는 수준이 되려면 하는 일이 달라야 하는 것입니다.

제가 아는 아프리카 대사님이 있습니다. 알비노 말롱고 주한 앙골라 대사였습니다.

처음 만났을 때 명함을 건네니 제 명함을 보고 이렇게 말했습니다.

"오, 미스터 우는 진짜 사장이군요. 축하합니다. 그리고 반갑습니다."

"네? 아, 네! 그런데 대사님, 진짜 사장이라는 말씀이……"

"아, 그거요? 후후. 내가 주일 앙골라 대사를 4년 했습니다. 그리고 지금 주한 앙골라 대사를 12년째 하고 있습니다. 일본과 한국에서 명함 많이 받았는데, 일본 사람들은 직급이 낮습니다. 그런데 한국 사람들은 직급이 높고, 사장 아니면 회장들이었습니다. 그런데 한국 사람들 명함에는 회사 주소도 없고, 더구나 회사 사이트도 없는 경우가 많고, 한국 사장님들, 회장님들 돈이 없습니다.

반면에 일본 사람들은 직급은 낮아도 돈 있는 사람들 많습니다. 우리

알비노 대사

나라 대통령 나보고 빨리 앙골라로 돌아오라고 하지만 안 갑니다. 왜냐하면 나는 한국이 너무 좋기 때문입니다. 그리고 한국 사람들 돈이 없지만 길 가는 사람 아무나 붙잡아서 앙골라 고등학교나 대학교에서 우리 앙골라 학생들 가르쳐준다면 연봉 많이 줄 수 있습니다. 한국 사람들은 아줌마, 할머니, 할아버지 모두 우리 앙골라가 필요한 경험과 지식 다 갖고 있습니다. 나는 우리 대통령에게 그 이야기를 많이 합니다."

그는 2019년 주 UAE 대사로 갔습니다. 그리고 그 이야기는 제가 평소에 꿈꾸던 일에 확신을 주었습니다. 한국 사람들은 앙골라 내전 이야기만 합니다. 그러나 앙골라 내전은 15년 전에 이미 끝이 났고 앙골라는 산유국입니다. 4년 전에 앙골라는 월세로 살던 한남동 대사관과 대사관저를 떠나 성북동에 대사관과 대사관저를 매입했습니다. 그것도 현찰 300억을 주고……

저는 '화(貨)의 정(情)'의 이치를 알기 전부터 콩고민주공화국에서 태양광 발전 사업을 하려고 준비 중이었습니다. 아프리카 사람들이 저렇게밖에 못 하는 것은 '전기'가 없기 때문이라고 생각했기 때문입니다. 많은 사람들이 아프리카에 가서 학교 지어주고, 돈 주고, 빵 주고, 안아주고, 눈물 흘려주고, 우물 파주고 하지만 그것은 쩍쩍 갈라진 논에 물대기와 같다고 생각했습니다. 그래서 '전기를 만들어주자!'고 생각했고 콩고민주공화국의 국영발전 스넬(SNEL)의 회장과 사장을 만나보았습니다.

콩고에는 엄청난 강이 있고 그 강에 수력발전소를 지어 전기가 어느 정도 있기는 합니다. 원래는 산업용으로 공장을 지은 다음 국민의 소득을 높여, 다시 전기를 더 생산하고 또 발전소를 짓자는 식으로 계획을 했다고 합니다. 그런데 막상 외국 돈으로 발전소를 지어놓으니 주민들이 전기를 달라고 하여 생산된 전기의 30%를 일반 가정용으로 주고 나니, 산업발전에 쓸 전기는 터무니없이 부족해서 그 악순환에서 벗어나지 못하고 있다는 것이었습니다. 그때부터 본격적으로 고민하고, 아무도 못 했던 일이지만 내가 시작해보자고 결심했습니다.

이 일이야말로 2단계 3단계 수질에서 왔다갔다 하던 제가 1단계 수질의 자산 축적형 돈 에너지를 갖게 하는 일이라고 판단했기 때문입니다.

유엔 식량 특별 조사관이었던 장 지글러의《유엔을 말하다》와《왜 세계의 절반은 굶주리는가》를 보고 많은 정보를 얻었지만, 이 책들은 유럽과 미국의 기존 권리를 가진 자들이 일부러 아프리카 국가들을 스스로 자립하지 못하게 한다는 것

왜 세계의 절반은 굶주리는가

이 주된 내용이었습니다.

 실제로 프랑스는 1960년대에 아프리카 국가들을 독립시키면서 '독립 이전의 상태로 원상 복귀하고 간다!'라는 지침하에 학교에 달린 형광등까지 떼어갔다고 하니 저자의 말에 저도 동의합니다. 그렇지만 그렇게 남 탓을 하는 것은 〈화식열전〉의 가르침에 위배되며 우주의 법칙에도 위배됩니다. 왜냐하면 상대방이 나를 괴롭힐 수 있는 것은 내가 그 사람에게 당할 '상대적 결점이나 약점'이 있을 때 가능한 것이기 때문입니다. 그래서 아프리카 국가들이 가난한 것은 '빈부지도 막지탈여'의 가르침을 보아도 해답이 아님을 알 수 있습니다. 실제로 유엔에서, 월드뱅크에서, 또 다른 국가와 종교단체와 NGO단체를 통해서 아프리카와 아프리카 국민들에게 엄청난 돈이 들어가고 있습니다. 저는 아래와 같은 아프리카 지도를 보고 그냥 간단하게 생각했습니다.

아프리카

1. 아프리카에 필요한 것은 전기라는 에너지다!

2. 그런데 전기 에너지는 다른 에너지처럼 질에 따라 급수가 있다.

3. 우리가 어렸을 때 밤에 누가 전기를 확 당겨쓰면 동네에 정전이 되기에 집집마다 항상 초를 비치하고 있었는데 아마 아프리카도 당분간 그럴 것이다.

4. 한국은 전기가 없던 시절, 전기가 있기는 했지만 질이 낮아 자주 끊기던 시절, 전기가 충분해졌을 때의 제조업 경험을 다 갖춘 세대가 살아 있는 유일한 선진국이다.

5. 이것이 앙골라 대사가 한 말이었구나! 그렇다! 아프리카 국가에 태양광 발전소를 짓게 해주자.

6. 나는 금융기관에서 30년을 살았고, 또 돈 가진 사람들과 인맥도 있으니 가능할 것이다.

저는 가능하다고 생각했습니다. 그러나 그것은 제가 저 자신에 대해서 너무나 몰랐고, 더욱이 평생 돈 있는 사람과 살았지만 돈 가진 분들의 속마음을 몰랐기 때문이었습니다.

다음 사진은 계단식 논입니다.

계단식 논에 물을 대려면 물이 위부터 아래로 죽죽 흘러내려가야 합니다. 그런데 저런 비탈형 계단식 논에서 3단계 수질의 사람들처럼 욕심을 내어 물을 달라고 하거나, 2단계 수질의 사람들처럼 정(情)으로 내 논에 물 좀 대달라고 더 위의 논을 가진 사람에게 부탁한다면 그것이 가능할까요?

여러분과 저는 2단계의 수익 창출 지식 에너지나 3단계의 비용 감당 지식 에너지로 사는 사람들일 것입니다. 다시 말해서 계단식 논의 중간

계단식 논

에 논을 가지고 있다는 말입니다. 그러면 1단계 논을 가진 사람에게 물을 충분히 대는 아이디어를 제공하면 됩니다. 당연히 그 아이디어 제공 대가도 받습니다. 그리고 그 물이 내게로, 그 다음 논으로 흘러가게 해야 합니다. 이것을 우리나라 지식인들이 해야 하는 것입니다. 그런데 지식인들이 자기도 돈을 가지려고 합니다. 그러나 상보의 논리를 모르는 지식인들은 상극으로 갈라지는 결과로 끝나게 됩니다.

　돈 가진 사람을 부러워하면서도 무시하고, 무시하다 못해 욕까지 하며 삽니다. 그런데 어떻게 빈부지도 4.0시대의 최고급 에너지를 가진 사람들과 오랜 인연을 갖고 있을 수 있다는 말입니까? 저는 직장에서 만났던 사람들을 나의 인연이라고 생각했지만 그것은 직장이라는 환경 에너지가 기본적으로 70% 깔린 에너지였기에, 개인으로서는 다시 끌어올 인연들이 아니었습니다. 그래서 다시 인연을 쌓고 다루고 대하는 공부를 하게 된 것입니다.

그래서 일단 지금 당장 내가 남을 위해서 할 수 있는 일부터 차근차근 하기로 하였습니다. 말씀드렸듯이 세상 사람들에 대한 관심(Attention)과 내가 아닌 나보다 낮은 수질의 환경에 있는 그들을 위한다는 의도(Intention)가 중요합니다.

돋보기로 종이 위의 한 지점에 일정 시간 동안 흔들림 없이 태양을 비추면 불이 나듯이 관심과 의도가 지속되면 그런 일이 일어납니다. 하늘의 천기가 하늘의 재물인 돈을 몰아다 줄 '화지정(貨之情)'이 동기감응되는 것입니다.

그러한 이치로 나이 60이 다 되어 아프리카 콩고에 발전소를 짓기로 했는데 문제가 생겼습니다. 그것 역시 환경적 지식과 학문적 지식 그리고 수익 창출 지식 에너지와 비용 감당 지식 에너지 등을 가져보지 못한 콩고 현지인들의 계산 방식 때문이었습니다.

돈이 필요한 사람에게는 돈 가진 사람이 하늘입니다. 한국이나 일본 사람들이 동남아시아를 잘 알지는 못하지만 그래도 잘 아는 안마당처럼 보듯이, 유럽 사람들도 아프리카 사람이나 그 지역에 대해서 안마당처럼 생각합니다. 그래서 저 같은 아시아 사람이 유럽 투자자나 유럽 은행을 설득해서 자금 지원을 받아 아프리카에 비즈니스를 하기는 참 어렵습니다.

다시 말해서 아프리카 사람들의 계산 방식과 돈 가진 유럽 사람들의 계산 방식은 같지 않았습니다.

다음 표는 월드뱅크에서 제공하는 전 세계 태양광 전기 발전 시간입니다. 한국은 대략 하루에 3.5kwh를 생산한다고 되어 있습니다. 'kwh'

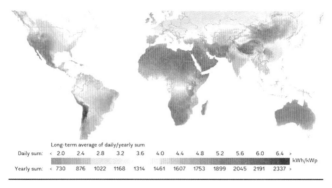

태양광 전기 발전 시간

란 1시간(hour)에 1킬로와트(kw)로 할 수 있는 일의 양을 말합니다.

반면에 아프리카 콩고는 적도 한가운데를 통과하는데 하루에 4.5kwh를 생산한다고 되어 있습니다. 그러니 콩고에 유럽 은행의 돈으로 태양광 발전소를 짓는다면 한국에서보다 약 30%의 전기 생산을 더 할 수 있습니다. 그런데 제 아프리카 파트너는 펄쩍 뜁니다. "월드뱅크 사람들이 우리나라에 와보지도 않고, 우리가 하루에 4.5 kwh밖에 태양 전기 생산이 안 된다고? 그게 말이 되냐? 나쁜 X들, 도둑 X들" 하며 길길이 뜁니다. "우리는 비가 와도 밤에 오고, 한국처럼 북위 37도에 있어 태양이 비스듬히 비치는 나라도 아니고, 해가 머리 위에서 하루 종일 쨍쨍 비치는데!" 그렇게 화를 내기에, 그럼 너희들 사업 계획서를 보내보라고 했더니 하루 가능 전기 생산량을 9.6kwh로 해서 보내왔습니다.(ㅋㅋㅋ)

위 월드뱅크 자료에서 보듯이 하루 전기 생산을 6.5kwh로 산정한 곳이 있습니다. 가장 붉은 색으로 나타난 지역! 바로 안데스산이 있는 칠

레입니다. 칠레는 남위 17도에서 55도나 되는 길쭉한 나라지만 최고의 위치는 우리나라처럼 35도 지역입니다. 역시 해가 비스듬히 뜹니다. 그러나 산에 있어서 서늘합니다. 비도 많이 안 옵니다. 서늘하다는 것은 태양광 생산에 방해가 되는 뜨거운 열이 적다는 뜻입니다. 태양광 판넬은 빛의 양과 질에 따라 결정되는 것은 맞지만, 빛의 강도가 지나치면 열로 인하여 태양광 판넬이 뜨거워져서 전기 생산 효율이 뚝 떨어집니다. 우리나라 태양광 발전소도 햇빛 좋고 낮 시간이 긴 하지를 전후하는 7, 8월은 열이 많아 그렇게 좋은 시기가 아닙니다. 약간은 서늘한 5월에 전기 생산을 가장 많이 합니다. 하루에 9.5kwh를 기록하기도 합니다.

지금이라도 한국 사람들이 아프리카를 돕지 않으면 아프리카 12억 인구는 참으로 힘든 세상을 살아야 할지도 모릅니다. 콩고에 가보니 다 굶어 죽어가는 아프리카인도 보기 힘들었고, 더구나 논이 쩍쩍 갈라진 곳도 보기 힘들었습니다. 타잔의 고향답게 온통 녹색이었고, 적도임에도 불구하고 온도는 28도에서 32도 사이로 습기가 많은 동남아시아나 사이판, 꽌 같은 곳보다 훨씬 좋았습니다.

4. 욕망을 거슬러 역류하는 명상의 힘

　유발 하라리라는 사람을 아시나요? 이 대단한 이야기꾼은 처음에 《사피엔스》라는 책을 세상에 내놓았습니다. 주된 이야기는 왜 그 많고 많은 지구상의 동물 중에, 그리고 인류와 비슷한 영장류 중에 오직 '인간종'만 살아남게 되었을까에 대한 이야기입니다. 인간종은 원숭이인데 털 없는 원숭이로 동물 중에서 최고 지성인 동물이 살아남았다는 이야기입니다.

　유발 하라리가 두 번째로 내놓은 책은 《호모데우스》라는 책이었습니다. 호모데우스는 작자 자신이 만들어낸 말로 앞으로 미래 세상에서는 동물인데 최고의 동물이 지배하는 세상이 아니라, 인간인데 최고의 인간으로 신과 같은 자세로 세상을 살아야만 살아남는 시대가 온다는 이야기입니다. 사실 지금은 과거에 신이 하는 줄 알았던 많은 일들을 과학이 하고 있습니다. 그래서 호모데우스는 미래의 인간을 말합니다.

　그런데 《사피엔스》와 《호모데우스》 사이의 간격이 너무나 크다고 생각했는지, 그 양자 간의 간극을 잇는 다리로 《21세기를 위한 21가지 제언》을 내놓았습니다. 여기서 저자는 제일 마지막으로 우리가 호모데우

유발 하라리의 책들

스가 되기 전에 해야 할 일로 '명상'을 제안합니다. 그가 말하는 명상은 마르쿠스 아우렐리우스의 《명상록》을 읽는다거나 어떤 책을 공부한다고 되는 것이 아닙니다. 우리가 앞에서 이미 공부한 무심으로 받아들이셔도 됩니다.

저자 유발 하라리는 재미있는 고백을 합니다. '메디테이션(meditation)' 이라는 것을 시작한 지 18년이 되어서야 간신히 '10분간'을 정말 무심으로, 아무 생각 없이 있을 수 있었다는 것입니다. 그러나 그 18년을 넘어선 후부터는 30분, 1시간, 3시간 그렇게 하루 반나절, 한나절을 명상으로 보낼 수 있게 되었고, 그 힘으로 《사피엔스》, 《호모데우스》 같은 전 세계 지식인들의 마음을 움직이는 '파워'를 가진 책을 쓸 수 있었다는 것입니다.

저는 이것을 여러분들께 설명드리려고 합니다. 일단 명상의 본질과 개념을 잡으면 1급수 인간들의 무심을 얻기가 훨씬 수월할 것이라고 생각하기 때문입니다. 유발 하라리가 말한 '생각이 끊어진 자리'를 보겠습니다.

생각이 끊어진 자리(1번 만 자)

2번 만 자

한국의 사찰에 가면 많이 보이는 문양이 있습니다. 이것은 부처님이 창안한 '디자인'이 아니라 고대인들이 두루 다 사용한 문양입니다. 그래서 인도나 이스라엘, 심지어 사우디 아라비아나 러시아에 가도 이러한 문양이 많이 발견됩니다.

2번과 같은 문양도 있습니다. 무엇일까요? 나치의 문양이라고요? 네, 그렇습니다. 그들이 사용하긴 했습니다. 그러나 이것 역시 만 자입니다. 1번 만(卍) 자는 왼쪽으로 돕니다. 그리고 2번 만(卐)자는 오른쪽으로 돕니다.

다음은 '태풍의 눈'입니다. 2020년 특히 태풍이 엄청나게 많이 왔습니다. 태풍은 어느 쪽으로 도나요? 북반구에 있는 우리에게 태풍의 눈은 항상 왼쪽으로 돕니다. 1번 만 자처럼요.

참선이나 명상을 하시는 분들은 생각이 원수이며, 자신들의 삶의 찌꺼기와 쓰레기라고 배웁니다. 그 카르마의 쓰레기들을 다 버리기 위해서 명상을 합니다. 그리고 이렇게 왼쪽으로 도는 힘이 모여서 반작용으로 오른쪽으로 방향을 잡아 길을 가게 됩니다.

이해가 안 되는 분은 지금 당장 욕실로 달려가 살펴보시기 바랍니다. 변기와 세면기와 욕조의 물이 모두 반시계 방향, 다시 말해 1번 만 자

태풍의 눈

방향으로 하수구로 빨려들어가 사라집니다. 그런데 유럽을 초토화시킨 독일의 2번 만 자는 미치광이처럼 오른쪽으로 돌고 있군요. 태풍의 눈은 반시계 방향으로 돌지만, 2020년 10월 초까지 한국, 일본, 중국을 휩쓸며 미치광이처럼 모든 것을 쓸어버렸던 태풍의 진로는 항상 오른쪽으로 갑니다.

북반구에서는 항상 그렇습니다.(물론 호주나 뉴질랜드같이 북반구와 여름, 겨울이 반대인 지역에서는 변기의 물도 태풍도 전부 2번 만 자 방향으로 빨려 들어갑니다.)

우리나라 부근 태풍의 진로 (출차: 기상청)

명상이란 무엇일까요? 왜 불교뿐 아니라 고대 기독교, 이슬람교 등이 모두 1번 만 자 문양을 곳곳에 배치한 것일까요? 그것은 '욕망과 반대로 살아보자!'입니다. 욕심에서 정으로, 정에서 무심으로 그렇게 '호모 데우스'처럼 되어보자는 차원과 격이 다른 고급 인간들의 욕망이었던 것입니다.

그러나 인간은 몸을 가지고 있는데 무심만으로는 살 수 없기에 1번 만 자로 깊이 들어갔다가 2번 만 자로 다시 나오며 세상을 이끌어가는 힘을 가져야 하지 않았을까요?

그것이 바로 우리 조상이자 신라시대 진골 출신의 의상대사가 창안한 이 문양의 이치입니다. 물질 세계와 비물질 세계를 모두 깨우치는 것~! 보이는 세계와 보이지 않는 세계를 두루 다 알게 되고 그렇게 살 수가 있다는 '네비게이션'입니다.

화엄일승법계도

간단하게 설명하자면 법(法)이라는 것은 사람들의 마음입니다. 그 마음의 방향을 자신의 욕망과 거꾸로 돌리며 1번 만 자 방향으로 살다 보면 그렇게 들어가다가, 다시 2번 만 자 방향인 오른쪽으로 돌아 나왔다가, 다시 1번 만 자 방향으로 왼쪽으로 돌아 들어가다가……를 수 없이 반복하노라면 마지막에 오른쪽인 2번 만 자 방향으로 자신을 완성하는 것입니다.

세계 문명을 창조한 아시아, 특히 동북아시아 문화권과 유럽 서양 문화권을 보면 이런 차이가 있습니다. 서양 사람들은 왼손잡이가 많습니다. 그래서 식사를 할 때 힘이 좋은 왼손에 나이프를 잡고, 찍어 먹기만 해도 되는 오른손에 포크를 잡습니다. 왼손잡이는 글을 쓸 때도 오른쪽에서 왼쪽으로 쓰고 그렇게 읽습니다. 2번 만(卐) 자 방향입니다. 형상의 세계, 보이는 세계, 물질을 지향하는 사회입니다. 유병(有病)이 걸리면 미치기도 합니다. 유물론을 주장하는 공산주의로 갈 수 있습니다.

반면에 동양 사람들은 오른손잡이가 많습니다. 젓가락질은 반드시 힘 있는 오른손을 사용합니다. 글을 쓰는 것은 일단 위에서 아래로 쓴 다음 왼쪽으로 이동하면서 씁니다. 글도 그렇게 읽습니다. 1번 만(卍) 자 방향입니다. 정신의 세계, 보이지 않는 세계로 들어갑니다. 물질 세계보다는 비물질 세계에 대한 심오한 영적 수행을 많이 합니다. 무병(無病)이 걸리면 모든 사회문제를 등한시하게 됩니다. 그래서 자연론을 주장하는 자유방임주의로 갈 수 있습니다.

그 두 가지를 의상대사의 법성게처럼 안으로도 들어가고, 밖으로도 나오고, 왼쪽으로 들어가고 오른쪽으로 돌아 나오며, 마지막에는 위로 올라가 다시 중앙에 위치하는 것! 그렇게 모두 다 포용하고 넘어서는 것이 자본주의 4.0시대의 과제라고 할 것이고, 이 이치를 실현하는 자가 빈부지도 4.0시대의 소봉(素封)이 될 수 있습니다. 그것이 중도사상이며 중용사상입니다.

그리고 이것을 자신의 경제적 행위에 적용하는 것이 바로 백규가 "그러므로 임기응변하는 지혜도 없고 일을 결단하는 용기도 없고 얻었다가 도로 주는 어짊도 없고 지킬 바를 끝까지 지키는 강단도 없는 사람은 내 방법을 배우고 싶어도 끝내 가르쳐주지 않겠다"라고 말한 것을 우리 스스로 터득해 알 수 있는 첫 단추라고 생각합니다.

결론 : 만약 힘들고 아무리 해도 안 된다고 느낄 때

1. 행동이나 생각이 1번 만 자 방향으로 돌아가면 살 길은 열리고,

2. 2번 만 자 방향으로 돌리면 막힌다!

제 경험을 말씀드리겠습니다. 2013년 10월경이었습니다. 3급수 수질과 2급수 수질을 왕복하면서 살던 제가 1급수의 무심(無心)의 경지에 들어갔다가, 태풍의 눈의 자리를 맛보기 위해 1번 만 자 방향인 왼쪽으로 들어갔다가, 다시 일반인으로서의 삶을 영위하기 위해 2번 만 자 방향인 오른쪽으로 나온 적이 있습니다. 저의 인생이 막혔던 것을 작게나마 뚫어본 경험입니다.

그렇게 수시로 1번 방향으로 자신의 욕망의 흐름이라는 물줄기를 돌리는 것, 그것이 수행이라고 생각합니다.

5. 운을 읽어낼 줄 아는 변호사의 충고

《운을 읽는 변호사》라는 책이 있습니다.

50년간 변호사로 일한 저자가, 주로 돈에 관한 소송을 하며 관찰한 내용을 쓴 책입니다. 책의 말미에 저자와의 대담이 있습니다. 일본 기자가 저자에게 묻습니다. "대다수의 사람들은 저마다 운과 복과 돈을 바라면서 나름대로 열심히 살다가 죽는데 우리는 무엇인가 자신에게 정말 중요한 것을 잘못 알고 있었기에 그런 것 아닌가 합니다. 그렇다면 사람이 죽기 전에 제일 먼저 하고 죽어야 할 일은 무엇인가요?"

운을 읽는 변호사가 답합니다.

운을 읽는 변호사

"만약 보상금을 받으신 게 있다면 그 보상금을 즉시 돌려주십시오!"

이해가 되시나요? 왜냐하면 인산불여천산(人算不如天算), 사람의 계산과 하늘의 계산은 같지 않기 때문입니다. 만약 사주팔자나 운명 같은 것을 없애버리거나 지워버리고(물론 정답은 '넘어서는 것'입니다) 운명아 비켜라 내가 간다!라고 호기있게 살고 싶다면, 그래서 자신의 계산과 하늘의 계산이 같게 하고 싶다면(인산즉여천산) 그렇게 하라는 말입니다.

저희 집으로 가는 길에 언덕 위에 사거리가 있습니다. 집하고 거리는 약 200미터입니다. 어느 날 언덕 위 사거리 신호등에서 초록불을 기다리며 정차를 하고 있는데, 문득 백 미러를 보니 뒤에서 하얀 차가 오고 있었습니다.

그런데 다가오는 속도가 '어? 저 차가 나를 들이받겠다!' 싶었습니다. 순간적으로 양 팔을 쭉 내밀어 자동차 핸들을 받침대로, 목을 뒤로 바짝 붙였습니다. 아니나 다를까 쾅! 하고 뒤차가 정차해 있는 제 차를 들이받았습니다.

제기럴, 하며 차를 내려 뒤를 보니, 가해자 차량은 보닛이 위로 솟아올라왔고, 제 차는 뒤범퍼가 엉망이 되어버리고, 양 측면의 접합 부분도 비틀어져 어긋나 있었습니다. 뒤차 운전자는 여성분이었습니다. 차에서 내리더니, "아이고, 선생님. 죄송합니다! 죄송합니다!"를 연발하며, "괜찮으세요?"라고 물었습니다.

짜증이 났던 저는 "운전 면허증 갖고 계시죠?"라고 물었고, 면허증을 보니 저와 같은 아파트 옆동에 사는 아주머니였습니다. "선생님, 죄송합니다. 저희 집 아이가 고 3인데, 빨리 아이 밥 해주고, 남편이랑 저녁 먹으러 가기로 해서 제가 서두르다가 선생님 차가 있는 줄 알면서도 딴 생각을 하느라 그랬습니다. 죄송합니다, 죄송합니다."

친구들에게 들은 바로는 이럴 때 막 아픈 척을 하며, "목이 이상해요. 허리도 이상해요. 저 병원에 가야겠어요" 하며 보험회사를 부르라고 했습니다. 그러나 저는 그렇게 하지 않고 "사거리에서 퇴근 시간에 이러면 안 될 것 같으니, 일단 차를 뺍시다. 같은 아파트이니 아파트 안에 들어가서 이야기하죠"라고 하고 바닥에 흰 페인트도 칠하지 않고 보험회사에 전화도 하지 않고 사고 현장을 떠났습니다.

아파트 안 공터에 가니 허겁지겁 남편이 달려오고, 집에서 공부하고 있다는 고3짜리 딸아이도 내려왔습니다. 그리고 저에게 '빨리 보험회사 불러라! 병원에 가시자!' 하길래, 저는 괜찮다 하며, 범퍼는 원래 큰 사고를 막으라고 쿠션으로 있는 것이니 되었고, 나도 아주머니 차가 오는 것을 알고 준비하고 있었기에 병원 갈 필요 없다. 빨리 아이 밥 해주고, 남편하고 볼일을 보시라고 했습니다.

그랬더니 상대방 부부는 펄펄 뛰며 저보고 병원 가자고, 빨리 보험회사 부르자고 재촉했습니다. 저는 '아니다! 그냥 가셔도 좋다! 내가 나는 몇 동 몇 호에 사는 사람이라고 다 이야기하지 않았느냐?' 하고 "내가 나중에 뒤통수 칠 사람같이 보여요?"라고 웃으면서 말했더니, 그런 건 아니지만 그래도 병원에 가자고 했습니다.

그래서 제가 남편 분에게 이렇게 물었습니다. "선생님, 지금 그쪽하고 저하고 누가 더 마음이 아픕니까?" 그분이 답했습니다. "당연히 선생님 마음이 더 아프시죠. 서 있는 선생님 차를 저희가 뒤에서 박은 건데요." 부부는 상당히 정직하고 선한 사람들로 보였습니다.

그래서 제가 이렇게 말했습니다. "그렇죠? 물론 부인과 남편 분 마음도 아프시겠지만 제 마음이 더 아픈 것 맞죠? 그쪽은 아직 이해를 못 하시겠지만, 어떤 나쁜 일이건 마음이 더 아픈 놈이 죄가 더 큰 것입니다. 그러니 제발 그냥 가세요. 나 같은 이상한 말 하는 사람 알려고 하지 마시고……"

그러자 부부는 그러면 병원에는 안 가더라도 차 수리비는 자신들이 내겠다고 했습니다. 그리고 차를 사용 못 하니 대신 차라도 보험회사 차를 쓰는 것이 어떻겠냐고 물어왔습니다. 생각해보니 그 부부도 죄가 없는 것은 아니기에 벌이라고까지는 못 해도 응당 어떤 대가를 치러야 그 다음 일이 술술 풀리니 그들의 청을 받아들여 사건은 마무리되었습니다.

그날 저녁 저는 아내에게 구박을 많이 받았습니다. "어이구, 난 몰라요. 혼자 그렇게 잘난 척 다 하시고. 나중에 아프면 난 몰라요!" 사실은 저도 잘 모릅니다. 그러나 그 사건 이후로 제 일이 즉시 술술 잘 풀린 것은 아니지만 하락하기만 하던 우승택이라는 주식 가격이 바닥을 확실하게 찍었다는 것을 그리 오래지 않아 확인할 수 있었습니다. 당시 저는 사람의 계산이 하늘의 계산과 같지 않다!라는 '인산불여천산'이라는 말을 알기 전이었고,《운을 읽는 변호사》라는 책이 세상에 나오기도 전이었습니다.

그러나 보통 사람들이라면 보상금을 받아내거나 했을 일을 1번 만자가 돌아가는 방식으로 처리할 수 있었습니다. 그리고 그 이후에는 제가 원하지 않는 일이 일어날 때마다 가급적 제 개인의 계산과 욕망의 흐름대로, 2번 만 자가 돌아가는 방식으로 처리하지 않고, 저의 운명(運命)과 복운(福運)의 물줄기를 돌리기 위해 제가 감당할 수 있는 범위라고 판단되면, 그리고 상대방과 제가 누가 더 마음이 아픈가를 나름대로 계산해서 1번 만 자가 돌아가는 방식으로 처리하곤 합니다. 결과는 아직 모릅니다. 죽기 전에 알 수도 있겠지만 죽어보면 더 확실히 알겠지요.

6. 돈 버는 방법 8가지

원 문

2~3급수 수질의 사람들-패턴 A

由此觀之(유차관지) : 이것으로 볼 때

賢人深謀於廊廟(현인심모어랑묘) : 현인이 묘당에서 깊이 꾀하고

論議朝廷(논의조정) : 조정에서 의논하고

守信死節隱居巖穴之士(수신사절은거암혈지사) : 믿음을 지켜 절개에
　　죽는 것이나 세상을 피해 숨은 고사가

設爲名高老安歸乎(설위명고노안귀호) : 명성을 높이 천하에 알리는
　　것도 결국은 어디에 귀결하는가.

歸於富厚也(귀어부후야) : 그것은 부귀를 위한 것이다.

2~3급수 수질의 사람들-패턴 B

是以廉吏久(시이렴리구) : 그러므로 청렴한 관리도 오래 일하는 가운
　　데

久更富(구갱부) : 승진되어 보다 부유해지고

廉賈歸富(렴가귀부) : 폭리를 탐하지 않는 장사꾼도 마침내 부유해
　진다.

富者(부자) : 무릇 부유해진다는 것은

人之情性(인지정성) : 사람의 본성인지라

所不學而俱欲者也(소불학이구욕자야) : 배우지 않아도 누구나 바라
　는 것이다.

2~3급수 수질의 사람들-패턴 C

故壯士在軍(고장사재군) : 그러므로 장사가 싸움에 임하여

攻城先登(공성선등) : 성을 공격해서 먼저 오르고

陷陣卻敵(함진각적) : 적진을 함락하고 적을 물리치며

斬將搴旗(참장건기) : 적장의 목을 베고 적의 깃발을 빼앗으며

前蒙矢石(전몽시석) : 자진해서 시석을 무릅쓰고

不避湯火之難者(불피탕화지난자) : 탕화의 어려움도 피하지 않는 것
　은

爲重賞使也(위중상사야) : 그 목적이 중한 상을 받는 데 있기 때문
　이다.

2~3급수 수질의 사람들-패턴 D

醫方諸食技術之人(의방제식기술지인) : 의술이나 그 밖의 모든 기술
　을 생업으로 삼는 사람이

焦神極能(초신극능) : 노심초사하여 재주와 힘을 짜내는 것도

爲重糈也(위중서야) : 막대한 보수를 얻으려 하기 때문이다.

회광반조 여기서 사마천은 욕심과 정을 가지고 사는 일반적인 사람들의 돈 버는 방법 8가지를 말합니다. 이것을 주식시장으로 비유해 보겠습니다. 패턴 A의 경우처럼 대통령이나 국회의원이나 공정해야 할 판사, 검사 등 3권 분립하에 있는 모든 고위공직자들, 특히 경제부처 장관처럼 국민들 전체를 대상으로 일하는 분이나, 목사님, 신부님, 스님 그리고 각종 종교인들, 로마의 교황, 달라이 라마 같은 분들도 현대 금융 시스템하에서는 주식, 외환, 채권 가격으로 표시되는 모든 것들을 직접 하거나 수하 직원들이 관여합니다.

또 패턴 B의 경우처럼 일반적인 공무원, 기업을 하는 사업가나 장사 하는 사람도 같은 일을 하더라도 결과가 좋은 사람이 있는가 하면 그 렇지 못한 사람이 있습니다. 정보를 다룬다는 증권거래소 직원이나, 정책 정보를 만지작거리는 식약청, 산업부, 금융감독위, 국회사무처 등의 직원들도 마찬가지입니다. 다 승진과 부귀를 바랍니다. 그 표현 방법이 거칠고 무식한가, 은밀하고 음흉한가, 대놓고 하는가, 하고 싶지만 소 심해서 못 하는가의 차이일 뿐입니다.

또 패턴 C의 경우처럼 국방을 맡고 있는 군인들이나, 소방서, 경찰관 등뿐만 아니라 현대 사회에서는 '몸뚱이가 재산인 사람들, 국가대표 운 동선수, 그 중에서도 상업적 운동이 아니라 비상업적 운동(체조, 아마추 어 권투), 각종 격투기 형 운동경기, 한층 더 나아가 인기를 먹고 사는 직 업인 가수, 영화배우, 탤런트 등 TV나 언론에 노출이 되어야만 유리한 위치를 갖게 되는, 정말 몸 바쳐 무엇인가를 이루어야 하는 경우도 많은 그러한 직업에 종사하는 분들과 그 가족, 자녀들도 주식, 외환, 채권 가격으로 표시되는 모든 것들과 깊은 관련이 있습니다.

패턴 D의 경우도 예외일 수 없습니다. 직업이 의사이건 박사이건, 변호사이건 교수이건, 남들이 보기에는 돈에는 관심 없고 공부만 하는 것처럼 보이는 전문직 종사자들, 여러 가지 물리, 화학 등 노벨상 수준의 연구를 하는 분들도, 정부 지원금이나 산업 지원금, 스님, 목사님 그리고 각종 사회단체처럼 정부 예산을 타내려는 사람들, 특히 2019년에 전 세계적으로 팬데믹 현상을 일으킨 COVID 19 같은 큰 병이 생기면 서로 먼저 그 약을 개발하여 큰 돈을 벌려고 하는 제약회사들, 의사, 약사들, 또 각종 게임 업체, 전기 전자 벤처업계의 사람들 역시 만화지정(萬貨之情)과 깊은 관련을 갖고 있습니다.

7. 주식투자의 본질은 사기와 도박

원 문

2~3급수 수질의 사람들-패턴 E

博戲馳逐(박희치축) : 도박의 짜릿한 즐거움·경마·

鬪鷄走狗(투계주구) : 투계·경견 등으로

作色相矜(작색상긍) : 얼굴 빛을 면하여 서로 자랑하고

必爭勝者(필쟁승자) : 꼭 싸워 이기려는 것은

重失負也(중실부야) : 힘써 건 돈을 빼앗기지 않기 위해서이다.

　패턴 E의 사람들에 대해서 여러분은 지금까지 갖고 있던 선입견과 편견을 꼭, 반드시, 필히 버려야 합니다. 이번에《화식열전 2》를 준비하면서, 전 세계 주식시장의 다양한 종목과 산업으로 예를 들어 설명하자는 결심을 한 후 저는 한동안 손에서 놓고 있던 주식을 다시 공부했습니다. 그러면서 이제는 성인이 된 아들에게 일을 좀 시키며 주식을 가르쳐주려고 했는데, 그런 것을 왜 가르치려 하느냐는 아내의 타박을 많이 들었습니다. 사실 주식 투자는 도박이니까요. 허가받은 도박이죠.

아니 정부와 국민이 같이 하는 도박이죠. 하우스와 갬블러의 관계입니다.

제가 30살부터 증권회사에 다녔는데, 사실 저희 어머니도 제가 TV에 출연해서 직업을 밝히게 된 날까지 약 20년을 누가 아들 뭐하냐고 물으면 보험회사 다닌다고 하셨답니다. 그러니 집사람을 이해 못 할 것도 아닙니다.

예전부터 이런 말이 있었습니다. "딸을 주어서는 절대 안 되는 직업 3가지가 있다. 1. 여행사나 항공회사 직원 2. 신문기자나 방송기자 3. 증권회사 직원."

50년도 더 된 저 말이 왜 아직도 세상에 남아 있는지는 각자 생각해 보시기 바랍니다. 맞는 이야기입니다. 그런데 저는 저 3가지 직업을 다 해보았습니다. 기자증은 없었지만 신문사, 방송사 일을 했으니까요. 그래서 저는 저 3가지 직업에 대해서 왜 그런 말이 나왔는지 알 수 있습니다.

또 이런 말도 있습니다. "집안이 천천히 망하려면 자식을 예능계나 체육계 보내고 집안이 갑자기 망하려면 주식을 해라!" 이해가 되는 분은 세상을 좀 살아본 분일 것입니다. 저희 집은 두 가지를 다 해서 많이 힘들었나 봅니다. 그러다 보니 이렇게 돈 공부를 할 수밖에 없었는지도 모르겠습니다.

이런 일도 있습니다. 얼마 전에 결혼한 젊은 친구에게 제 아들에게도 가르쳐주지 않은 '주식 투자를 해도 전혀 위험에 처하지 않고 돈을 벌

수 있는 주식 매매 기법'을 전해주려고 시간 약속까지 마친 상태였습니다.

그러나 그 젊은이의 아버님께서 성실하게 공부만 하던 아들이 갑자기 주식을 한다고 하니 불안하셨는지, 우리 어머니나 집사람 같은 걱정을 문자로 주셨습니다. 그래서 저는 잠시 생각한 후 그 젊은이에게 이렇게 말했습니다. "자초지종은 나중에 이야기하기로 하고, 우리 다시 한번 생각해보자. 책을 하나 보내줄테니 다음에 결정하자!

사실 주식투자 방법을 가르쳐주려고 했는데, 주식투자가 위험하기는 해! 그래서 애당초 손을 대지 않는 것이 좋기는 해. 그러나 가르쳐달라고 하니 방법은 가르쳐줄게. 그러나 이것 하나만은 약속하자! 내가 가르쳐주는 주식투자 방법은 일종의 독극물이나 폭탄 다루는 법 같은 거였어.

물론 명의는 극약을 처방으로 쓰기도 하지. 그러나 아직 명의는커녕 생초보 의료인에게 극약이나 마약 쓰는 법을 가르쳐주면 그건 안 될 것 같아. 미안해. 공부 좀 하고 그때 만나자!"

고맙게도 그 친구는 제 말을 이해하고 받아주었습니다.

담배나 술뿐만 아니라 우리 인간들은 자신이 좋아하는 것에 쉽게 중독됩니다. 종교나 사상처럼 생각이 중독된 경우도 고치기 힘들지만 몸이 중독되면 그것도 고치기가 참 힘이 듭니다. 몰라서 그렇지 사람들은 100% 교육, 방송, 신문, 언론, 부모, 선생님 등의 환경에 중독되어 살고 있습니다. 그것은 지식이나 힘을 가진 자들이 자신의 욕망을 실현하기 위한 방편으로 남을 이용하기 때문입니다. 그런데 자신의 욕망으로 자신을 중독시키는 경우는 사람들의 급수에 따라 4가지 계층이 있습니다.

1. 제일 초보적인 중독이 '섹스 중독'입니다. 몸에서 분비되는 호르몬이 그렇게 만들어버립니다.

2. 그것보다 더 자극적인 중독이 '도박'입니다. 담배나 술보다 끊기 어려운 것이 도박 중독입니다. 더 자극적이기 때문입니다

3. 그것보다 한 단계 더 자극성이 높은 중독이 있습니다. '도둑질 중독'입니다. 주식에는 작전 세력들이 많은데 그들은 도둑질 중독 환자들입니다. 그들은 짜고 치는 고스톱은 잘하지만 일반적인 공평한 고스톱은 잘 못 합니다. 마찬가지로 물건을 훔치는 도둑질도 걸리면 감옥에 가기도 하는데 그 짜릿하고 자극적인 중독이 그만두기가 여간 어려운 것이 아닙니다. 물건을 도둑질하는 경우뿐 아니라 공금을 횡령하는 경우도 있고, 예전에는 음식점이나 일반 가게에서 입출금을 보며 소액을 횡령하는 경우도 있었습니다.

4. 그 다음 참 헤어나오기 힘든 중독이 종교나 사상 혹은 도(道) 공부에 중독되는 것입니다. 멀쩡한 사람들이 상식적으로 납득 안 되는 이상한 단체에서 가족도 자식 인연도 부모 조상도 다 잊고 그 조직에 충성하는 경우를 볼 수 있는데 그러한 경우입니다.

위의 4가지는 모두 그 본질과 개념을 보면 도박입니다

1. 첫 번째는 육체 중심의 욕망에서 강(强)하고 행복한 나를 위한 도박이고

2. 두 번째는 나 중심의 욕망에서의 강한 나를 위한 도박이고

3. 세 번째는 물질 세상에서의 강한 나를 위한 도박이고

4. 네 번째는 비물질 세상에서의 강한 내가 되기 위한 도박입니다.

결혼은 도박 아닐까요? 아이를 낳는 것은요? 농경사회에서는 아이를 낳는 것이 보험이었고, 유목사회에서 아이를 낳는 것은 저축이었습니다.

현대사회에서 아이를 낳는 것은 무엇일까요? 너무나 비싸고 투자 대비 수익률이 낮은, 원금 보전의 가능성은 거의 없는 '100% 묻지마 투기'입니다. 그리고 너무 비싼 성인용 장난감입니다.

사마천은 어떤 일도 나쁜 일이라는 선입견 없이 〈화식열전〉을 썼습니다. 반면 반고의《한서 지리지》뒤에 나오는 〈화식전〉은 돈의 입장에서 돈에 대해 쓴 것이 아니라, 인간의 당대 윤리 도덕적 기준에서의 돈에 대해 기록해둔 것입니다. 우리도 지금 선악을 떠난 돈의 정 즉 '화지정'을 공부하는 것이니 돈에 대한 어떤 선입견도 내려놓길 바랍니다. 그렇다고 우리가 비윤리적인 것을 공부하자는 것은 아닙니다. 왜냐하면 우리는 복운지도 탈여수순을 공부하였기에 자신의 복이나 운이 감해질 그런 도박은 하지 않을 사람들이기 때문입니다.

2~3급수 수질의 사람들-패턴 F

游閑公子(유한공자) : 유한 공자들이
飾冠劍(식관검) : 관과 칼을 꾸며 차고
連車騎(연차기) : 수행하는 거마를 따르게 하는 것도
亦爲富貴容也(역위부귀용야) : 부귀를 과시하기 위한 꾸밈이다.

패턴 F는 어떤가요? 부자들은 돈이나 투자에 대한 공부가 아주 치열합니다. 부모가 자녀들을 경쟁시킵니다. 마치 호랑이나 사자가 새끼들을 바위 밑으로 내려놓고 올라오는 놈들만 기른다는 말처럼 말입니다. 그런데 예나 지금이나 자식이 어디 부모 마음대로 되나요? 또 자식들은 세상에 체류한 시간이 많지 않으니 부모가 아는 것을 어찌 아나요? 또 인간은 나중에 철들기도 하니까요. 그래서 할 일 없이 모양만 내고 놀 줄만 아는 부잣집 철 안 든 아이들을 '유한 공자'라고 합니다. 그래서 가진 것이 좋은 줄만 알았지 그것을 사용할 줄 모르면 나중에 화가 되어 자신을 벌하는 매나 회초리나 곤장이 된다는 것을 알 리가 없지요.

사마천이 말하기를 "유한 공자들이 관과 칼을 꾸며 차고 수행하는 거마를 따르게 하는 것도 부귀를 과시하기 위한 꾸밈이다"라고 했습니다. 왜 그랬을까요?

현대 사회에서 하늘에서 받은 힘[氣] 중에 가장 큰 기운은 무엇일까요?

1) 잘생긴 몸매와 얼굴, 즉 용모입니다.

2) 돈 기운입니다.

3) 아이큐(IQ, 지식, 세상 머리)입니다.

4) 건강(육체적 기운)입니다.

위의 순서는 이러한 이치를 품고 있습니다.

0세~7세 : 개구쟁이라도 좋다. 튼튼하게만 자라다오.

8살~21세 : 공부를 잘해야 대접받는 시기.

22세~49세 : 직업 등 돈 창출 능력으로 능력을 평가받는 시기.

50세 이상 : 얼굴이나 몸의 안락 여부, 집, 차 등으로 평가받는 시기.

그런데 문제가 있습니다.

하버드 대학이나 옥스퍼드 대학을 나오고, 아버지가 재벌 회장이고 어머니가 재벌 집 딸이라고 해도 자신이 아무리 힘이 세고 강단이 있어도 그것이 밝혀지기 이전에는 다른 사람에게서 기운을 모아올 수 없습니다. 즉 인기(人氣)를 받을 수 없습니다.

예를 들어 국내의 1위 하는 재벌 집 아들이나 딸이라고 해볼까요? 명문대학을 나오고, 아이큐가 180이고, 손흥민처럼 주급 2~3억 원이 통장에 들어온다고 해볼까요? 자신을 아는 사람은 알아줍니다. 재벌 회장 딸이면, 아빠 회사에 가거나 친구 친척들은 알아주고 대접을 합니다. 그런데 모르는 곳에 가거나 외국에 가서 조금이라도 대접을 받으려고 하면 누가 알아주나요?

그런데 아주 늘씬하고 잘생긴 용모를 가졌다면, 아주 멋있고 예쁜 얼굴을 가졌다면, 어디를 가도 대접받습니다. 외국에 가서도 잘생긴 사람들, 예쁜 여인들은 주변의 눈길을 끌고, 지나가던 사람들도 돌아보고, 길을 물어봐도 더 친절하게 대해줍니다. 그것이 사람들의 기운을 받아들이는 인기(人氣)입니다.

그런 인기를 받기 위해서 사람들은 이름을 알리고 싶어 하고, TV에 나가고 싶어 하고, SNS에 팔로워가 많기를 바라고, 유튜브 구독자가 많기를 바랍니다. 천기(天氣)인 화지정(貨之情)을 듬뿍 받는 것이 실질적으로는 기운 중의 1번 기운인데, 밖으로 드러나는 용모에 순위가 밀려나니, 자신이 돈 있고 권력 있고 재능 있는 사람이라는 것을 내세우고 싶어 하지만 그것이 쉽지 않습니다.

　　그래서 유한 공자들이 부르넬로쿠치넬리, 에르메스 같은 비싼 명품 옷을 사고 입고 걸치고, 람보르기니, 벤틀리 같은 유명 브랜드 자동차를 타고서 인위적인 용모로 자기를 바꾸는 것입니다. 좀 알아달라고…… 그것이 유한 공자들이 부귀를 과시하기 위해 꾸미는 것이라고 사마천은 말하는 것입니다.

원 문

2~3급수 수질의 사람들-패턴 G

今夫趙女鄭姬(금부조여정희) : 또 저 조나라와 정나라의 미녀들이

設形容(설형용) : 얼굴을 아름답게 꾸미고

揳鳴琴(설명금) : 소리 고운 거문고를 켜고

揄長袂(유장메) : 긴 소매를 나부끼며

躡利屣(섭리사) : 춤추는 신을 신고

目挑心招(목도심초) : 눈으로 이끌고 마음으로 불러서

出不遠千里(출불원천리) : 천 리를 멀다 않고

不擇老少者(불택노소자) : 나아가 손님의 나이를 가리지 않는 것은

奔富厚也(분부후야) : 부귀를 향해 치닫는 것이다.

2~3급수 수질의 사람들-패턴 H

弋射漁獵(익사어렵) : 주살로 고기를 잡기 위해

犯晨夜(범신야) : 새벽 일찍 나가 밤 깊어 돌아오며

冒霜雪(모상설) : 서리도 눈도 아랑곳 않고

馳阬谷(치갱곡) : 깊은 골짜기를 뛰어 돌아다니며

不避猛獸之害(불피맹수지해) : 맹수의 위험도 피하지 않는 것은

爲得味也(위득미야) : 맛있는 것을 실컷 먹기 위해서이다.

패턴 F와 패턴 G는 사마천 당시 여성과 남성의 특성을 활용해서 돈 버는 방법을 말한 것입니다. F와 G의 돈 버는 방법은 다른 나라를 위해서 아주 중요합니다. 말씀드린 대로 저는 아프리카 콩고민주공화국을 중심으로 보츠와나, 잠비아, 남아프리카 공화국에 태양광 발전소를 지어 그들도 우리나라처럼 발전시키고 싶은 꿈을 가지고 있습니다.

2012년 처음 아프리카 사람들을 만났는데 2013년 박근혜 대통령이 우리나라 대통령이 되자, 그들은 제게 박정희 대통령 이야기를 많이 했습니다. 새마을 운동 이야기도 많이 했습니다. 한국도 그때 그렇게 못 살았는데 자신들도 새마을 운동을 통해 한국처럼 되고 싶다는 이야기를 했습니다.

그래서 제가 그랬습니다. "한국이 새마을운동만 한 게 아니다. 한국 사람들이 말하지 않는 일이 있다. 우리는 일제시대를 겪으면서 일본인들에게 형님들은 맞아 가면서 배웠고, 누나들은 품삯일 해가면서 동생들 가르쳤다. 해방 이후에도 마찬가지다. 6·25 전쟁으로 폐허가 되어 남자들은 피를 팔기도 했고, 실제로 월남에 가서 전쟁하고, 처자식 두고 중동 가서 땀과 눈물을 팔았다. 누나들은 한국에 있는 미국인 일본인 현지처도 많았고, 서울, 부산, 대구, 광주, 인천, 군산 등 도처에서 여

인들이 가정부, 공장일 해가며 동생들 자녀들 공부시켰다. 우리가 말 안 하지만 우리는 그런 희생을 했다. 너희는 무슨 희생을 내놓을 것이냐?"

저 조나라 정나라 여인들도 마찬가지입니다. 그리고 패턴 G의 경우처럼 남자들은 원양어선을 타고 아프리카로 카리브해로 가기도 하고, 남해, 동해, 서해에서 열악한 장비로 수많은 사람들이 고기잡이로 죽기도 했습니다.

그런데 실제로 아프라카에 가서 보니, 한국은 그들에 비해 복받은 나라였습니다. 일본인들이 조선을 영원히 통치할 목적으로 새워두었던 많은 기업들이 있었고 학교도 있었습니다. 일본인들은 미국에게 패하면서 주머니에 동전 몇 개 들고 쫓겨났습니다. 반면에 유럽 국가들은 1960년도에 아프리카 국가들을 독립시키면서, 모든 것을 원상회복하고 떠나라는 본국 정부의 지시로 학교의 형광등, 칠판마저 떼어간 경우가 많았다고 합니다.

저를 깜짝 놀라게 했던 것은 6 · 25 전쟁 당시에 한국에 군대를 보낸 아프리카 국가는 남아프리카 공화국과 에디오피아 단 두 나라인 줄 알았는데, 토고, 부르키나파소, 세네갈 등에도 6 · 25 참전 용사가 있다는 것이었습니다. 그게 무슨 소리인가 했더니, 우리나라의 손기정 선수가 베를린 올림픽에 일장기 달고 출전했고, 우리나라 사람들이 일본군으로 가미카제 특공대원으로 동남아시아와 남태평양에서 일본군으로 싸웠듯이, 프랑스령 아프리카 국가 남성들 중에는 프랑스군으로 한국전쟁에 참전한 사람이 제법 있었던 것입니다. 모두 다 가족의 생계 유지를 위해서 말입니다. 그래서 저는 마음을 바꾸었습니다. 그들은 우리 같은 희생을 하지 않거나 혹은 덜 하고 우리처럼 될 수 있도록 방법을 찾아주어야겠다고 말입니다. 그리고 사실 그 일을 하는 과정에서 저는 돈의 정을 받는 법을 깨닫게 되었습니다. 아프리카에 베팅을 세게 하고 들어갔고, 그 베팅은 성공을 향해 가고 있으니까요.

여하간 여기까지 나온 만화지정, 모든 돈 버는 방법의 속성은 '도박' 입니다. 우리 삶은 태어나는 순간부터 죽는 순간까지 도박 아닌 것이 없습니다. 그런데 그 도박에도 도박판을 까는 것으로 돈을 버는 사람이 있고, 그곳에 참여해서 돈을 버는 사람이 있습니다.

8. 1급수와 2~3급수 도박의 차이

도박의 본질은 무엇일까요? 확률 게임입니다. 확률, 즉 가능성에는 2가지가 있습니다. 하나는 가망성(probability)이고 또 다른 하나는 가능성(possibility)입니다.

아이를 낳거나 교육시키는 것, 바쁜 시간을 쪼개서 무엇인가를 배우는 것, 심지어 결혼을 하는 것도, 본질은 도박이지만 probability라는 가망성을 가지고 베팅하는 것입니다. 자기 자신에게 거는 도박입니다. 그렇지만 부동산이나 주식 투자, 경마 베팅, 스포츠 도박 등 승자와 패자가 있는 갬블은 실현 가능성 즉 possibility에 베팅하는 것입니다.

그래서 일반적으로 도박과 도박 사업은 다릅니다. 예를 들어 경마사업을 보겠습니다.

한국의 경마사업은 전부 농수산부 산하의 한국 마사회가 운영하는 국영기업인 반면 서양에서는 대부분 개인 기업입니다. 일본에도 8개의 경마장이 있지만 3개는 일본 정부에서 운영하고 나머지 5개는 개인이나 지역 유지 등 개인들이 운영합니다. 우리나라의 경마는 일제강점기 일본인 개인에 의해서 여의도에서 운영되다가 1945년 이후 국가가 운영하게 되었습니다. 국가가 도박장을 개설해서 판돈을 걸어 돈을 버는 사업이기는 하지만 한국도 다른 선진국처럼 이제는 많이 달라졌습니다.

사람들은 마권을 사서 경마 게임에 돈을 걸지만 이제는 개인 마주제가 도입되어 말의 주인들은 자신의 말을 사서 경마장에 위탁한 후, 말의 훈련, 경마로서의 교육 등을 통해 말 자체에 투자합니다. 그래서 자신의 말이 경마에서 좋은 성적을 계속 내면 그 말의 종자 장사를 하는 것입니다. 말은 인공교미가 안 되는 동물입니다. 오직 자연적 교미만 가능하며 일반적으로 북반구에서는 4~5월경에 폭발적 교미를 합니다.

우리나라에는 과거에 경마대회에서 우승한 수컷 종마들이 수십, 수백 마리의 암말과 주인을 위해 의무방어전을 치렀습니다. 마주들은 자신이 구입한 말이 우승했을 때 그 교미 비용으로 돈을 법니다. 한국 마사회 간부에게 들은 바에 의하면 미국, 유럽은 교미 값이 수백만 불에 이르기도 하고, 일본 말도 국제 대회 우승을 많이 하면서 50만 불, 100만 불짜리도 있다고 합니다. 그러나 한국 농가에서 기른 말은 아직

경마

국제대회 우승 경력이 많지 않아 최고가가 30만 불이라고 합니다.

종자 좋은 말을 국제 시장에서 사오고, 사온 말을 달리기 선수로 교육시키고, 훈련시키고, 경주에 내보내 경험을 기르고, 이런 기수들, 저런 기수들과의 교감 능력을 키우면서 우수한 종자를 만들어내는 것입니다, 상대 암말 역시 우수한 성적을 낸 말과 교미시킵니다. 그래서 경주마 소개를 보면 아빠 말이 나오고, 그 다음에 엄마 말, 외할머니 말, 외할머니의 엄마 말, 그 엄마 말 즉 4대 조상의 계통을 싣고 있습니다. 이것이 1급수들의 도박입니다. 2~3급수들의 도박은 우리들이 흔히 알고 있는 마권 구입 후 베팅을 하는 스포츠 토토 같은 도박입니다. 경마만 그럴까요?

트란스퍼 마르크트라는 컨설팅 업체에서는 2019년 유럽 챔피언스리그 결승에 진출하는 데 혁혁한 공을 세웠던 손흥민의 몸값 변동 추이를 "손의 여정(Son's Journey)"이라는 제목으로 소개한 적이 있습니다.

손흥민의 몸값은 2010년 8월 13만 5,000파운드(약 2억 원)로 시작해 2014년 레버쿠젠 시절에는 1,260만 파운드(190억 원)로 올랐다가 유럽 챔피언스리그 결승전에 진출한 2019년에는 5,850만 파운드(880억 원), 그리고 2020년 1억 3,500만 파운드(2,030억 원) 이야기가 나오니, 10년 사이에 1,000배가 오른 것이겠죠? 이것이 도박 사업입니다

그런데 도박이건 도박 사업이건 어떤 때는 수익이 나고 어떤 때는 손실이 나기도 합니다. 1급수들의 도박이라고 해도 이 종교인은 다른 종교인보다 수익률이 높고, 이 도인보다 저 도인이 돈을 더 벌고 하는 것이 정해져 있는 것은 아닙니다. 그러나 결과가 좋은 사람과 나쁜 사

람이 분명히 있습니다.

수많은 사람들이 오만 가지 이론으로 그 이유를 설명하지만 〈화식열전〉에서는 딱 2가지로 이야기합니다. 상대강도와 상대성과를 측정할 줄 알면 독극물을 다루는 전문가가 될 수 있다는 것입니다. 운칠기삼에서 30%를 확실히 하고 나머지 70%는 위에서 공부한 복과 덕을 실행하면 되지 않을까요?

9. 4급수의 돈 버는 방법

원 문

4급수의 사람들-패턴 A

其在閭巷少年(기재여항소년) : 또 마을의 젊은 사람들이

攻剽椎埋(공표추매) : 강도질을 일삼고 사람을 때려죽인 다음 묻어
　　버리고

劫人作姦(겁인작간) : 협박하며 간악한 짓을 되풀이하고

不避法禁(불피법금) : 법과 금령을 피하지 않고

走死地如鶩者(주사지여무자) : 달리는 말처럼 죽을 곳에 뛰어드는
　　것도

其實皆爲財用耳(기실개위재용이) : 실은 모두 재물을 얻기 위해 하는
　　것이다.

4급수의 사람들-패턴 B

掘冢鑄幣(굴총주폐) : 무덤을 파헤쳐 물건을 훔치고

任俠幷兼(임협병겸) : 돈을 위조하고 임협인 체하면서 강탈을 하며

借交報仇(차교보구) : 같은 패들을 대신해서 목숨을 걸고 원수를 갚
　으며
篡逐幽隱(찬축유은) : 후미진 곳에서 물건을 빼앗고 사람을 내쫓는 등

4급수의 사람들-패턴 C

不避法禁(불피법금) : 법과 금령을 피하지 않고
走死地如鶩者(주사지여무자) : 달리는 말처럼 죽을 곳에 뛰어드는
　것도
其實皆爲財用耳(기실개위재용이) : 실은 모두 재물을 얻기 위해 하는
　것이다.

회광반조 위에 나온 직업(?) 가운데 지금도 볼 수 있는 것은 도굴
과 장물아비가 있군요.

도스토옙스키의《죄와 벌》이라는 소설이 있습니다. 도스토옙스키는
러시아 제정왕조 시절 사형을 언도받습니다. 그는 8개월을 감옥에서
지낸 후 사형 집행장의 단두대로 끌려갑니다. 그런데 12월 22일 단두
대에 이미 올라간 그에게 사형 집행 중지라는 황제의 크리스마스 선물
이 떨어집니다. 사형선고가 내려지고 목이 댕경 짤려나갈 공포를 맛본
그는 석방된 것은 아니고 시베리아 수용소로 보내져 4년의 죄수생활을
더 한 뒤, 추가로 4년의 국방의무를 해야 되는 형벌을 받습니다. 그는
그곳에서 여러 사람을 만났고, 죄(罪)와 벌(罰)이 인간의 계산과는 다
르게 개개인의 삶에 적용된다는 것을 알게 됩니다. 그리고 인산불여천
산이라는 보이지 않는 주제를《죄와 벌》이라는 밖으로 드러나는 문학

적 재능으로 피워낸 것입니다.

간혹 이런 소리를 듣습니다. "뭐 나쁜 짓 하는 사람도 잘만 살더라!" 그렇게 죄와 벌이 다른 것임을 사람들은 알고 있습니다. 그런데 모든 죄는 그 죄를 저지른 의도에 의해서 벌을 받게 될 수도 있고 그렇지 않을 수도 있고, 더 받을 수도 있고 덜 받을 수도 있고, 지금 받을 수도 있고 나중에 받을 수도 있습니다. 이러한 주제는 1:1로 할 이야기이고 대화하는 상대에 따라 달라지는 것이므로 2차원적인 글로 적는 것은 너무나 위험합니다. 그러니 4급수 사람들의 돈 버는 이야기도 여기까지 하겠습니다.

10. 기생충 급수의 돈 버는 방법

원 문

吏士舞文弄法(리사무문롱법) : 관리가 교묘한 농간을 부리며 법문을
　비뚤어지게 해석하기도 하고

刻章僞書(각장위서) : 도장과 문서를 위조해

不避刀鋸之誅者(불피도거지주자) : 형벌을 받는 것마저 피하지 않는
　것은

沒於賂遺也(몰어뢰유야) : 뇌물에 탐닉하기 때문이다.

회광반조 영화 "기생충"은 우리 사회에 기생충 급수의 인간들이
고급 지식인 계층에 이르기까지 널리 퍼져 있으며, 앞으로 더 퍼질 것
이라는 경고를 주는 영화였습니다.

그리고 미국인들, 유럽인들, 홍콩인들에게까지 그렇습니다. 많이 본
지역일수록 그렇게 된다는 의미입니다. 그들의 뇌에 외부 세계가 이렇
게 인식되었으니까요.

저는 이 영화를 돈 내고 3번이나 봤습니다. 처음 보았을 때는 역겨워

서 그만두었습니다. 그런데 하도 많은 사
람들이 이야기하고 국제적인 상까지 받
았다고 하기에 다시 굳세게 마음 먹고 보
기로 했습니다. 그러나 역시 3분의 2 정도
를 보다가 역겹고 더러워서 그만 나와버렸
습니다.

영화 "기생충"

그러다가 미국의 트럼프 대통령도 부정
적이지만 한 마디 거들고, 제 홍콩 친구도
역시 부정적이지만 이 영화 이야기를 하기
에, 저는 인연의 법칙상 제가 꼭 보아야 하는 영화구나 생각했습니다.
저것을 보고 기분이 좋다 나쁘다 역겹다 하는 것은 제 사정이고, 인연
의 법칙이 저에게 전하고 싶은 메시지가 3번이나 왔는데 그것을 눈치
채서 준비하고 대비하지 못하면 기생충에게 당하게 된다는 것을 알고
있었기 때문입니다. '앞으로 남들이 부러워하는 것을 가진 자는 너무
오만해지고 그런 것을 못 가진 자들은 염치가 없어지는 세상이 오니 잘
대비하세요! 이것을 모르는 당신 나라에, 당신이 속한 사회에, 당신 친
구들, 친척들 중에 사회 기생충이 생기게 되고, 당신과 당신 가족과 당
신이 지키려고 하는 사람들은 그 기생충에게 당하게 됩니다!' 환경이
인연으로 주는 이 메시지를 읽은 사람들이 얼마나 될까요?

그 메시지의 낙처는 이렇습니다.

1. 남들이 부러워하는 것을 가지고 있는 사람이 오만하면 전혀 예상
도 못한 사회의 기생충에게 당해서 남들이 부러워하는 것을 다시 토해

내야 하지만, 겸손하면 그 복과 운은 점점 좋아집니다.

2. 남들이 부러워하는 것을 갖지 못한 사람이 염치가 없으면 자신의 행위가 자신을 치게 되어 남들이 부러워하는 것을 점점 더 가질 수 없게 되지만, 남들이 부러워하는 것을 아직 갖추지 못했더라도 양심과 염치를 알면 그 운은 바닥을 치고 상승할 것입니다.

"기생충"이라는 영화에 실려 있는, 그 제목이라도 알고 계신 분에게 전하는 메시지입니다.

원문

農工商賈畜長(농공상가축장) : 농·공·상들이 저축과 이식에 열을 내는 것도

固求富益貨也(고구부익화야) : 원래 부를 구하고 재산을 불리려 하기 때문이다.

此有知盡能索耳(차유지진능색이) : 부를 쌓는 일이라면 있는 지혜와 능력을 다하는 것이 인간의 상도인지라

終不餘力而讓財矣(종불여력이양재의) : 있는 힘을 다 짜내지 않으면 재물을 남에게 넘겨주는 일을 부른다.

회광반조

그러면 1급수 수질의 사람들은 돈을 어떻게 벌까요? 백규는 이렇게 말했습니다. "내가 무엇인가를 생산하고 산물을 만들어내어 화식(貨殖, 돈을 벌어들이는 것)을 하는 것은 마치 이이와 여상이 정책을 도모하여 펴듯이 하고 손자와 오자가 군사를 쓰듯 했고 상앙이 법을 다루듯 했다."

여기 거론된 사람들은 특급수 수질입니다. 여불위라는 이름의 여상, 손자, 오자, 상앙은 모두 한비자 계열의 법가 사상가들이었습니다. 그들은 그 사상으로 천하를 경륜했습니다. 천하를 경륜하려면 당연히 군량미, 군자금 확보는 필수적입니다. 그들의 스승 한비자는 이렇게 말했습니다.

거지이유명(去智而有明) : 자신이 지혜롭다는 생각을 버리면 드디어 밝은 지혜로 일을 다룰 수 있고

거현이유공(去賢而有功) : 자신이 현명하다는 생각을 버리면 드디어 공덕을 이룰 수 있으며

거용이유강(去勇而有彊) : 자신이 용감하다는 생각을 놓아버리게 되면 드디어 강해질 수 있는 것이다.

바로 무심(無心)으로 일을 하는 1급수 인간이 된다는 뜻입니다. 큰 부자는 1급수가 아니면 설사 재산을 물려받아도 그 재산을 지킬 수 없습니다. 사람은 자기 자리로 돌아갑니다. 자기에게 맞는 사람들과 살기 위해서입니다. 그래서 아버지, 할아버지가 1급수 수질의 사람으로 큰 부를 이루었어도 아들이나 딸을 제대로 교육시키지 않으면 2급수, 3급수 수질의 아들, 딸이 되고 2급수, 3급수의 손자 손녀가 되어, 자기 자리로 갑니다.

《화식열전 1》의 이 비유를 기억하시나요?

★ 4급수 이하의 수질에서 사는 물고기는 3급수, 2급수, 1급수에 가

서도 삽니다.

★ 3급수의 물고기는 2급수, 1급수에 가서도 삽니다.

★ 2급수의 물고기는 1급수 물에 가져다 놓아도 살 수 있습니다.

☆ 그러나 1급수의 물고기는 2, 3, 4급수에 가면 살지 못하고 죽고

☆ 2급수는 3, 4급수에 가면 죽고

☆ 3급수 물고기는 4급수에 가면 죽습니다.

그런데 ★ 4급수 물고기는 3, 2, 1급수에 가서도 살 수 있지만 다시 자기 자리인 4급수로 돌아옵니다.

★ 3급수 물고기는 2, 1급수에 가서도 살 수 있지만 다시 자기 자리인 3급수로 돌아옵니다.

★ 2급수 물고기는 1급수 물에 가져다 놓아도 살 수 있지만 다시 자기 자리인 2급수로 돌아옵니다.

★ 1급수 물고기들은 그곳에서만 살 수 있습니다.

이유는 단 하나입니다! 우리가 조용한 산속 암자나 고요한 수도원에서 며칠 지나면서 참 좋다 참 좋다, 나도 여기서 살고 싶다고 하지만 곧 자기 집으로 가는 것은 물고기가 자기 먹이 있는 곳으로 돌아가는 것과 조금도 차이가 없는 것입니다. 그 원인은 '카르마'입니다. 그리고 '카르마'라는 마차의 엔진은 누가 우리에게 달아놓은 것이 아니라 '우리 자신의 욕망'입니다.

그런데 간혹 사고가 납니다. 이런 경우입니다.

"현인이 묘당에서 깊이 꾀하고 조정에서 의논하고 믿음을 지켜 절개에 죽는 것이나 세상을 피해 숨은 뜻 있는 사람들마저 명성을 높이 천하에 알리고 싶어 하고 나이 들어 편안하게 살고자 하는 것도 결국은 어디에 귀결하는가? 그것은 부귀를 위한 것이다. 관리가 교묘한 농간을 부리며 법문을 비뚤어지게 해석하기도 하고 도장과 문서를 위조해 형벌을 받는 것마저 피하지 않는 것은 뇌물에 탐닉하기 때문이다."

이런 사고는 A. 1급수가 2~4급수에 가서 그들 먹이를 먹으려 하거나, B. 2급수가 3~4급수에 가서 그들 먹이를 먹으려 할 때나 C. 3급수가 아래 급수에 가서 그들 먹이를 먹으려고 할 때 발생합니다.

호랑이는 호랑이 먹이를 먹어야지 괜히 개 밥그릇에 주둥이를 밀었다가는 콧등, 아구통 등을 다 물어뜯기고 먹지도 못하는 격입니다.

뇌물도 아무나 먹는 게 아니고, 돈도 아무 돈이나 가지려다가는 감당안 되는 일을 당합니다. 그런데 한국, 미국, 중국에서 연달아 일이 터지네요. 쯧쯧

'자기의 욕망을 보는 공부'를 하지 않은 탓도 있지만 상식적인 공부를 하지 않은 탓이 더 크다고 할 수 있습니다.

제3장 관중의 삼귀

1. 비싸다 싸다를 측정하는 삼귀

범려는 "값이 비싸지면 싸지기 마련이고, 값이 싸지면 비싸지기 마련이다"라고 했습니다. 그런데 비싸면 싸지는 변곡점은 어디며, 또 어디까지가 비싼 것이고 어디부터가 싸지는 것이며, 또 싸다는 것은 얼마만큼 싸지는 것일까요?.

---

1. 知(지): What to buy, What to Sell?
  〈어떤 것을 사고, 어떤 것을 팔아야 하지?〉

2. 時(시): Ok! When to buy, When to Sell?
  〈좋아 ! 언제 사고, 언제 팔아야 하지?〉

계연왈(計然曰) : 그 계연은 월왕에게 말하기를

지투즉수비(知鬪則修備) : "전쟁이 있을 것을 알면 준비를 해야 하고

시용즉지물(時用則知物時用則知物) : 그때에 필요한 물건을 압니다.

이자형즉 만화지정(二者形則萬貨之情) : 이 두 가지는 만 가지 재화가 지닌 정이기에

가득이관이(可得而觀已) : 그 정을 얻어야 가히 비로소 '돈을 얻어 가질 줄 아는 안목'을 갖추었다 할 것입니다."

지투(知鬪)와 지물(知物)이 '만화지정' 즉 돈의 정을 알게 되는 첫 단추다! 이제 이것은 기초 지식이지요?

귀상극즉반천(貴上極則反賤) : 높은 값이 극도에 다다르면 헐값으로 돌아오고

천하극즉반귀(賤下極則反) : 싼 값이 극도에 이르면 높은 값으로 되돌아갑니다.

귀출여분토(貴出如糞土) : 비싼 물건은 오물을 배설하듯 자꾸 팔아버리고

천취여주옥(賤取如珠玉) : 싼 물건은 구슬을 손에 넣듯 소중히 사들입니다.

이 구절에서 높은 값은 어느 수준부터이며 어느 수준이 극도의 싼 값일까요? '오물처럼 팔아버릴 비싼 물건은 무엇이며, 구슬처럼 소중히 사들일 싼 물건은 무엇일까? 그 기준은 뭘까?'가 너무나 궁금하지만 개념을 잡을 수 없습니다.

여시축이(與時逐而) : 오직 자연의 시기를 기다릴 뿐

불책어인(不責於人) : 사람의 노력에는 의지하지 않았다.

고(故) : 이같이

선치생자(善治生者) : 생업을 잘 운영하는 사람은

능택인(能擇人) : 거래 상대를 고른 다음

이임시(而任時) : 자연의 시절인연에 맡긴다.

계연에게 배웠지만 나라를 위해서 쓴 것이 아니라 개인을 위해서 테스트해보았다는 범려의 이 말은 '택인'과 '임시'에서 공부했습니다.

'택인'은 사람 보는 공부이고 '임시'는 세상 보는 공부입니다. 너무나 멋있는 말 같지만 사람을 선택할 줄 아는 안목도 없고, 시절인연에 맡기는 것도 언제부터 언제까지 맡겨야 할지 그 기준을 알 수가 없습니다. 그럼에도 불구하고 계속 공부를 해보겠습니다.

백규(白圭) : 백규는

주인야(周人也) : 주나라 사람인데

이극무진지력(李克務盡地力) : 당시 이극은 땅을 충분히 이용하는 데 힘을 기울였으나

이백규락관시변(而白圭樂觀時變) : 백규는 때 변화에 따른 물가의 변동 살피기를 좋아했다.

이극은 3차 산업 시대의 아날로그 경제인이고 백규는 3, 4차를 망라하는 경제인답게 '낙관시변,' 세월의 흐름에 따라 모든 것이 변화하는 이치를 관찰하는 것을 좋아했습니다. 저도 이것을 배워야겠다고 생각

은 하였으나 안정적인 것이 편하고 좋았지, 매일 출렁거리는 증권시장이 적성에 맞지 않았습니다. 그러나 그것은 제가 증권이나 시장을 몰랐기 때문입니다.

그러나 계연이 실전에서 사용했다는 두 가지가 바로 무엇을 사고 무엇을 팔까(What to buy, What to sell)와 언제 사고 언제 팔까(When to buy, When to sell)였음을 확신하고 모든 궁금증은 녹아내렸습니다.

많은 분들이 계연과 백규의 이 말을 활용하지 못하는 이유가 2가지 아닐까 합니다. 첫째는 저러한 변화의 근본적인 이치를 알기가 어렵다는 것입니다. 저런 모든 변화를 측정할 기준을 알아야 하는데 누가 가르쳐주기 전에는 눈치채기가 어렵습니다. 그것은 바로 이 구절에 나오는 '삼귀'입니다.

태공망이 부녀들에게 베를 짜도록 장려하고 기술을 높이 끌어올리고, 생선과 소금을 유통시키니 사방에서 사람과 물자가 모여들었다. 마치 엽전꾸러미에 엽전이 꿰어지듯 수레 바퀴살이 중심으로 모이듯 사람과 물자가 모여드니…… 관중 또한 삼귀를 가지고 있어서 지위는 제후의 신하였으나 다른 군주보다도 더 부유했다.

내용을 보면, 소금기가 있는 산동반도 지역에 강태공이 가서 벼농사 대신 1) 삼베 농사와 어업의 기술을 높여서 생산과 유통이 활발해지니 2) 사람이 모이고 3) 물자가 모여서 결과적으로 4) 돈이 모여들었다. 그런데 그 후에 관중 또한 그곳에 갔는데 그 또한 삼귀를 다시 불러모을 노하우를 가지고 있어서 신하였지만 임금보다 더 부자였다는 것입니다.

제가 보기에 관중이 가지고 있었다는 '산귀'는, 원문에서 보배 귀(貴)가 아닌 회귀할 귀(歸)를 사용한 것으로 보아, 흩어졌던 지역 경제의 주체를 다시 돌아오게 하는 요소 3가지입니다. 첫 번째 생산과 유통이 활발해질 새로운 활력 에너지, 두 번째 사람 에너지, 세 번째 물자와 돈 에너지가 돌아왔다로 해석하면 정확하다는 확신이 듭니다.

일반인들이 계연과 백규의 말을 활용하지 못하는 두 번째 이유는 모든 가격을 결정하는 것은 수요와 공급인데, 그러기 위해서는 공급을 경험해봐야 한다는 문제가 있습니다. 대부분의 일반인들은 물건의 수요자이지 공급자가 아닙니다. 그리고 가격은 공급자가 주도권을 쥘 때도 있고 수요자가 주도권을 쥘 때도 있어 가격 결정에 참여는 할 수 있지만, 그 메커니즘을 잘 모를 수밖에 없습니다. 그러다 보니 '가격 결정의 세력 주체'를 알 기회가 없는 것입니다.

문제는 여기서부터 시작됩니다. 물건이건 주식이건 공급하는 사람, 다시 말해서 파는 사람의 '팔아치우는 공부'와 '오물을 버리듯이 버려본 공부'를 못 하는 것입니다. 사는 것보다는 파는 것을 공부해야 합니다. 그 이유는 마치 봄, 여름, 가을 세 계절 동안 키운 것을 겨울 한철에 다 방출하듯이, 대부분의 회사 제품과 심지어 주식도 살 수 있는 기간이 석 달이라면, 팔 수 있는 기간은 한 달에 불과하기 때문입니다. 다시 말해서 늦게 사면 이익을 적게 보면 되지만, 파는 경우는, 특히 주식의 경우는 아차 하는 사이에 늦어버려 때를 놓치면 많은 손해를 보게 됩니다.

즉 백규의 '돈을 불리려면~ 시기를 보아 행동하는 데는 사나운 짐승과 새가 먹이에게 뛰어들 듯이 빨랐다'라는 구절은 사는 시간보다 팔아치우는 시간이 더 소중하다는 얘기입니다. 그러나 대부분의 주식 투자자들은 파는 것을 배우지 않고 사는 것만 좋아합니다.

결국 제가 내린 결론은 이 두 가지 공부를 통해 많은 문제를 해결할 수 있다, 특히 '복칠기삼, 운칠기삼'의 복과 운에 대한 공부를 전혀 하지 않은 보통의 인간도 할 수 있는 30%의 몫은 충분히 감당할 수 있겠다는 것이었습니다. 그 두 가지가 바로 이것입니다.

1. 무엇을 사고 무엇을 팔지 그 거래 대상을 고른 다음은 '상보성과(RP)'

2. 언제 사고 언제 팔지 자연의 그 시기에 맡겼다 함은 '상대강도(RS)'

유망 매수 종목을 찾아 나갈 때 확인해야 할 또 다른 요소는 상호 보완적인 힘(Relative Strength), 상보강도, 즉 RS이다. 상호보완적인 힘은 개별 주식이 전체 시장과 비교해 어떻게 움직이는지를 보여주는 척도다. 주가가 상승하는 개별 주식도 상보적인 힘이 열세일 때가 있고, 하락하는 주식이라도 상보적인 힘이 플러스인 경우가 있다.

한번 생각해보자. S&P종합주가지수가 20퍼센트 상승했는데 개별 주식인 XYZ 주식이 겨우 10퍼센트 올랐다면, XYZ 주식은 뒤처진 것이다. 다시 말해 이 주식은 시장을 끌어나가는 게 아니라, 억지로 끌려 올라간다는 뜻이다. 전체 증시가 하락세로 돌아서면 XYZ 주식은 폭탄을 맞게 될 가능성이 매우 크다. 이와 반대로 전체 증시의 평균 주가가 20퍼센트 하락했는데 XYZ 주식은 10퍼센트만 하락했다면, XYZ 주식은 강력한 상보적인 힘을 지녔음을 보여준다. 이 경우 일단 증시가 상승하기 시작하면 이 주식은 히트를 치며 시장을 이끌어갈 것이다.

상보적인 힘을 계산하는 공식은 아주 간단하다. XYZ 주식이 50이고 S&P종합주가지수가 310이면, XYZ 주식의 상보적인 힘은 0.16(50 나누기 310)이다.

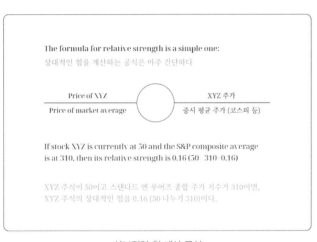

The formula for relative strength is a simple one:
상대적인 힘을 계산하는 공식은 아주 간단하다

$$\frac{\text{Price of XYZ}}{\text{Price of market average}} = \frac{\text{XYZ 주가}}{\text{증시 평균 주가 (코스피 등)}}$$

If stock XYZ is currently at 50 and the S&P composite average is at 310, then its relative strength is 0.16 (50 310 0.16)

XYZ 주식이 50이고 스탠다드 앤 푸어즈 종합 주가 지수가 310이면, XYZ 주식의 상대적인 힘은 0.16 (50 나누기 310)이다.

상보적인 힘 계산 공식

어떤 분석가는 이 수치를 매일 계산하지만 그럴 필요는 없다. 일주일에 한 차례 상보적인 힘을 계산해보면 시간에 따라 형성되는 명확한 패턴을 파악할 수 있다. 그러면 시간에 따른 움직임을 잘 이해하게 된다. 이번 주에는 상보적인 힘이 플러스였으나 다음 주에는 마이너스가 되기도 한다. 시장이 어떻게 움직이는지 제대로 알려면 어느 정도 시간이 필요하다.

차트 4-12에서 위쪽 선은 XYZ의 주가 선이고 아래쪽 선은 XYZ 주식의 상보적인 힘을 나타내는 선이다.

CHART 4-12

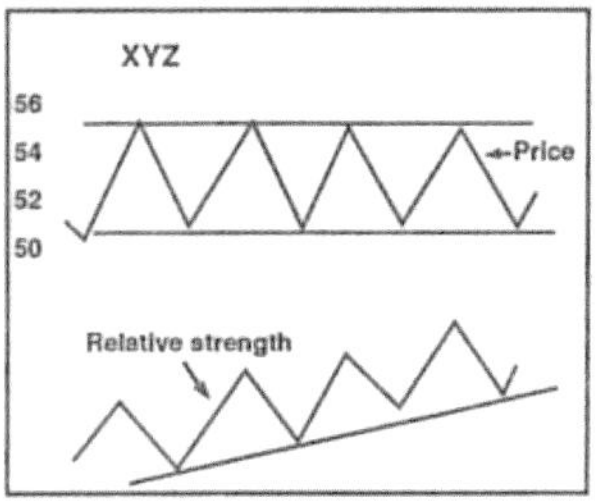

주가의 움직임이 중립적인 데 반해 상보적인 힘은 51과 55 사이 트레이딩 범위 내에서 다르게 움직이고 있다. 상보적인 힘의 라인 즉 RS선의 상승은 좋은 징조다. 주가가 상승할 가능성이 크다는 것을 보여주기 때문이다. 반면에 설사 주식이 우리를 바보 취급하며 하락세로 돌아섰다 하더라도, 상보적인 힘이 좋을 때는 주식을 공매도하고 싶은 마음이 잘 안 날 것이다. 상보적인 힘이 아주 좋고 강하게 보이는 경우라면 하락세는 곧 멈춘다고 명확하고 분명하게 말하고 있다. 그래서 이때는 공매도 물량을 체크하는 것도 좋다. 그렇지만 그런 주식을 보유하고 있다면 주가 하락을 무시해서는 안 된다. 즉시 팔고 나가라는 말이다. 상보적인 힘을 직접 계산하여 그래프를 그리는 대신 업체에서 제공하는 차트를 이용할 수 있다.

차트 4-13에서 보듯이 맨스필드 차트는 RS선을 표시해준다. 맨스필드는 복잡한 가중치를 이용한 공식을 사용하고 있지만 결과는 마찬가지다.

어쨌든 주가의 성과에 비해
열악한 RS선을 보여주는 주식
은 절대 사면 안 된다. 이와 반대
로 RS선이 플러스일 때는 그 주
식을 공매도할 생각을 하지 않
는 것이 좋다. 맨스필드 회사의

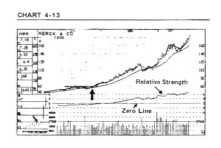

상보강도는 역시 회사의 차트 위에 '제로 선(차트 4-13 참조)'을 그려주고
있다. 상보적인 힘이 '0' 이상이면 장기적인 관점에서 긍정적이다. 반면
에 '0' 이하에서는 장기적인 관점에서는 부정적으로 보아야 한다. 그리
고 잘 나타나지 않고(어떤 의미에서는 시간적으로 늦게도 되지만), 상보적인
힘(RS)이 '0' 이상인 플러스 영역에 있는 것은, 만약 우리의 다른 체크리
스트 다시 말해서, 1) 이 주식뿐만 아니라 산업 업종 자체가 상승세인가
의 확인 여부, 2) 주가가 30주 이동평균선의 지지 여부 3) 거래량을 동반
할 것인가의 여부 4) 기타 다소 중요하지 않은 모든 것들이 합일(合一)
되어 있다면, 그때 RS 라인은 마이너스 영역에서 플러스 영역으로 이미
움직이고 있는 상태일 것이다.

공매도 혹은 매도의 경우라면 반대의 현상이 진실 된 징후가 된다. 다
시 말해서 '제로 선'을 돌파해서 플러스 영역에서 마이너스 영역으로 들
어가거나 갈 것 같다면 그것은 확실하고 중요한 부정적인 상황이기에,
매도폭탄이 여기저기서 터질 것이다. 그러나 중요한 것이 있다. 상호
보완적 힘 다시 말해- 상보강도(RS) 가 제로 선 밑에 마이너스 영역에
있다고 해서 주식을 절대로 사서는 안 된다는 것은 아니다! 혹은 상보

강도(RS)가 제로 선 위 플러스 영역에 있다고 해서 공매도나 매도를 절대 하지 말라는 것은 아니다! (절대로 그렇게 생각하면 안 된다. 그러면 너무 늦다! 다 오른 다음 사게 된다. 80% 이상 오른 다음에 사게 되는 불행한 일이 생길 수 있다.)

결론을 말하겠다! 만약 상보적인 힘이 아주 좋은 모습이거나 추세가 올라가고 있고, 그 밖에 우리가 공부한 '돌파 시점, 거래량, 그리고 동종 업종 상승 여부' 등 3가지가 다 양호한 상태라면 그 주식이나 펀드를 사라! 그러나 절대로 사면 안 되는 주식이 있다! 그것은 우리가 공부한 '돌파 시점, 거래량, 그리고 동종 업종 상승 여부' 이 3가지가 다 양호한 상태라 할지라도 상보적인 힘(RS)이 내려가고 있거나. 상황이 빈약한 지역(설사 플러스 영역일지라도)에 놓여 있다면, 다른 그 무엇이 좋다고 할지라도 그 주식은 사서는 안 된다는 사실이다.

위 글은 미국의 아주 유명한 투자가이며 투자 코치인 '스탠 와인스타인'의 저서에 나오는 내용입니다.

'모든 것은 상보적이다'라는 그의 멋진 이 섹터는 주식투자에서 아주 아주 중요한 사항이며, 와인스타인이 말하고자 하는 바는 〈화식열전〉의 범려, 계연, 백규 부문과 그 맥락을 같이하는 것입니다.

스탠 와인스타인의 책
한국어 번역본

2. 타력의 RP와 자력의 RS

와인스타인이 쓴 '상보적인 힘(Relative Strength-RS)'이라는 말은 1987년에 이 책이 출간된 이래 지금까지 많은 혼란을 주고 있는 용어입니다. 한국 등 전 세계에서 사용하는 모멘텀 지표의 하나인 상대강도지수(RSI, Relative Strength Index)와 혼동되기 때문입니다. 웰레스 윌더가 개발한 상대강도지수는 단일 주식에 대한 가격 움직임의 속도와 변화를 측정하는 것입니다.

다시 말해서 우리가 아는 상대강도지수는 특정 기간 동안의 상승한 날과 특정기간 동안 하락한 날의 비율을 말합니다. 보통 14일을 사용하는데, 축구에서 손흥민 선수가 14게임 동안 매 경기 골을 넣을 확률이 많지 않은 것처럼, 주가도 그렇게 일방적으로 오르기만 할 수가 없습니다. 그러나 어느 날은 4골도 넣고 어느 날은 1골도 넣는데 그와 마찬가지로 14일 중에 주가가 많이 오른 날과 적게 오른 날이 있게 마련입니다.

그래서 14일 중에 70%인 10일 이상 오르면 이제 좀 쉴 때가 되었다고 하여 '과열단계'라고 하고, 30%인 4일 이하만 오르고 나머지 10 거래일 이상은 내렸다면 이 경우는 '과냉각 단계'라고 합니다. 야구로 생각해도 됩니다. 추신수 선수가 14게임당 매 게임 안타를 치는 것이 쉬운 일이 아니고, 류현진 선수가 14경기 동안 매 게임 승수를 기록하기가 쉽지 않은 것과 마찬가지입니다.

그런데 와인스타인의 상보적인 힘(RS)은 상대강도지수에서 말하는 것과는 다른 개념으로, 'XYZ 주가/ 증시 평균의 주가'입니다. 그리고 이 값이 제로(0)보다 크면 양의 영역이라고 하고, 제로(0)보다 작으면 음의 영역이라고 합니다. 이 혼란스러운 개념은 현재까지도 전 세계 독자들이 와인스타인에게 질문하는 내용입니다. 그럼 그는 33년간 이렇게만 답을 합니다. "나의 강연에 오십시오."

그러나 생각해보면 주가인 분자가 항상 0 이상이고, 분모인 주가지수도 항상 0 이상인데 어떻게 음의 영역인 마이너스 상대강도가 나올 수 있다는 말일까요? 결국 와인스타인의 상보적인 힘, 상보강도 개념은 잘못된 것이었습니다. 그가 말하는 상보강도와 맨스필드 차트는 야구나 축구로 비유하면 승률과 같은 개념이었던 것입니다. 야구나 축구가 이기기도 지기도 하는 것처럼 주가와 지수가 오르기도 하고 내리기도 하는 것이니까요.

와인스타인'이 말한 상보강도(Relative Strength)는 상보성적 혹은 상보성과(Relative Performance)라고 표기해야 맞습니다. 이제부터 우리는 상보성과(RP, Relative Performance)라고 하겠습니다.

주식은 해당 주식의 재무적 호재로도 상승하지만 시장 전체의 힘에 떠밀려서 상승하는 경우도 있습니다. 혹은 작전 세력의 힘으로 상승하는 경우도 참 많습니다. 즉 주가에는 자력(自力)과 타력(他力)이 동시에 있는 것입니다. 우리가 아는 상대강도(RS)는 자력을 측정하는 것이지만 와인스타인이 말하는 상보성과(RP)는 타력을 측정하는 것입니다.

애국가로 비유하자면 상대강도는 동해물과 백두산이 마르고 닳는지, 아니면 그 반대인지 즉 주체가 개별 주식만을 대상으로 합니다. 반면 상보성과는 하느님이 보우하시는 강도 즉 주체가 하느님인데 객체인 그 주식에 어느 정도 그 힘을 주시는지 걷어가는지를 측정하는 것이라고 생각하면 될 것입니다.

이 두 개념이 중요한 이유는 하늘이나 하느님이나 부처님 같은 분들도 사람들에 대한 인사고과를 측정할 때 '성과 체크'를 하기 때문입니다. 그 인사고과 방식에 따라, 어떨 때는 흥부, 놀부처럼도 하고, 어떨 때는 '금도끼, 은도끼'처럼도 하고, 어떨 때는 '심청이'처럼도 합니다.

물론 그 의미를 알면 그런 자그마한 투자와 상관없이 백규나 다른 130여 명의 〈화식열전〉 주인공같이 억만금, 거만금의 돈을 벌 수도 있습니다. 그리고 자녀들에게 진짜로 '화식(貨殖)하는 법'을 전해줄 수 있게 됩니다. 여하간 《화식열전 2》의 핵심 주제는 바로 '돈의 정(情)이 내리는 평가 기준은 상대적이다'라는 것입니다. 굳이 사족을 붙이자면 에너지와 질량의 합의 총량은 항상 일정하기에 누구를 더 주려면 다른 누구에게 주었던 것을 조금씩이라도 걷어와서 그 사람에게 주어야 하기 때문입니다. 그러니 자신의 복과 운이 탈여수순에서 탈 상태인지, 여 상태인지를 알아야 하는 것입니다.

3. 상대강도 RS

비싸지면 싸지게 되고, 싸지면 비싸게 될까요? 그렇지 않습니다. 말에 끌려다니면 안 됩니다! 주식시장에서 많이 사용하는 상대강도 지수(RSI, Relarive Strength Indicator)로 설명하겠습니다.

아래 주식 차트에는 2개의 파도가 있는데 위의 파도가 주가이고 아래 파도가 상대강도(RSI)입니다.

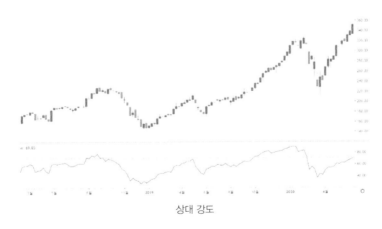

상대 강도

올라가도 너무 많이 올라가면 위험하고, 내려가도 너무 많이 내려가면 기회라는 것입니다! 맞지 않나요? 그러나 '많이'는 도대체 어느 정도이고 또 '너무'는 어디까지일까요?

보통 70 이상이면 '많이 강하다' 하고, 30 이하면 '많이 약하다' 하고 100이면 '그럴 수는 없다' 하고 0에 근접하면 '그런 법은 없다'라고 합니다.

과연 그럴까요? 다음 차트를 보겠습니다.

상대 강도 지수 잘못 사용

위 보라색 선은 30~70의 상대강도를 표시한 선입니다, 70을 넘어 80도 넘어가니 '너무 많이 올랐다!'라며, 오르면 내리기 마련이고 내리면 오르기 마련이라고 말할 것입니다. 그래서 세상을 어설피 알고 지식에 겉멋이 든 사람들은 비트코인을 팔았을 것입니다. 그러나 그 이후 어떻게 되었나요? 3,000달러 하던 코인이 14,000달러로 거의 4.5배가 올라버렸습니다.

문제가 무엇일까요? 바로 '말과 글로만 상대강도(RSI)라는 것을 알고 있었기' 때문입니다. 물론 저도 30살부터 나이 60이 될 때까지 그랬습니다. 그래서 이 〈화식열전〉은 저의 참회록이기도 합니다.

그래서 사람들은 14일을 바꾸어 15일, 20일도 해보고, 70 이상이라고 꼭 비싼 것도 아니고 30 이하가 꼭 싼 것도 아니라는 것을 확인하게 되자 14일이라는 숫자와 30, 70이라는 숫자에 변화를 주어서 다양하게 자신만의 방법을 고안하고 있습니다.

다시 원문으로 돌아가보면 '그래서 물건 값이 싸다는 것은 비싸질 조짐이고[故物賤之徵貴], 비싸다는 것은 싸질 조짐이다[貴之徵賤]'는 맞는 이야기인데, 이 문제는 어떻게 해결한다는 말일까요?

2000년에 2억 하던 아파트가 한때 8억까지 갔다가 2020년에 7억이 되었다고 해보겠습니다. 게다가 결혼한 아들이 지금 같은 동네에 집을 사려고 합니다. 아들에게 집값이 8억이었을 때에 비하면 싸니 지금 사라고 할까요? 정부에서 집값을 구제한다고 하니 다시 2억까지는 아니더라도 6억까지 떨어질 수 있으니 나중에 사고 지금은 전세나 월세로 살라고 이야기해줄까요?

이 문제를 해결하지 못하는 이유는 하나입니다. 〈화식열전〉을 공부했고 가격의 움직임, 방향, 싸다와 비싸다를 구분 짓는 상대강도 지표(RSI)도 알고 있습니다. 2~30년간 증권도 공부했습니다. 그러나 큰 착각을 하는 것이 있습니다. 지금 알고 있다고 생각하는 것은 말과 글을 배운 것이지 '범려의 가르침'을 배운 것이 아니고, '상보성과(Relative Performance)'를 아는 것이 아니기 때문입니다.

상대강도를 다시 보겠습니다. 당구공 3개로 게임을 하는 삼구 당구,

일명 3쿠션 당구라는 것이 있습니다. 모든 게임이 그렇듯 이 게임은 3차원에 사는 우리에게 시사하는 부분이 많지만 상대강도를 공부하는 데도 도움이 될 듯합니다.

삼구 당구는 두 사람이 하는 경기로 흰 공과 노란 공을 각각 자기 공으로 삼습니다. 각 플레이어는 자기 공으로 나머지 두 개의 공을 맞추어야 하는데 반드시 4각의 벽을 최소 3번은 만나고 나머지 두 공을 맞추어야 합니다. 쉬운 듯 보이지만 상당히 어렵고 정밀한 게임입니다. 공을 가지고 하는 모든 게임은 둥근 공의 정확히 가운데를 맞추어야만 좋은 결과가 나오는 데 반하여 당구는 공을 비스듬히 맞추어야 원하는 결과를 얻기 때문입니다. 3번의 벽을 반드시 맞추어야 한다는 룰은 몹시 중요합니다.

삼구당구

우리나라에서는 지금도 자녀의 결혼을 앞두고 어른들이 궁합(宮合)이라는 것을 보는데, 최소한 3군데는 가서 물어보고 결정하라는 말이 있습니다. 아주 정확한 이야기입니다. 그리고 모든 면에서 그렇습니다.

"중요한 말은 반드시 세 번 생각하고 한 번 말하라!"는 삼사일언(三思一言)도 마찬가지입니다. 집을 살 때도 팔 때도 자동차를 사거나 팔 때도, 3군데는 들러서 말을 들어보고 결정해야 합니다. 수술을 해야 하는 경우에도 큰 병원, 용한 의사라는 말을 믿고 단번에 하면 후회할 일이 많아도, 3군데 병원의 3명의 의사에게 물어보아 같은 결론이면 해도 됩니다.

3쿠션 당구의 연속 득점 기록 가운데 세계 기록은 24번이고 한국 기록은 21번입니다. 이 점이 참 중요하며 이것이 바로 상대강도의 개념입니다. 가격이 아무리 올라도 연속해서 오르는 경우는 거의 없고, 아무리 내려도 연속해서 내리는 경우도 없더라는 경험적 통계치가 상대강도입니다.

4. 상대강도 30과 70의 중요성

다음 주식 차트는 의약회사인 셀트리온의 2019년 7월부터 2020년 10월 초까지의 주간 단위 차트입니다.

셀트리온 주가 차트

아래 빨간 표시 선이 있고 검은 선이 있습니다. 빨간 선은 과열신호를 나타냅니다. 저 선은 기본적으로는 14주 혹은 14일 동안 주식이 오른 값과 내린 값을 다 더한 후 그것을 분모 값으로 하고, 14일간 오른

값만을 분자 값으로 한 다음 곱하기 100을 하여 구하는 값입니다. 그렇게 매일 혹은 매주 구해지는 것을 나타낸 것이 빨간 선입니다.

검은 선은 그렇게 해서 구해진 값의 100점 만점에 70점 선을 나타냅니다. 그리고 이 차트에 안 나와 있지만 100점 만점에 30점 선도 있습니다. 70점을 넘어서 계속 올라가면 과열이라고 하고, 30점을 넘어서 계속 내려가면 과냉이라고 합니다. 이 역시 몹시 중요한 의미를 담고 있습니다.

우리가 쓰는 말 중에 3·7일 기도라는 말이 있습니다. 21일간 하는 기도입니다. 7은 북두칠성으로 대표되는 하늘의 기운을 말하고 3은 삼태성으로 대표되는 땅의 기운을 말합니다.

이것은 인산불여천산이라는 말처럼 참으로 철학적인 말입니다. 사람은 완전한 인격체가 되기 힘들기 때문에 아무리 잘나도 70점 이상을 받기 힘들기에 오만하면 안 되고, 아무리 힘들고 못나도 사람으로 태어날 정도면 기본 점수 30점은 받고 태어나기에 하늘이 두 쪽 나도 솟아날 구멍이 반드시 있다는 의미를 담고 있습니다.

그러나 일반적으로 그렇다는 소리입니다. 비시사(非時死)라는 말이 있습니다. 죽을 때가 아닌데 죽음을 맞이하는 경우를 말합니다. 그리고 하늘이 돌보는 사람이라는 말도 있는데 천우신조(天佑神助)라고 합니다. 우(佑)와 조(助)는 다릅니다.

★우(佑)는 그 사람이 하는 일이 예쁘고 고마워서 '별'이라고밖에 할 수 없는 '총지 에너지'가 돕는다는 의미이며

★조(助)는 하는 일은 마음에 차지 않지만 정성을 들이는 것이 가련

하고 기특해서 '神(신)적인 에너지'가 돕는다는 의미입니다

인간 세상에서 70점 이상은 천우(天佑)가 있어야 100에 도달할 수 있으며, 30점 이하는 반드시 신조(神助)가 있어야 '0'을 뚫고 마이너스 영역까지 탈탈 털리는 일에 몰리더라도 일시적 구원을 받을 수 있다고 저는 배웠습니다. 그러니 〈화식열전〉 중 특히 백규의 가르침이 중요한 것입니다

가지고 있는 주식이나 펀드나 부동산 등을 계속 가지고 있을 것인가, 기다렸다가 사든지 팔든지 할 것인가 등 사람에 의지하지 않고 자연의 시기를 기다리는 방법이 바로 상대강도입니다. 그래서 30~70에 얽매이지 않고 14에도 얽매이지 않고, 40~80/60~100을 사용할 줄도 알고, 0~30/20~60을 사용할 줄도 아는 임기응변의 지혜도 있어야 합니다.

이것 역시 완전히 이해하려면 유튜브 강의 세 가지를 들어보든지 세 사람을 만나서 물어보면 그 중에 반드시 확실히 이해시켜주는 사람이 있을 것입니다. 공자님이 '삼인행 필유아사(三人行必有我師)' 즉 세 사람이 길을 가면 그 중에 반드시 나의 스승이 있다!라고 하신 말은 결코 빈말이 아닙니다.

참고로 위 상대강도 지표의 흐름은 아주 중요합니다. 예를 들면 셀트리온 주식의 가격은 3배 정도 올랐다가 그런 대로 위에서 약간의 조정을 받으면서 몇 달을 버티는 것으로 보이고 다시 올라가지 않을까 하는 희망을 가질 수도 있을 것입니다.

그러나 상대강도 선을 보면 70점을 넘어 뫼 산(山) 자 모습을 보이며 급속하게 하락하는 것이 보입니다. 이러한 기회를 놓치면 수호지에 나

오는 '금풍미동선선각(金風未動蟬先覺) 암송무상사부지(暗送無常死不知)'를 당하게 됩니다.(가을 쇠 바람이 아직 불지 않았어도 매미는 가을이 온 것을 미리 알았지만 어둠 속에 은밀히 다가오는 사마귀의 공격으로 자신이 죽을 것까지는 몰랐구나!)

3배, 4배 올랐다고 좋아하다가 순식간에 다 토해내는 경우가 비일비재합니다. 상대강도는 그런 비극을 막아주는 좋은 방편이 됩니다.

5. 상보성과의 예

'상대강도(RS)'는 비유하면 과거의 나와 현재의 나를 비교하는 것입니다. '상보성과(RP)'는 한정된 자원을 배분할 때 누가 더 좋은 성과를 내었는가에 따라 결정됩니다. 상보성과는 결국 효율성을 나타내는 지표입니다.

제가 경험한 리얼한 상보성과는 이러한 것입니다. 자녀 네 명을 둔 재벌 아버지가 자녀들을 다 불러모았습니다. 그리고는 이렇게 말했습니다. "지금 우리나라가 국가 부도를 당했다. 그런데 너희들은 신용카드를 가지고 사인이나 하면서 돈을 쓰기만 했지 돈을 벌어본 적이 없지 않느냐? 나도 이제 나이가 들었다. 너희들에게 10억씩 증여를 하겠다. 그 10억으로 1년 후 얼마를 벌었는지 나에게 말해라. 너희들의 1년 성적을 보고 회사를 물려줄 놈에게는 회사를 물려주고 돈을 물려줄 놈에게는 돈으로 주겠다. 그리고 돈을 많이 번 사람에게는 회사를 많이 물려주고, 적게 번 사람에게는 회사를 적게 물려주겠다."

이것이 가장 정확한 상보성과의 개념입니다.

우리도 소봉이 되면 그렇게 하기로 하고, 일단은 일반인 수준에서 공부를 더 하도록 하겠습니다. 자녀들이 어찌 어찌 돈을 모으고 융자를 해서 서울에 집을 마련하겠디고 하는데 어디가 좋을지 물어보면, 모두 재산 가치가 상승할 동네에 사는 것이 좋겠다고 하지만 그게 어느 동네인지, 어느 집인지 알 수가 없습니다. 답은 하나입니다. 운 좋고 복 있는 놈은 오를 집을 사고, 운 없고 복 없는 놈은 안 오를 집을 사는 것이 운칠기삼 복칠기삼의 이치입니다. 그러면 우리가 할 것은 '그 기술 30%'입니다.

아래 표를 보시지요. 서초구 집값이 제일 성과가 좋은데 그러면 앞으로도 그럴 것인지, 아니면 강동이나 성동이 앞으로 좋을 것인지를 알려면 상보성과를 이해해야 합니다. 상보성과는 위에서 설명한 공식대로 인터넷에서 얼마든지 구해서 확인할 수 있습니다. 그래서 복덕방에서 말하는 앞으로의 개발정보나, 뉴스에서 말하는 어떤 부동산 전문가의 예측을 따라야 할지 말아야 할지를 확인하는 기술 30%를 가미하면

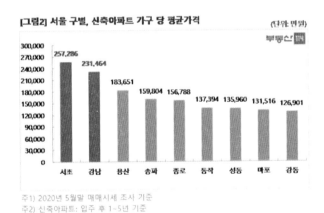

서울 아파트 가구당 평균가

성공할 수 있습니다. 부모로서 자녀들에게 좋은 조언을 해줄 수 있습니다.

　상보성과에 대해 다시 한번 주식으로 복습해보겠습니다. 이 표를 만드는 것은 어렵지 않지만 어느 증권회사 사이트에서도 볼 수 없는 주식 차트입니다. 여기서 설명하자면 〈화식열전〉의 기본 줄거리에서 한참을 밖으로 나갔다가 돌아와야 하니, 추후 〈화식열전〉 독자분들을 위한 유튜브 방송에서 상세히 말씀드리겠습니다. 알고 나면 쉽지만 이 간단한 그래프를 만드는 데 13년 걸렸습니다. 인간은 의식하지 못하고 인식하지 못하면 아무것도 못 하니까요. 우스갯소리지만 산골 마을에서 송이나 산삼 혹은 석청 등 비싼 물건들이 나오는 위치를 아들에게도 마누라에게도 안 가르쳐준다는 말이 있습니다. 왜 그럴까요? 아들이나 부인이 싫어서일까요? 그렇지 않습니다. 부인이나 아들이 어디 가서 잘난 척 한다고 말해버리면 경쟁자가 많아져 자신이 얻을 수익이 사라지거나 없어지기 때문입니다.

　그래서 백규가 이렇게 말했나 봅니다. "내 방법을 배우고 싶어 해도 끝내 가르쳐주지 않겠다."

　그럼 이제 20년간의 호텔신라 주식가격의 흐름을 '상대성과 그래프'로 점검해보겠습니다.

　2000년도부터 2010년까지 약 10년간은 아무리 주가가 오르락 내리락 하더라도 상보성과 라인이 주로 '제로 선' 이상에 머물렀기에 추세가 오르는 추세였으니 꾸준히 모으면 좋았을 주식입니다. 그 후 2011년부터 2015년의 5년간은 주가가 오르락내리락 했으나 상보성과선이 '제로 이하'에 오래 머물렀으므로 팔면 팔았지 가격이 싸졌다고 함부로 살 시기는 아니었습니다. 그리고 2016년 이후 지금까지 5년간은 '여전히 제로 선' 근처에 있으나 제로 선에서 아주 동떨어진 모습은 보이지 않

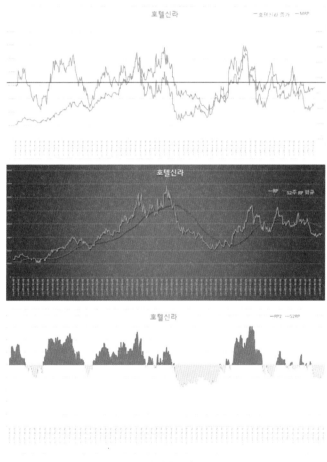

호텔신라 주가

기에 5년 고생이 끝나고 머지않아 오를 수도 있겠으니 간혹은 관찰을 해야겠다가 정확한 진단일 것입니다.

만약 지난 10년간 가지고 있다가 고점에 팔 기회를 놓친 분이라면 저는 "고생하신 김에 더 들고 계시죠!"라고 했을 것입니다.

아니면 "지금 주가가 싸니, 자제분이나 손주들에게 증여를 하시죠. 싼 가격에 있을 때 증여하고, 그 후 5년 후에 주식이 많이 올라 있으면 증여세 이상으로 자녀들은 덕을 볼 것 같습니다"라고 말씀드렸을 것입니다. 그것이 제 직업이었습니다. 투자 클리닉 센터장이었으니까요.

클리닉은 병원이라는 뜻인데, 돌팔이 의사로 엉터리로 진찰을 해드렸던 많은 분들에게 어떻게 속죄를 해야 할지 참으로 근심입니다. 이 《화식열전 2》로 조금이라도 속죄가 될까요? 그렇게 되기를 정말 바랄 뿐입니다.

6. 복운지도 탈여수순의 사례

이제 마지막으로 〈화식열전〉을 공부하며 제가 느꼈던 다른 점을 설명드리고자 합니다.

예를 들면 저는 돈과 관련한 이런 상담을 받은 경우가 있습니다.

어머니가 돌아가시고 아버지 혼자 사셨습니다. 아버지가 집도 있고 돈도 가지고 계신 것이 있고 또 그냥 혼자 사는 게 좋다고 하여 혼자 사셨습니다. 본래 외식도 좋아하고 아무거나 잘 드시고, 친구, 친척들 집에 가시기도 하고, 외국 여행도 잘 다니는 어른이셨다고 합니다. 그래서 아버지가 건강하신 동안은 아무 문제가 없겠다고 생각했답니다.

그런데 경제적으로 제법 잘사는 누나가 아버지 집에 반찬 해드린다, 밥해드린다, 아버지 돈을 자기가 관리한다 하더니 아버지가 가지고 계셨던 돈을 어디다 썼는지도 모르게 아버지 통장에는 돈이 3분의 1도 안 남았다는 것입니다.

그래서 남동생이 아버지에게 가서 이야기를 하니 아버지는 내용을 잘 모르시고 남은 돈이나마 통장을 직접 관리하겠다고 하셔서 그 정도에서 마무리 지었다고 합니다.

그런데 최근에 보니 아버지는 이제 돈이 하나도 없고 아버지 명의로 된 집에 대출을 받아 그 돈을 다시 누나가 가지고 관리를 하며 은행에 이자를 내고 있다는 것을 알게 되었다고 합니다. 그런데 그 집은 아들이 사드린 것이라고 할 정도로, 재건축 추가 분담금을 내드린 집이라고 합니다. 누나 하나 여동생 하나에 아들이라고는 자기 하나니 언젠가는 그 집이 자기가 살 집이었다고 생각도 했지만, 부모님이 사시던 집에 재건축한다는데 이왕이면 크고 좋은 집에 사시는 게 좋겠다 싶었고 당시는 여윳돈이 제법 많을 때라 거의 5억에 가까운 돈을 내드렸다고 했습니다.

결국 누나, 자형과 문제가 되고, 변호사가 동원되는 소송을 1심, 2심 하고 있다고 했습니다. 그런데 이러한 문제에 있는 집이 제법 있다는 것을 알게 되었고, 그런 일이 제게 반연되었기에 이것에 대한 해결책을 생각해보았습니다. 이 해결책을 〈화식열전〉 식으로 해결하면 이렇게 됩니다.

1. 누나와 싸우지 않아도 될 문제로 싸우면서, 변호사 비용이 양측에서 나갈 것이고, 그것은 결국 아버지 돈이 나가는 것이다.

2. 누나와 소송을 하면서 누나와 나는 예상치 못하던 곳에 시간을 허비하게 되어 기회 손실이 있는 것이다.

3. 결국 나와 누나 그리고 가족은 조카들을 사이에 두고 고종사촌, 외사촌 간의 가족관계에도 부정적 영향을 미치게 되는 것이다.

4. 누나와 누나 가족도 나와 나의 가족도 그리고 아버지도 마음이 상

하고 감정이 탁해지고 머리가 지끈 지끈 아플 때가 많다.

5. 이러한 스토리를 변호사에게 이야기할 때도 괴롭고 화가 나고 감정이 격해지고, 법적 문제를 만들고, 소송을 다녀와서 판사에게 들은 질문과 그 추가적인 답변 상황, 그리고 예전 재건축 당시의 통장 거래 내역 등의 증빙서류를 이것 저것 챙겨야 하는데 미치겠다.

6. 이러지도 저러지도 못 하시는 아버지가 원망스럽기도 하고 불쌍하기도 하고 하늘에 계신 어머니에게 죄송하기도 하고 원망스럽기도 하다.

저 상황을 분석해보면 이렇습니다.
1. 돈 에너지― 돈이 없어졌고,
2. 사람 에너지― 누나와 조카들, 자형이 없어졌고,
3. 건강 에너지― 약을 먹어야 할 정도로 내 건강이 없어졌고,
4. 자식 관계 에너지― 아내와 가족들에게 아버지로서의 체면이 없어졌다.

자, 이제 방법은 먼저 언제까지 추락할지 모르는 자신의 복과 운의 하락세를 멈추게 해야 합니다. 그것은 반성과 참회입니다. 물론 변호사를 선임해서 누나와 사실관계를 가지고 다투는 일은 계속해야 합니다. 그러나 그것은 변호사에게 맡겨두고, 자신은 이렇게 생각을 해야 합니다.

1. 그런데 왜 나에게 이런 일이 생기게 된 것일까?

2. 자기도 직장이 있고, 남편도 대학교수로 잘살고 있고, 조카들도 공부를 잘해서 다 좋은 학교, 좋은 직장에 다니고 결혼도 했다. 게다가 아버지 돈을 가지고 그동안 어디에 썼는지 모르지만 일단 돈을 신나게 썼으니, 지금 누나와 나는 누가 더 속이 쓰리고 아플까?

3. 과거에 내가 잘나갈 때, 누나와 조카들 선물은 거의 다 내가 했고, 누나 가족들 어디 여행 간다고 할 때 콘도 예약해주고, 호텔비 대준 적이 한두 번이 아닌데 지금은 외삼촌인 나의 경제 상황과 모습이 예전만 못하니 조카들도 날 만나기도 싫어하는 것 같다.

그러면 누나 쪽은 동생 모르게 아버지 돈 꺼내 쓰다가 들킨 정도이니 속이 상하고 마음이 쓰려도 나보다는 덜 쓰릴 것이다. 원인도 모르겠고 이유도 모르겠지만 마음이 더 아프고 쓰린 것은 나다! 그렇다면 마음이 아픈 놈이 범인이라고 했으니 내가 범인이구나! 내가 이 상황을 만든 범인이구나!라고 생각할 줄 알아야 합니다.

이렇게 생각하고, 그 마음이 진심이라면 일단 자신이라는 주식 시세의 하락세는 바닥을 찍게 됩니다.

7. 돈이 너게 오게 하려면

이제 마지막으로 돈은 무엇인가, 돈의 정체와 본질은 무엇인가를 보겠습니다.

아시죠? 이 유명한 방정식은?

에너지 질량 법칙

돈의 본질은 에너지(Energy)이며 기운입니다. 죽기 전에 이 세상에 보람이 될 가치 있는 인생 계획을 다시 만드십시오. 가장 중요한 것은 그 돈이 없어도 여러분이 형제와 다툴 필요가 전혀 없는 '가치에 기반한 경제적 자주 독립'이며 그 가치는 가족을 넘어 지역, 가문, 나라, 인류에게 필요한 일이어도 좋습니다. 그것을 이루게 할 복과 덕의 에너지가 오게 하십시오.

돈의 질량은 종이 위의 숫자, 혹은 전산상의 숫자가 지닌 무게입니다. 흔히 가격으로 매겨집니다. 20억짜리 집, 30억짜리 요양원 등 숫자라는 가격이 당신의 감정을 흔드는 나쁜 고객입니다. 그러나 인간이 만든 숫자로 이루어진 가격은 외부의 내가 인식하지 못합니다. 인공지능 로봇, 빅데이터, 알파고로도 외부의 돈의 정을 가진 어떤 힘과 통정이 안 된다는 것을 이미 공부했습니다. 정해져 있는 빈부를 뛰어넘는 길은 자신의 가치를 기반으로 한 에너지를 통해 돈의 정과 통하는 것입니다.

돈의 형상과 모습은 지폐이며 숫자입니다. 그렇다면 돈의 이동속도 제곱은, '에너지/ 돈의 숫자가 지닌 무게'이겠군요. 그 이유를 2가지로 설명하겠습니다.

첫째 문제의 발단은 돈이었고, 지금도 돈 문제로 형제끼리 소송을 하고 있으며, 당신이 원하는 것도 돈입니다. 돈이라는 숫자는 지금 당신에게 오지 않습니다. 돈이라는 질량과 상생이 되고, 상보가 되는 모든 에너지를 당겨올 수 있는 '당신이 원하는 숫자로 표현될 정도의 에너지로 가치 있는 목적'을 만드십시오. 그리고 '돈이 정을 줄 수밖에 없는 목적과 가치 있는 것'을 찾으시고 만들고 형상을 갖게 하십시오.

그래서 1)일단 자녀관계 에너지가 돌아오게 하고 2)두 번째로 나의 건강 에너지가 돌아오게 하고 3)세 번째로 내 주변의 사람 에너지가 돌아오게 하고 4)네 번째로 나에게 돈 에너지가 다시 돌아오게 해야 합니다.

에너지가 없어지는 순서와 에너지가 다시 돌아오는 순서는 정확히 반대라고 말씀드렸습니다. 그런데 분명히 기억해야 할 2가지가 있습니다.

첫째는 누나에게 받고자 하는 돈이 10억이라면 그 돈을 꼭 누나에게 받아야겠다는 생각은 버려야 합니다. 돈에는 꼬리표가 달리지 않는다는 말이 있습니다. 다시 말해서 당신이 10억을 원한다면 그 10억이 누구에게 들어오건, 어디서 어떻게 들어오건 들어오기만 하면 되지, 꼭 우리 아버지 돈이어야 한다는 생각은 버려야 합니다.

그것은 변호사를 통해서 소송하는 결과에 따라 들어올 수도 있고 안 들어 올 수도 있고 일부 들어올 수도 있으니, 재판 결과에 따라 들어오는 돈은 보너스로 들어오는 것이라고 생각하고, 그 일은 변호사에게 완전히 맡기고 가급적 잊어버려야 한다는 의미입니다. 그래, 누나 잘 먹고 떨어져라고 하면 안 됩니다. 당신의 말이 맞다면 누나도 어느 정도 벌은 받게 두어야 하기 때문입니다.

두 번째는 당신은 이 일이 빨리 매듭 지어지기를 바라고, 돈도 빨리 받게 되거나 생기게 되기를 원할 것입니다. 그것은 당신이 돈의 이동속도가 빨라지기를 원한다는 의미입니다.

다시 말씀드리면 돈의 이동속도 제곱은 '에너지/ 돈의 숫자가 지닌 무게'이니, 돈의 이동속도는 루트 '에너지/ 돈의 숫자가 지닌 무게'겠군요. 그러면 분자인 '돈의 에너지'는 클수록 빠르고, 분모인 '돈의 질량'은 작을수록 당신에게 빠릅니다. 돈의 질량은 숫자의 무게입니다.

사람들은 이런 말을 합니다.

1. 10억만 있으면 좋겠다.

2. 이 주식 5배만 올라가면 팔아야지.

3. 나도 20억짜리 아파트 한 채만 부모님이 사주면 좋겠다.

4. 여기다 투자하면 매달 500만 원씩 수익이 생기니 여기에 하십시오.

5. 이 부동산 사면 나중에 30배는 올라가니 사두십시오.

6. 이거 정말 내가 말 안 하려다 하는 건데, 내가 급하니 그래도 너한테 말하는건데, 이거 잘될 거야, 틀림없어. 너도 좋고 나도 좋아. 나한테 3억 빌려주면 6개월 후에 내가 생기는 수익금 20억 중에 5억 줄게, 6개월 만에 5억 생기면 좋잖아?

만약 30대, 40대라면 가능한 이야기입니다. 그런데 50이 넘은 분이라면, 제가 아는 범위 내에서는 당신에게서 떠난 돈은 당신에게 거의 돌아오지 않거나, 온다 하더라도 시간이 아주 아주 오래 걸려서 옵니다.

그 이유는 당신은 숫자 즉 돈의 질량에 투자하신 것이기에 분모가 너무 커져서 돈의 이동속도가 느려도 느려도 너무 느려지기 때문입니다.

그런데 만약 《화식열전 2》를 공부해서 '돈의 에너지'와 돈의 질량을 아는 분이면 깊이 생각할 수 있을 것입니다

이제 여러분은 돈의 정체와 본질이 에너지라는 것을 알고, 에너지라는 것은 '무엇을 할 수 있게 하는 힘'임을 압니다. 이렇게 돈의 에너지 개념을 안다면 이왕이면 크게, 그리고 이왕이면 많은 사람에게 그 에너지가 전파될 수 있는 일을 기획해낼 것입니다. 그것은 분자가 커진다는

의미이며 분자가 그렇게 커진다는 것은 돈의 이동속도가 빨라짐을 의미합니다. 그런데 돈의 이동속도 제곱이 '에너지/ 돈의 숫자가 지닌 무게'이니, 에너지가 제곱이 되어야 돈의 이동속도를 빠르게 할 수 있습니다.

에너지의 제곱이란 에너지의 중첩 상태를 말하는데, 그 상태는 바로 '천산즉여인산, 하늘의 계산 방식과 사람의 계산 방식이 같은 상태'입니다.

《화식열전 1》에서 도주공 즉 '범려'는 "19년 동안에 세 번이나 천금을 모았는데 그중 두 번의 것은 가난했던 시절의 친구와 먼 친척에게 나눠주었다. 이것이 소위 부유하면 즐겨 그 덕을 행하게 되는 것이다"라고 했습니다.

물론 '범려'는 가난한 친구와 친척에게 돈을 나누어주기 이전에 월나라 창고와 월나라 백성들에게 이미 경제적인 덕을 많이 베푼 상황이었습니다.

백규가 '일을 결단하는 용기도 없고, 얻었다가 도로 주는 어짊도 없는 그런 사람에게는 나의 돈 버는 방법을 끝내 가르쳐주지 않겠다!'라고 한 의미와 같다고 생각됩니다.

그 이유는 돈은 하늘의 재물이지 인간의 재물이 아니기 때문입니다. 단지 우리는 쓰다가 놓고 가는 것일 뿐입니다. 그러니 돈을 쓴다는 것은 돈을 가지고 무엇인가를 한다는 것입니다. 그러니 하늘이 계산이 자기의 계산과 맞아 떨어진다 하는 것은 하늘과 동업(同業)을 한다는 소리입니다. '그러면 하늘이 나와 동업을 하려면 나는 어떤 사업계획서

를 가지고 가서 하늘을 설득하지? 어떤 프로젝트가 있어야 나는 하늘
은행의 '프로젝트 파이낸싱'을 받을 수 있게 될까?' 그 생각을 하시기를
바랍니다. 그것은《화식열전 3》에서 나오겠지만 여러분 스스로가 먼저
찾기를 간절히 바랍니다. 저에게 누나와의 소송 문제를 물었던 분에게
는 이런 이야기를 해주지 못했습니다. 말해봐야 무슨 소리인지 몰랐을
것입니다. 그러나 기회가 된다면 이 책을 선물로 드리려고 합니다.

8. 생활 도인

마지막으로 주식이나 외환, 부동산 투자 등을 하는 분들을 위해 추가 선물을 하나 더 드리겠습니다. 용하다고 하면 사람들이 거리를 불문하고 달려간다는 곳이 3군데 있다고 합니다.

돈 잘 벌게 해준다는 사람이 어디에 있다. — 돈
미래를 기가 막히게 잘 아는 사람이 있다. — 점
병을 기가 막히게 잘 고치는 사람이 있다. — 병

이 3가지 병의 생활 도인이 되는 방법을 말씀드리겠습니다.

본래는 상보성과(RP)가 상대강도(RS)보다 정밀도가 더 높지만 우리나라의 증권회사에서는 상보성과 지표를 제공하지 않기에 상대강도로 최종 복습을 하겠습니다.

다음 그림에서 제일 위의 곡선이 가격이고, 중간 곡선이 외국인 매수 매도 추이이며, 제일 아래 선은 상대강도 추이 곡선입니다.

그리고 봉우리 하나는 1개월을 의미하는 월봉을 의미합니다. 그래서

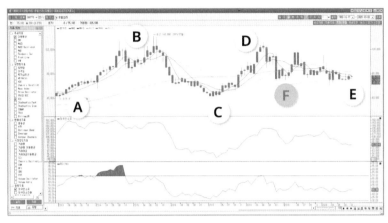

상대강도

'월봉 차트'라고 합니다. 기간은 2013년~ 2020년 10월입니다.

쉽게 이해하기 위해 호텔신라 주식회사를 'Ms.호' 혹은 '호 마담'으로 부르도록 하겠습니다.

위 표에서

A는 2013년 1월이며 가격은 41,200원입니다.

B는 2015년 7월이며 가격은 143,000원입니다.

C는 2017년 2월이며 가격은 42,000원입니다

D는 2018년 6월이며 가격은 132,000원입니다

E는 2020년 9월이며 가격은 73,000원입니다.

1) A~B와 C~D는 상승 구간입니다. 에너지 증가 기간이죠. 반면에 2) B~C와 D~E는 하락 구간입니다. 에너지 감소 기간이죠.

자세히 살펴보시기 바랍니다. 주가는 돈 에너지입니다. 외국인 지분 동향은 사람 에너지입니다. 상대강도는 건강 에너지, 활력 에너지입니다.

주식이 오르는 A~B 기간과 C~D 기간은 제일 먼저 건강 에너지, 활력 에너지인 상대강도선이 상승하고 있음을 알 수 있습니다. 호 마담의 체력이 아주 좋아지기 시작했습니다.

그 다음으로 사람 에너지인 외국인 지분율이 상승했는데, 비록 상승률은 크지 않았어도, 원래 호 마담은 주변 사람 관리를 잘했는지, 혹은 그 지인(知人)들의 수준이나 레벨이 높았는지 과거에도 사람 에너지가 제법 위에 머물러 있음을 볼 수 있습니다. 호 마담이 힘들 때에도 대인 관계를 잘 관리했다고 생각할 수 있습니다.

마지막으로 주가인 돈 에너지가 급격하게 상승하고 있음을 볼 수 있습니다. 호 마담에게 빈집에 소가 들어오듯이 돈이 막 들어옵니다.

이번에는 주가가 내려가는 B~C 기간과 D~E 기간을 보겠습니다.

3) 제일 먼저 호 마담에게 '돈의 신'이 떠나갔는지 돈 에너지인 주가가 내려가기 시작하더니 결국에는 폭락해서 4년 전 가격으로 돌아갔습니다. 그동안 호 마담이 벌었던 돈이 다 사라진 것입니다

그 다음으로 친구들과 주변 사람들이 급격히 멀어지는 것을 볼 수 있는데, 이 경우는 상황이 좀 심각합니다. 아무리 돈이 없어도 예전에는 지갑에 41,200원은 있었고, 지금도 42,000원 정도는 있습니다. 그러나 호 마담 주위에서 사람이 급격하게 떠나서 사람 에너지가 줄었습니다. 그러다 보니 호 마담은 울적하고 서운하고 김이 많이 빠졌습니다.

그래서 마지막으로 4) 호 마담의 건강·활력 에너지인 상대강도마저 저하되어 있음을 볼 수 있습니다. 여기서 다시 주목해야 할 것은 이제 호 마담의 미래는 어떻게 될 것이냐입니다. 이제 호 마담의 미래를 점쳐보겠습니다. 그러기 위해서는 호 마담의 현재인 E와 최악의 시기였다고 말하는 A와 C를 구분할 수 있는 안목이 있어야 합니다.

1) 먼저 호 마담의 건강이나 체력이나 기력은 그래도 A나 C보다는 좋은 편입니다

2) 그런데 주변의 사람 에너지는 C보다는 낮다고 할 수 있지만 A 시절보다는 못하다고 할 수 있습니다. 특히 외국인 지분율은 호 마담 비즈니스의 특급 혹은 A급 지인들인데 비록 C보다는 낮다고 하지만 지난날보다 사회적 급수가 조금은 낮은 그냥 친구나 친척 등의 사람들이 많다는 의미입니다. 만나는 사람도 많고 찾아오는 사람도 많지만 과거에 비해 영양가가 낮은 인맥 관계임을 알 수 있습니다.

3) 마지막으로 그러다 보니 지금 E 시절이나 과거 F 시절과 건강도 비슷하고 친구들 지인들 만나는 시간도 비슷한데 돈은 과거처럼 들어오지 않고 있습니다. 주가가 못 올라가는 것입니다.

지금 호 마담은 무엇을 잘못하고 있기에, 아니 무엇을 잘못 알고 있기에 아직 돈이 들어오지 않는 것일까요? '뭐, F부터 지금 E까지 잘해왔으니 앞으로 잘되겠지' 그렇게 생각하시나요?

《화식열전 3》을 앞두고 여러분께 바라고 저 자신에게 바랍니다. 여러분은 주식이나 부동산 등 모든 투자의 귀재가 될 수 있으며 자가보장 100억이나 300억도 벌 수 있으며 소봉도 될 수 있으며 '돈, 점, 병'의 생

활 도인이 되어 여러 사람을 이끄는 분이 될 것이며 범려와 백규에 이어 큰 재물의 신이 되실 것입니다! 〈화식열전〉을 통해 그 '신의 한수'를 세상이라는 바둑판에 놓을 수 있는 분이 되시기 바랍니다.

참고로 《화식열전 2》의 마지막을 주식으로 설명한 것은 여러분들이 성공하기 위해서 잊지 말아야 할 사항이 있기 때문입니다. 축구에서 한 경기를 이기려면 '좋은 공격수'가 필요하지만, 여러 경기를 치러야 하는 대회에서 이기려면 '좋은 수비수들'이 필요합니다. 삼성 이병철 회장은 한 해 장사를 잘하려면 좋은 '영업 사원'이 필요하지만, 3대, 4대, 5대로 계속 이어지는 기업을 유지하려면 능력있는 '재무관리 사원'이 많이 필요하다고 했고 그것을 실천했습니다. 우리 한국인들은 어릴 적부터 돈 교육을 받지 못했습니다. 이런 불행이 우리 다음 세대까지 이어지지 않기를 바랍니다. 《화식열전 3》에서 이 문제를 해결하기를 약속하며 다시 뵙겠습니다.

사마천의 화식열전 2

2021년 2월 27일 초판 1쇄 발행
2021년 3월 15일 초판 2쇄 발행

지은이   우승택

펴낸이 이규만
편집   상현숙
디자인 아르떼203

펴낸곳 참글세상
출판등록 제300-2009-24호 (2009년 3월 11일)
주소 서울시 종로구 인사동 7길 12 백상빌딩 1305호
전화 02-730-2500
팩스 02-723-5961
이메일 kyoon1003@hanmail.net
ⓒ 우승택, 2021
ISBN 978 89 94781 64 8 (04320)